MATERIALIEN ZUR KULTUR DER WAMPAR PAPUA NEW GUINEA ,1

HERAUSGEGEBEN VON HANS FISCHER

Hans Fischer

Weiße und Wilde

Erste Kontakte und Anfänge der Mission

Dietrich Reimer Verlag Berlin

Gedruckt mit Unterstützung
der Deutschen Forschungsgemeinschaft

Die Deutsche Bibliothek - CIP-Einheitsaufnahme

Fischer, Hans:
Weisse und Wilde: erste Kontakte und Anfänge der Mission/
Hans Fischer. - Berlin: Reimer, 1992
(Materialien zur Kultur der Wampar, Papua New Guinea; 1)
ISBN 3-496-00437-1
NE:GT

Dr. Friedrich Kaufmann
Unter den Eichen 57
1000 Berlin 45

Umschlaggestaltung: Bayerl & Ost, Frankfurt/M.

Printed in Germany
ISBN 3 - 496-00437-1

Vorwort

Die Feldforschungen in Papua-Neuguinea, während derer die Texte des zweiten Teils dieser Veröffentlichung aufgenommen werden konnten, wurden von der Deutschen Forschungsgemeinschaft finanziert. Für Unterstützung und Hilfe danke ich ganz besonders den Missionaren der Neuendettelsauer Missionsgesellschaft und der Missionsanstalt Neuendettelsau. Die wesentlichsten Beiträge zu diesem Buch stammen jedoch von den Männern und Frauen (und Kindern) der Wampar, die sich jahrzehntelang mit großem Interessse und viel Geduld darum bemüht haben, mir ihre Geschichte und ihr Leben verständlich zu machen.

Inhalt

Einleitung

Dies ist die Darstellung der ersten Begegnungen und der ersten Periode des Kontaktes zwischen einem Stamm im heutigen Papua-Neuguinea und den Weißen - Deutschen in erster Linie, aber auch Engländern und Australiern. Die Darstellung ist zweigeteilt: Da sind zunächst Berichte der Missionare und Goldsucher, eines Anthropologen und eines Hauptmanns der Schutztruppe, einer Reiseschriftstellerin, von Kolonialbeamten. Sie reichen vom Ende des vorigen Jahrhunderts bis kurz vor den Zweiten Weltkrieg. Diesen gegenübergestellt werden Erzählungen von Einheimischen aus den letzten dreißig Jahren über dieselbe Zeit, teils eigene Erlebnisse, teils bereits überlieferte Geschichten. Die Originaltexte selbst folgen, zur Kontrolle und als Rückgabe an die Erzähler. Was interessiert, sind die Unterschiede der beiden Bilder, die da gezeichnet werden, die jeweiligen Interessen und Möglichkeiten gegenseitigen Verstehens.

Die Wampar

Die Wampar sind eine Bevölkerung, die am Mittellauf des Markham River (*Wantsef* in der eigenen Sprache), in der Morobe Province von Papua-Neuguinea, lebt. Von Umwohnenden unterscheiden sie sich selbst durch den Namen - *Wampar* oder *Ngaeng Wampar* - und durch eine gemeinsame Sprache (*dzob Wampar*) und Kultur. Bekannt wurden sie in den ersten Jahrzehnten dieses Jahrhunderts unter der Fremdbezeichnung "Laewomba", ein Name, der noch heute von Nachbarn und auch der Verwaltung gebraucht wird. Mit Stämmen direkt an der Küste im Gebiet der heutigen Stadt Lae, südlichen und westlich angrenzenden Gruppen - den Lae und Labu, Buang, Watut und Azera - bilden sie vom Huon-Golf ausgehend in das Innere hinein eine offenbar jüngere Bevölkerungsschicht mit austronesischen Sprachen. Doch sind sprachliche und kulturelle Einflüsse älterer papuanischer Bevölkerungen erkennbar.

In ständigen Kriegen untereinander und mit offenbar allen Nachbargruppen breiteten sich die Wampar zumindest seit den letzten Jahrzehnten des vorigen Jahrhunderts nach Osten, zur Küste hin, aus. Die ersten Jahre dieses Jahrhunderts brachten die ersten Kontakte mit Weißen, zunächst vermutlich Goldsuchern und Beamten der deutschen Kolonialverwaltung, dann aber in erster Linie mit den Missionaren der Neuendettelsauer (lutherischen) Mission. 1909 markiert den Beginn friedlicher Kontakte mit Weissen und Nachbarn und 1911 den Anfang der Missionierung mit Gründung der Missionsstation Gabmadzung. In den folgenden Jahrzehnten blieb die Mission der fast alles entscheidende Faktor. Die deutsche Kolonialverwaltung bis 1914, danach die australische Verwaltung des Völkerbundmandats und später des Treuhandgebietes der UNO hatten längst nicht diesen Einfluß. Wichtiger wurde die Kontraktarbeit auf Plantagen und später die Arbeit für Weiße in unterschiedlichsten Tätigkeiten und Berufen, schließlich die Schulausbildung. Der wichtigste Einschnitt, vor dem diese Darstellung endet, wurde der zweite Weltkrieg mit Kämpfen und Luftangriffen, Zerstörung der Dörfer und japanischer Besetzung, später dem Eindruck von Verhalten und Ausrüstung amerikanischer Truppen.

Von der ursprünglichen eigenen und von Umwohnenden unterscheidenden Kultur ist in den letzten Jahrzehnten wenig geblieben. Das äußere Bild der Dörfer und Menschen, mit europäischer Kleidung und Häusern, Werkzeug und Gerät, mit Bussen und Traktoren, Fahrrädern und Coca-Cola-Dosen, schließlich Fernsehen und Videogeräten zeigt kaum noch etwas eigenes. Die alte Religion ist schon seit Jahrzehnten vom Christentum abgelöst, Mythen und Geistergeschichten werden nicht mehr erzählt; Kriege untereinander und mit Nachbarn sind schon lange beendet worden, und die eigenen sozialen Formen lösen sich immer weiter auf. Zentrale politische Autoritäten und Institutionen hat es auch früher nicht gegeben, die einzelnen Verwandtschaftsgruppen (Patrilineages) waren weitgehend autark und autonom. Selbst die ökonomischen Grundlagen - ein einfacher Brandrodungsfeldbau mit Bananen als Hauptnahrungsmittel - sind in starkem Wandel begriffen, hin zu Marktverkäufen (vor allem von Arecanüssen) und zu Lohnarbeit in den Städten.

Zu beiden Seiten des Markham siedeln die Wampar in wenigen großen Dörfern: Munun, Ngasawapum, Gabsongkeg, Dzifasing und Tararan in der breiten Ebene nördlich des Flusses von Ost nach West, und Gabantsidz, Wamped/Dagin und Montamrenan an südlichen Nebenflüssen. Aber diese Angaben sind ungenau: Nicht nur leben viele Angehörige des Stammes überhaupt nicht hier, sondern mit Familie beruflich zeitweilig oder für immer in anderen Teilen Papua-Neuguineas. Die großen Dörfer mit mehreren hundert Einwohnern sind darüber hinaus tatsächlich nur Mittelpunkt jeweils vieler kleinerer Siedlungen mit eigenen Namen, deren Bewohner zum Dorf gezählt werden. Die ständig bekämpfte Tendenz zur Auflösung der (erst durch die Mission konzentrierten) Dörfer ist jahrzehntealt. In den

Siedlungen selbst leben zunehmend mehr Fremde - teils angeheiratet, teils nicht, - und im Stammesgebiet siedeln, vielfach ohne Genehmigung und gegen den Willen der Dorfleute, andere Fremde. Das reichlich vorhandene Land und die Nähe der Stadt Lae wirken sich aus. "Squatter" lassen sich aus Nachbargebieten, aber auch aus den weit entfernten Hochlandregionen nieder. Berücksichtigt man außerdem noch die Unklarheiten in der sozialen Zuordnung von Kindern aus Ehen mit fremden Männern, wird verständlich, daß die Angabe der Bevölkerungszahl sehr schwierig ist. 1990 dürften es um 5.000 Wampar gewesen sein. Der letzte Census von 1990 (National Statistical Office, 1991) gibt für "Lei Wompa" 24.219 Personen an, doch stimmt diese Census Division nicht mit der Sprach- und Kulturgruppe der Wampar ("Laewomba") überein.

Feldforschung

Ich kenne die Wampar seit mehr als drei Jahrzehnten und war in Abständen immer wieder - zu längeren Aufenthalten und kürzeren Besuchen - bei ihnen. Eher zufällig war ich durch hinterlassene Aufzeichnungen eines deutschen Missionars (Georg Stürzenhofecker) etwa 1956 auf sie gestoßen und hatte zunächst eigentlich nur die Absicht, diese Aufzeichnungen zu überprüfen und vielleicht zu ergänzen. Daraus ist eine lebenslange Beziehung geworden. 1958 besuchte ich zum ersten Mal einige Dörfer, hatte dann aber vor allem enge Kontakte zu Wampar im Nachbargebiet des unteren Watut River. Dort lebten einige Lehrer und ein Pastor mit ihren Familien. Von ihnen nahm ich erste Texte auf.

1965 kam ich dann für einige Monate wieder und lebte in Gabmadzung. Gabmadzung war bis zum Beginn des Zweiten Weltkriegs der Ort der Missionsstation der Neuendettelsauer Mission. In den sechziger und siebziger Jahren war dort eine Bibelschule mit Lehrern und Schülern aus der weiteren Umgebung. Aber in Gabmadzung steht auch noch eine gemeinsame Kirche der Wampar und hier ist die Verwaltung der Kirchengemeinde. Eine gewisse zentrale Position hat der Ort noch immer. Der Vorteil hier zu leben lag darin, daß Leute aus verschiedenen Dörfern zu mir kamen, die mir mythische und historische Texte erzählten, Forschungsziel des ersten Aufenthaltes. Ab 1971 dann lebte ich in einer Familie im nächsten Dorf, Gabsongkeg. Und während der verschiedenen weiteren Forschungsperioden untersuchte ich jeweils andere Probleme.

Über die Bedingungen und Umstände der Forschung und über verschiedene Aspekte der Kultur der Wampar habe ich im Laufe der Jahre eine Reihe von Büchern und Aufsätzen publiziert.[1] Weitere Veröffentlichungen über Mythen, Arbeitsteilung der Geschlechter, materielle Kultur und ein umfangreiches Lexikon sind in Vorbereitung.

Das Material

Als ich Mitte der fünfziger Jahre die Aufzeichnungen des Missionars Georg Stürzenhofecker erhielt, interessierten mich in erster Linie die Mythentexte. Die Möglichkeit, nach Jahrzehnten am gleichen Ort nachzufragen, was davon noch bekannt war, was vielleicht noch erzählt wurde und welche Bedeutung solche Erzählungen nun hatten, war verlockend. So bat ich schon 1958 einige der am Watut lebenden Wampar, mir "Geschichten" zu erzählen, und 1965 in Gabmadzung wurde das die eigentliche Zielsetzung: Die Aufnahme von Mythen. Daß ich dabei und damit die Sprache zu lernen begann und das Lexikon immer weiter ergänzte, war anfänglich nur Nebeneffekt. Zunächst fragte ich sehr allgemein nach, wer denn noch "Geschichten" kenne, "Geschichten von früher". Ich benutzte dafür auf Pidgin-Englisch die Bezeichnung "tok kuskus", die ich einem Lexikon entnommen hatte. Man verstand sie nicht und amüsierte sich darüber. "Stori" hieß das, wurde mir beigebracht, und bald auf Wampar auch *dzob mamafe*.

Ich hatte großes Glück und fand schnell mehrere ältere Männer, die bereit waren, mir "Geschichten" zu erzählen. Schon nach kurzer Zeit wurde allerdings deutlich, daß nicht nur Mythen erzählt wurden (was immer "Mythen" auch sein mögen, ein besonderes Problem). Da tauchten zunächst Erzählungen von persönlichen Begegnungen mit Geistern auf, dann spielten Träume und Gerüchte eine Rolle, schließlich wurde von den vielen Kriegen der Wampar untereinander erzählt, Erlebnisse aus der Zeit des Zweiten Weltkriegs, Texte über Personen, die tatsächlich gelebt haben, und auch Anekdoten über die ersten Missionare. Neben *dzob mamafe*, das wörtlich "Geistergeschichten" übersetzt werden kann, wurden solche Erzählungen als *garagab a dzob* ("Geschichten von Menschen"), *dzob a tir* ("Kriegsgeschichten"), *dzob nidzin* ("wahre Geschichten"), *dzob a mogeran* ("Geschichten von früher") und *dzob wafu* ("neue Geschichten")

---

[1] Siehe in der Bibliographie Fischer 1962b, 1963, 1966, 1974, 1975a, 1975b, 1976, 1978, 1987.

bezeichnet. Die Kategorien überschneiden sich, aber jedenfalls sind viele Erzählungen keine Mythen.

Zunächst konnte ich mangels Sprachkenntnis gar nicht erkennen, was für eine Geschichte da jeweils erzählt wurde. Ich war über diese "anderen" Texte nicht unbedingt begeistert, ich wollte ja Mythen. Bald begannen mich aber auch diese anderen Erzählungen zu interessieren. Ein Komplex von Heilserwartungen und modernen Geistervorstellungen kam zum Vorschein, eine Gruppe von Texten zur alten Geschichte der Wampar und schließlich auch solche über die jüngere Vergangenheit. Auch später schlug ich jeweils sehr allgemein vor, mir "Geschichten" zu erzählen und benutzte lieber das Pidgin-Wort "stori", um die Kategorie nicht schon festzulegen. Im Laufe der Jahre kamen dann viele Leute und *wollten* erzählen, so daß die Aufforderung gar nicht mehr nötig war. Erst in den siebziger Jahren fragte ich schließlich bestimmte Personen nach bestimmten Texten - oft dieselbe Person nach demselben Text - um die Variationsbreite bei verschiedenen Erzählern und in verschiedenen Jahren festzustellen. Das betraf aber nur die zuvor als die offenbar wichtigsten festgestellten Mythentexte.

Unabhängig von diesen Textaufnahmen und ohne Zusammenhang damit sammelte ich alles veröffentlichte (und teils unveröffentlichtes) Material über die Wampar: In Missions- und Kolonialzeitschriften, in Reisebüchern, in offiziellen Berichten, im Archiv der Missionsanstalt Neuendettelsau und in der Kirchenverwaltung in Lae in Neuguinea, in Museen und ethnologischen Veröffentlichungen. Eine Arbeit, wie sie jeder Ethnologe neben der Feldarbeit vornimmt. Wie sich bald zeigte, waren dabei die Berichte aus der Anfangszeit der Kontakte und der Missionierung die zahl- und umfangreichsten. In dieser Zeit gab es die größten Probleme. Das betrifft den Zeitraum von etwa 1905 bis 1939, mit deutlicher Konzentration zwischen 1909 und 1920. Es war kein weiter Schritt zu der Frage, ob denn die Berichte von europäischer Seite und die mündlichen Überlieferungen der Wampar über diese Zeit der ersten Kontakte übereinstimmen. Und das wurde zum Thema der hier vorgelegten Untersuchung.

Vorarbeiten

1973 und 1974 erschienen zunächst im "Journal of the Morobe District Historical Society" (Lae, Papua New Guinea) zwei Vorträge von Karl Holzknecht über "The Exploration of the Markham Valley". Holzknecht war Missionar bei den Azera, den westlichen Nachbarn der Wampar, gewesen und später in Lae stationiert und damit auch für die Wampar zuständig. Leider war mir nur der erste dieser Vorträge zugänglich.[1] Beide zusammen wurden jedoch in deutscher Übersetzung als "Die Erforschung und Geschichte des Markhamtales in Papua Neuguinea" nach Schreibmaschinenvorlage als schmales Sonderheft von vierzig Seiten von der Deutsch Melanesischen Gesellschaft in München veröffentlicht.[2] Die Darstellung ist nur sehr begrenzt zu verwenden. Sie erhebt keinen Anspruch auf Wissenschaftlichkeit, vor allem werden keinerlei Quellenbelege gegeben.

1976 erschien von Peter Sack ein schmales Bändchen mit dem Titel "The Bloodthirsty Laewomba?" und dem Untertitel "Myth and history in Papua New Guinea", in dem Berichte in deutschen Kolonial- und Missions-Zeitschriften, die wohl auch Holzknecht verwendet hatte, sorgfältig ausgewertet wurden.[3] Zusätzlich hatte Sack Zugang zu Akten des Reichs-Kolonialamtes, die allerdings nur wenige ergänzende Informationen erbrachten. Mehr an Informationen über die voreuropäische Geschichte der Gruppen um den Huon-Golf erbrachten Akten der australischen Verwaltung mit Interviews in Zusammenhang mit dem "Lae Case". Sack (selbst Jurist) ging es darum zu zeigen, daß und wie zur frühen Geschichte eines bestimmten Gebietes in Papua New Guinea Quellen (vor allem deutsche Quellen) genutzt werden können und welche Bedeutung orale Traditionen haben könnten. Und es ging ihm darum, die sich ändernde Bewertung der "Laewomba" in diesen Quellen von schwarz zu weiß deutlich zu machen und damit eine quellenkritische Untersuchung zu liefern. Genau das ist ihm vorbildlich gelungen. Seine Veröffentlichung, erschienen im Department of Law, Research School of Social Sciences der Australian National University, Canberra, und in der Morobe District Historical Society, Lae, ist allerdings nicht leicht zugänglich, so daß Überschneidungen in der Materialvorlage kein Schaden sind. Sack übersetzt zudem die deutschen Originalberichte ins Englische. Sein Interesse liegt auch bei einer anderen Frage als hier verfolgt. Er wußte zum Zeitpunkt der Veröffentlichung übrigens nichts von meinen Forschungen bei den Wampar.

---

1 Holzknecht 1973.
2 ders. 1975.
3 Sack 1976.

Erster Teil : Die Berichte der Weißen

Kapitel 1: Entdeckungen

1874, 1886. Entdeckung und Erkundung der Markham-Mündung

1874 entdeckte der Kapitän John Moresby mit dem Schiff "Basilisk" die Mündung des Markham-Flusses.[1] Zwölf Jahre später, im Oktober 1886, kam der erste Landeshauptmann des Schutzgebietes der Neu-Guinea-Kompanie, Freiherr von Schleinitz, mit dem Dampfer "Samoa" wieder zur Markham-Mündung. Er kannte den Bericht Moresbys, der geschrieben hatte, eine Barre versperre den Zugang in den Fluß selbst für Boote. Schleinitz hatte aber den Eindruck, "daß dieser Fluß eine sich tief in das Land zwischen die Bergketten der Süd- und die der Nordseite hineinschiebende Ebene entwässere, also von Bedeutung sein müsse."[2] Mit einem Boot fuhr er den Fluß etwa 1 1/2 Seemeilen aufwärts und drückte seine Ansicht aus, daß eine Erforschung von allergrößter Wichtigkeit sei und es sich um eine "zukunftsreiche Gegend" handeln könne.[3]

Am 1. Dezember desselben Jahres kam dann Hauptmann Dreger, wieder mit der "Samoa", zurück zum Markham, um die begonnene Untersuchung fortzuführen. Dreger, Schollenbruch und fünf Besatzungsmitglieder fuhren am nächsten Tage mit einem tragbaren Boot und einer Dampfbarkasse den Fluß hinauf, kamen aber nicht weit. Vom 5. bis 7. Dezember schließlich unternahm Dreger mit zwei Matrosen einen Vorstoß, der ihn bis zu einem Punkt etwa 33 km Luftlinie von der Mündung brachte.[4] Eine Kartenskizze, die dem Bericht in den "Nachrichten über Kaiser Wilhelms-Land und den Bismarck-Archipel" beigegeben ist, zeigt eine Stelle am "Schloss Berg" als weitesten Punkt der Unternehmung. Dieser "Schloss Berg" oder "Schloßberg" erscheint in verschiedenen der frühen Kartenskizzen. Es dürfte sich um den *Misantung* handeln, einen Berg südöstlich des Wanam-Sees, und damit deutlich im Gebiet der Wampar. In dem genannten Bericht finden sich nur wenige Hinweise auf Einheimische, bei denen es sich um Wampar gehandelt haben könnte. So heißt es zunächst über eine Stelle noch ganz in der Nähe der Mündung des Markham, Eingeborene hätten sich in der Nähe

---

1 Wichmann 1910: 190.
2 Schleinitz 1887: 8.
3 ebd.: 10.
4 Dreger 1887: 164-172.

bemerkbar gemacht. Etwas später wird Dreger durch Schüsse und Signale von der Dampfpfeife der Barkasse zurückgerufen, weil "die Eingeborenen die Barkasse bedrohten. Als Hauptmann Dreger dorthin zurückkehrte, fand sich, daß dieselben in großer Zahl das Fahrzeug umschwärmt hatten, aber bereits verscheucht waren."[1] Zusammenfassend heißt es dann in dem Bericht:

"Ansiedelungen habe ich an den Ufern des Markham-Flusses, abgesehen von den ganz dicht an der Mündung liegenden, trotz allen Suchens nicht erblickt; Plantagen fanden sich ebenfalls nur bis etwa zum Punkt b, zu den Dörfern an der Mündung gehörig. Ebensowenig habe ich Eingeborene oberhalb des Punktes b gesehen, wohl aber an Fußspuren bemerkt und an Trompetenrufen in der Nacht gehört, daß die Expedition einer fortwährenden genauen Beobachtung unterlag. Nichtdestoweniger zweifele ich nicht daran, daß die Ufer des Flusses im mittleren Laufe bevölkert sind. Wenn auch die Reste von Lagerfeuern, die sich fast auf jeder Strominsel dem Auge aufdrängten, von Fischern und Jägern herrühren können, die von der See aufwärts gewandert sind, so zeigten doch andere Spuren - mächtige Baumstämme, die zum Theil bearbeitet waren, behauene verkohlte Pfosten, geöffnete frische und alte Kokosnüsse, die fast an jeder Insel angeschwemmt waren -, daß wirkliche Ansiedlungen weiter oberhalb existieren müssen." [2]

Unklar bleibt also, ob erste Kontakte mit Wampar in der Nähe der Markham-Mündung stattfanden, oder ob es sich dabei - was wahrscheinlicher ist - um Gruppen der heutigen Lae-Bevölkerung handelte. Die Beschreibung enthält aber möglicherweise erste Hinweise auf Wampar.

In einem Manuskript über die Entwicklung der Missionsstation Lae macht der Missionar Gottfried Schmutterer einige Bemerkungen, die Hinweise auf spätere Unternehmungen sind. Leider werden diese Hinweise in keiner Weise belegt:

"Ob Herr Lauterbach, der wohl als erster Europäer eine kurze Strecke den Markham flußaufwärts fuhr und meines Wissens die beiden Anhöhen rechts des Flusses Hausberg und Schloßberg benannte, seitens der Laewamba Feindschaft begegnete, weiß ich nicht, aber schon der zweiten Expedition (Herrn Hoepner und Schlenzig) 1903 wurden von 4 Polizeisoldaten 2 ermordet." [3]

---

[1] ebd.: 165.
[2] ebd.: 174.
[3] Schmutterer 1954, ohne Seitenzählung.

Die Angaben lassen sich aus den außerordentlich sorgfältigen Zusammenstellungen bei Wichmann nicht verifizieren. Der Botaniker Carl Lauterbach hat insgesamt drei Expeditionen nach Neu-Guinea durchgeführt. Bei seiner ersten war er tatsächlich im August 1890 im Huon-Golf, doch ist Genaueres nicht belegt.[1] Bei einer zweiten Expedition 1896 wurde eine Durchquerung von der Astrolabe-Bucht den Markham entlang zum Huon-Golf zwar in Erwägung gezogen, aber nicht durchgeführt.[2] Ähnliche Pläne hatte die Expedition unter Leitung des Bergingenieurs Paul Schlenzig 1901-03, doch schreibt Wichmann, die Expedition sei "mit einem Schleier des Geheimnisses bedeckt".[3] Sie scheint allerdings zunächst tatsächlich die Mündung des Markham aufgesucht zu haben.[4]

1905, 1907. Überfälle der Laewomba

Im Jahre 1905 scheint erstmalig von europäischer Seite ein Überfall von "Bergleuten" auf die Labu der Herzog-Seen registriert worden zu sein, bei dem elf Menschen getötet wurden.[5] Mit dem Jahr 1907 finden sich dann zahlreiche Berichte, ausgelöst durch Überfälle der Wampar auf die Lae-Bevölkerung, die inzwischen unter den Einfluß der Neuendettelsauer Mission gekommen war. Der Missionar Stephan Lehner, bekannt geworden durch seinen Beitrag über die Bukaua in Richard Neuhauss' "Deutsch-Neu-Guinea" (1911) und eine ganze Anzahl weiterer Arbeiten über diesen Stamm, schrieb in einem Brief von seiner Station Arkona am 25. Mai 1907 an den Missionsinspektor:

> "Wie Sie, verehrter Herr Inspektor, wohl schon vernommen haben, sind 8 - 9 Stunden von hier entfernt am Ostersonnabend 7 Personen ermordet und eine Frau lebendig gefangen worden, etliche wurden verletzt. Die Mörder sind die sogenannten Laiwomba, ein mordlustiger, räuberischer Kaistamm, auf den Bergen des Markamflusses (sic) hausend. Die Betroffenen sind die Lahe oder Lae, ein ca. 600 Mann starker Bugawastamm..."[6]

---

[1] Wichmann 1912: 516.
[2] ebd.: 643.
[3] ebd.: 785.
[4] ebd.: 786.
[5] Sack 1976: 34, nach RKA, Akte 2991, 24.6.1905.
[6] Lehner 1907: 88.

Das Wort "Laiwomba" taucht hier erstmalig auf, der Name der Lae-Gruppen für die Wampar. "Kai" ist zu der Zeit noch eine allgemeine Bezeichnung für Inlandstämme, und "Bugawa" steht für die Bukaua (Bukawa'), in der fraglichen Annahme, die Lae gehörten dieser Sprachgruppe an. Lehner überlegt dann die mögliche Vorgehensweise der Missionare: Man könnte empfehlen zurückzuschlagen, würde damit aber nicht dem Frieden dienen und außerdem gegen christliche Lehren handeln. Man könnte auf Bestrafung durch den Beamten verweisen. Ausgeschlossen sei die Möglichkeit, die "Laiwomba" in friedlicher Weise zur Vernunft zu bringen, weil keinerlei Verbindungen zu ihnen bestünden und wohl niemand ihre Sprache kenne. Der Senior der Mission, Johannes Flierl, habe das Bezirksamt informiert, wo man aber von anderer Seite schon informiert worden war. Man erwarte eine Strafexpedition, aber - nach dem Grundsatz des Gouverneurs Dr. Hahl - "Schont jedes Leben der Schwarzen, wir brauchen sie alle."[1]

Gottfried Schmutterer beschreibt in einem Manuskript[2] einen großen Überfall der Laiwomba auf das Dorf Kamkumung (beim heutigen Lae), der im Juni/Juli 1907 stattfand. Danach wurden zweiundachtzig Dorfbewohner getötet, und nur weil ein Teil der Dorfleute zu Besuch in einem anderen Dorf war, entkamen sie demselben Schicksal. Die Überlebenden verfolgten gemeinsam mit Labo die Angreifer. Es kam zum Kampf, bei dem wiederum zweiundzwanzig Lae und eine ungenannte Zahl von Labo starben. Aber auch die fliehenden Laewomba hinterließen demnach viele Tote.

Stephan Lehner berichtet dann wieder in einem Brief vom 29. Oktober 1907:

"Am Markham-Fluße ca. 10 Stunden von uns entfernt war in letzter Zeit viel Blutvergießen, am Ostersonnabend wurden 7 Personen, und Ende Juni 68 Personen und vor 2 Wochen wieder eine Anzahl Leute von den Laewomba, dieser Räuberbande, ermordet." [3]

Nach Briefen Lehners vom Juni, September und Oktober 1908 wird in den "Kirchlichen Mitteilungen" 1909 zusammengefaßt, es habe wieder einen "kleinen Zusammenstoß" gegeben, bei dem zwei Frauen und ein Mann der "Labor" (Labu) erschlagen worden seien.[4] Georg Pilhofer in seiner Ge-

---

[1] ebd.
[2] Schmutterer 1954 (keine Seitenzählung).
[3] Lehner 1908: 51.
[4] Lehner 1909a: 35.

schichte der Neuendettelsauer Mission in Neuguinea schreibt, allein 1907 seien bei drei Überfällen sieben, dreißig und achtundsechzig Menschen von den Laewomba erschlagen worden.[1] Richard Neuhauss bezifferte die Opfer dieser Überfälle zwischen 1905 und 1909 mit mindestens 130 Menschen. "Bei einem einzigen Überfall derselben büßten 70 Menschen ihr Leben ein."[2]

Zur Vorgeschichte

Der Missionar Stefan Lehner schrieb über die Stämme am unteren Markham schon im Jahr 1909:

"Die *Lae* oder Lahe, *Laewomba*, Laetimbu, Laewiwin, Yalu und Musom waren vor ungefähr 50-60 Jahren ein *zusammengehöriger* Stamm mit einheitlicher Sprache - kleine Dialektverschiedenheiten sind dabei ausgeschlossen - in einem ungeheuren Gebiet, in der großen *Markhamebene*, die NB. an ihren breitesten Stellen 30-40 km breit sein dürfte, auf und hinter den angrenzenden Höhenzügen diesseits wie jenseits des Flusses hausend; noch heute reden die Yalu und Musom und etliche Alte in Lae die *Sprache* der Laewomba." [3]

Die Bezeichnungen "Laetimbu" und "Laewiwin" sind vermutlich stark verballhornt und nicht identifizierbar. Angesichts der Unterschiede in den Sprachen zwischen Wampar, Musom und Yalu haben diese mit Sicherheit nicht erst fünfzig oder sechzig Jahre zuvor eine einheitliche Sprache gebildet. Auch die Angabe, die Yalu und die Musom und etliche Alte in Lae sprächen Wampar, erscheint fraglich, da in anderen Berichten geklagt wird, es gäbe keine Möglichkeit einer sprachlichen Verständigung mit den "Laewomba".

Auch Richard Neuhauss hat nach Informationen die allgemeine Situation an der Markham-Mündung später zusammenzufassen versucht:

"Nach den Erzählungen der Leute war ungefähr bis zum Jahre 1875 das Land in Nähe der Markham-Mündung, dort wo die Nordküste des Huongolfes im rechten Winkel nach Süden umbiegt, dicht bevölkert. Am Meere nahe der Flußmündung wohnten die Labo, welche mit ihrer eigenartigen Sprache eine isolierte Stellung unter den dortigen Papua einnehmen. Ein wenig mehr nach Osten, an der Nordküste des Golfs und im un-

[1] Pilhofer 1961: 148.
[2] Neuhauss 1914: 36.
[3] Lehner 1909b: 89.

teren Stromgebiet des Markham hausten die Lae, Jalu, Musom und Abo, weiter hinauf am Flusse die Lae-Womba. Da änderten sich die Verhältnisse, als ein bei den Lae-Womba hoch angesehener Lae-Häuptling gestorben war. Von nun ab hausten die Lae-Womba ein volles Menschenalter hindurch unter den umliegenden Völkerschaften wie die fürchterlichsten Mordbrenner. Weite, blühende Landstriche sind durch sie entvölkert."[1]

Gottfried Schmutterer, Missionar in Lae, hat in seiner biographischen Skizze eines bedeutenden Lae-Mannes namens Wogang versucht, die Stammeszuordnungen und die Verteilung von Gruppen vor der kriegerischen Ausbreitung der "Laewamba" darzustellen. So schrieb er:

"Er war ein Glied des Lahe-Stammes, der, ursprünglich u.a. auch mit den Laewamba zusammengehörig, sein Gebiet südlich vom Markham am Wonamsee hatte, fast gegenüber der heutigen Laewambastation. Die Teile des großen Gesamtstammes gerieten vor einigen Jahrzehnten, wir wissen nicht warum, untereinander in Streit und tötlichen (sic) Haß, der sich in endlosen blutigen Fehden bis in unsere Gegenwart herein auswirkte. Diese Fehden mit den Laewamba, die vom Watut, einem Nebenfluß des Markham, herunterkamen, zwangen die Lahe über den Markham zu fliehen. Ein Teil tat das nicht, sondern blieb auf dem rechten Ufer und zog sich da nach der Küste hinaus. Diese Stammesteile nahmen mit den Labo Fühlung und gründeten am Fuß der Herzogberge einige Niederlassungen."[2]

Die letzte dieser Siedlungen sei am Berg Losena, südlich der Labio, gewesen. Aber die Laewomba überfielen sie auch dort und die Gruppe löste sich völlig auf. Die Mitglieder verteilten sich in der näheren und weiteren Nachbarschaft, bis nach Busama und Malalo. Einige zogen in die Nähe des heutigen Lae (die Stadt erhielt ihren Namen nach diesen "Lahe") und vereinigten sich mit dem Teil der Lahe, der auf die linke Seite des Markham gegangen war. Diese wiederum hatten sich mit den "Jalu" (Yalu) zusammengeschlossen. Auch diese seien "ein Teil des alten Gesamtstammes gewesen und lebten jetzt ebenfalls in grimmiger Feindschaft mit den Laewamba." Sie ließen sich auf Land der "Einggali" (Henggali) nieder, wie Schmutterer schreibt, etwa vier Stunden von der späteren Missionsstation Lae entfernt.[3] Nach langen Kämpfen mit den Lae zogen sich die Reste der Jalu und Lahe zur Küste zurück. Von cirka 2500 Menschen

---

1 Neuhauss 1911, I: 44.
2 Schmutterer 1924b: 1f.
3 ebd.: 2.

waren noch etwa 200 übriggeblieben. Einige von ihnen gingen zu den Waing und Musom. Auch diese Musom hätten zu dem ursprünglichen Gesamtstamm gehört. Die zeitliche Einordnung dieser Angaben, die sich wie die typischen Erzählungen auch der Wampar über kriegerische Auseinandersetzungen anhören, ist nicht eindeutig. Nach dieser Darstellung aber, die sich auf den Mann Wogang bezieht, kann sich das alles nicht viel früher als in den letzten Jahrzehnten des vorigen Jahrhunderts abgespielt haben.

Wo die Anlässe für die kriegerischen Auseinandersetzungen oder die Überfälle der Wampar auf ihre Nachbarn lagen und wann sie begannen, ist wohl ausschließlich mit Vermutungen zu beantworten. So schrieb Deinzer nach dem Friedensschluß zwischen den Wampar und ihren früheren Feinden später:

"Das Verhalten der Laewomba stand bisher ganz einzigartig in Neu-Guinea da. Nun hat sich nachträglich gezeigt, daß ihre Kriegszüge und Ueberfälle nicht Ausfluß einer ganz besonders räuberischen, mordlustigen Sinnesart waren, sondern ihre gute Ursache und ihren Rechtsgrund hatten: sie waren Vergeltung für das ihnen früher von den Lae zugefügte Unrecht."
"Hinterher machen auch die Lae selber Mitteilungen, durch welche, was zuerst nur vermutet wurde, als richtig erwiesen wird. Auf Logaueng ist ein junger Mann aus den Lae, der erzählte unserm Missionar Bamler, daß er als mote (Knabe) dabei gewesen sei, wie sie, die vereinigten Lae, Labo und die benachbarten Bergleute einen gemeinsamen Zug gegen die Laewomba unternommen hätten, ein Dorf überfallen und fast alle Bewohner umgebracht hätten. Er zählte 40 Männer, 20 Kinder und Frauen; so hatten sie also viele Feinde umgebracht und diese rächten sich wieder." [1]

Daß die Überfälle der Laewomba keine einseitige Angelegenheit, sondern die kriegerischen Auseinandersetzungen durchaus beiderseitig waren, schreibt Schmutterer in seinem Manuskript über die Labo:

".... die Labo zogen ja oft Tagereisen weit in die Ferne, nur um etliche Personen zu erschlagen. Auch die Laewomba waren ihre Totfeinde (sic). Von ihnen machten sie einmal nachts sämtliche Bewohner eines großen Dorfes nieder. Nur ein kleiner Junge wurde aus Liebhaberei eines jungen Burschen geschont. Er ist jetzt ungefähr 16 Jahre alt und trägt den ominösen Namen "Vaterfresser", weil er von seinem Beschützer beim

---

[1] Deinzer 1909: 71f.

Siegesmahl Fleisch von der Leiche seines Vaters vorgesetzt erhielt, ohne es zu wissen."[1]

Neuhauss beschreibt, daß sich die Labu in die schwer zugänglichen Sümpfe der Herzog-Seen zurückziehen mußten, aus Angst vor den "Lae-Womba" aber ihre Felder nicht bestellen konnten. Auch die Lae, Jalu und Abo wurden aus ihren Wohnsitzen verdrängt und siedelten weiter nach Osten an der Nordküste des Huon-Golfs. Aber die "Lae-Womba" rückten offenbar immer weiter nach Osten nach :

"Noch in den allerletzten Jahren, wo fast alles, was flüchten konnte, aus dem Bereiche ihrer Speere und Holzschwerter geflohen war, ermordeten die Lae-Womba nachweislich 130 Menschen. Jüngst überfielen sie in der Nacht ein weitab gelegenes Lae-Dorf und am nächsten Morgen fand man 70 Leichen, Männer, Frauen, Greise und Kinder unter den rauchenden Trümmern der Hütten." [2]

Durch einen historischen Zufall erreichten Europäer - Missionare in erster Linie, aber auch Goldsucher und Arbeiteranwerber - genau zu dem Zeitpunkt den Huon-Golf und ließen sich hier nieder, als Gruppen der Wampar den Markham River hinabstoßend ebenfalls bis an die Küste gelangten. Ihre Vorstöße waren Ausdruck längerdauernder, ständiger und allgemeiner Auseinandersetzungen zwischen vielen verschiedenen Gruppen, offenbar alle mit austronesischen Sprachen. Das mag aber nur ein eher zufälliger Eindruck sein, weil um den Huon-Golf eben Stämme mit austronesischen Sprachen siedelten. Im Hinterland fanden mit großer Wahrscheinlichkeit ebensolche Kämpfe mit papuanischen Stämmen statt (etwa zwischen den Wampar und den Gruppen am oberen Erap). Diese Kämpfe und Verschiebungen sind mit größter Wahrscheinlichkeit älter als die eine Generation, die einige Missionare vermuteten.

Nach den Überlieferungen der Wampar selbst kamen sie vom unteren Watut bzw. vom Wampet und drangen erst zum Markham und über den Markham hinaus nach Norden vor. Was dieses Vordringen seinerseits anstieß, ist unbekannt. Man könnte als Hypothese annehmen, daß die Ausbreitung der Anga (Kuku-Kuku) aus der Gegend von Menyamya nach Norden und Nordosten der Anstoß war, der die Bevölkerung des unteren Watut aus den Bergen in das Flußtal und die Wampar aus dem Watut-Tal zum Markham drängte. Nach dem Verbreitungsbild der austronesischen

[1] Schmutterer o.J.: 1.
[2] Neuhauss 1911, I: 45.

Sprachen zu urteilen, stießen diese Gruppen ursprünglich von der Küste (vom Huon-Golf) her den Markham aufwärts in das Landesinnere hinein. Um die Jahrhundertwende befanden sie sich also in einer Gegenbewegung. Das Kommen der Weißen bildete für die Wampar einen zusätzlichen Anlaß für Überfälle auf die Küstendörfer: Es waren europäische Güter wie Äxte, Buschmesser und Stoffe, die man dabei erbeuten konnte.

1905. Strafexpeditionen

Die Labo und Lae hätten nach der Darstellung Neuhauss' in einzelnen Fällen Vergeltung für die Überfälle der Laewomba geübt. Mehrfach habe auch die Regierung versucht, durch Strafexpeditionen Besserung der Verhältnisse zu erreichen.

"Eine dieser Expeditionen wurde von den Lae-Womba nachts überfallen. Mit blutigen Köpfen - auch die beiden weißen Führer waren verwundet - mußte man sich zurückziehen. Bei zwei weiteren Expeditionen bekam man die Feinde, die sich im Urwalde und mannshohen Alanggrase versteckt hielten, überhaupt nicht zu Gesicht. Durch diese Erfolge wurden die Lae-Womba nur noch frecher und herausfordernder." [1]

Über die erste der erwähnten Unternehmungen schrieb der Missionar Hermann Böttger ohne genaue Jahresangabe (aber offenbar auf einen Zeitpunkt vor 1907 bezogen), die Laewomba hätten "seinerzeit schon bei einem Streifzug den Führer der "Siar" und den damaligen Bezirksamtmann gespeert (zum Glück nicht tot)".[2] Karl Holzknecht in seiner Darstellung der "Erforschung und Geschichte des Markhamtales" schreibt im Anschluß an die Erwähnung des Unternehmens von Dreger ohne Quellenangabe:

"Als im Jahre 1903 eine neue Expedition aufbrach, um den Markham zu erkunden, wurde sie von den *LAEWOMBA* zurückgeschlagen. Über diesen Vorgang ist leider nur wenig bekannt." [3]

Es handelt sich sehr wahrscheinlich um dasselbe, immer wieder genannte Unternehmen. Flierl in seiner Geschichte der Gehilfenarbeit bezieht sich offenbar ebenfalls auf dieses Ereignis:

---

[1] ebd.: 46. Ähnlich Deinzer 1909: 71.
[2] Böttger 1912a: 1.
[3] Holzknecht 1975: 9.

"Auch die deutsche Regierung hatte um 1908 das interessante Tal öffnen wollen. Ein Bezirksamtmann mit Begleitung fuhr auf Labo Kanus eine Strecke den Strom hinauf. Das Nachtlager wurde im Dunkeln von einer Mörderschar der Laewomba überfallen, und die Angegriffenen mußten ihr Heil in schleunigster Flucht suchen, da sie im Finstern von ihren Schußwaffen keinen Gebrauch machen konnten. Auf ihren Kanus kamen sie auf dem rasch fließenden Strom bald aus dem Bereich der blutdürstigen Mörder." [1]

Auch Georg Stürzenhofecker erwähnt dieses Ereignis, und er gibt zusätzliche Informationen, die er von Wampar erhielt:

"Die bei dem Überfall beteiligten Laewomba erzählten mir nach Jahren, wie sie sich heranschlichen und wie auf Kommando ihre todbringenden Speere auf Weiße und Eingeborne der Expedition schleuderten. Sie wollten die ganze Expedition niedermetzeln, diese flüchtete aber im Dunkel der Nacht auf ihren Booten flußabwärts. Wieviele tot oder verwundet waren, weiß ich momentan nicht mehr, der Leiter der Expedition erhielt einen Speerstich in den Hals." [2]

Gottfried Schmutterer, Missionar in Lae, hat auf meine Bitte 1956 seine Erinnerungen an die "Laewomba" auf einigen Seiten niedergeschrieben und außerdem Yabim-Texte in Lesebüchern der Mission für mich übersetzt, die die Wampar betreffen. In einem Anschreiben notierte er am 14.6.1957, er "habe als Nachbar, ja gewissermaßen als Torhüter an der Küste in der Anfangszeit alles mitgemacht, auch mehrere Erkundigungsreisen mit Missionar Örtel durchgeführt. Die Laewamba lernte ich auch z. grossen Teil persönlich kennen, und ihre Diebereien fielen mir mehrmals auf die Nerven." Schmutterer hat seine Erinnerungen sicherlich nicht allein aus dem Gedächtnis geschrieben. Welche Niederschriften und Berichte er aber eingesehen hat, wollte ich den alten Herrn denn doch nicht mehr fragen. Informationen von den Labo sind danach aber in jedem Falle enthalten. Nach seiner Darstellung jedenfalls verliefen die ersten Kontakte so:

"Der erste Zusammenstoß mit den Weißen erfolgte etwa im Jahr 1907, als von einem kleinen deutschen Kriegsschiff mehrere der Herren von den Laboleuten sich auf dem Markhamfluß mit ihren leichten Booten landeinwärts fahren ließen. Diese Labo, die dabei waren, haben mir öfter davon erzählt, auch, wie sie diese Weißen ausschmierten!

---

[1] Flierl 1931: 216.
[2] Stürzenhofecker 1931: 118.

Sie wollten zuerst überhaupt nicht mittun, weil sie sich vor ihren Feinden, den Laewamba fürchteten. Nur die schönen Messer und Beile, die sie bekommen würden, lockten sie, und so taten sie mit. Sie fuhren aber so langsam, daß sie in 3 Tagen kaum so weit kamen, wie wir nachher in einem halben Tag.
Am 3. Tag sichteten sie einen Mann von den Laewamba. Die Labo drängten die Weißen, ihn zu erschießen, da er seine Leute alarmieren würde. Die kämen dann und würden sie überfallen! Die Weißen haben selbstverständlich nicht mitgetan! Aber die Prophezeihung der Labo war auch richtig. Das von ihnen Erwartete kam gleich in derselben Nacht. Plötzlich wurde das Lager der Weißen nachts angegriffen. Die Laewomba klopften recht unsanft auf die glücklicherweise sehr starken Tropenhüte der weißen Männer und stachen einem davon auch in den Hals. Die Weißen aber schossen, was herausging. Einige Laewamba wurden tötlich getroffen, einer am Oberarm verwundet. Dieser hat mir dann später die Narbe gezeigt. Die Labo aber wären mit ihren Booten gleich durchgegangen, wenn nicht einer der Weißen es gleich bemerkt hätte und mit seiner Schußwaffe dazwischen getreten wäre. Die Weißen aber setzten sich schnell auf die Boote und mit Windeseilen entschwanden sie dieser ungastlichen Laewambabande. Die Weißen aber ahnten nicht, daß die Labo sie wieder betrogen hatten. Auf das 3. Boot hatten sie schon den Körper eines erschossenen Laewamba-Mannes gezogen, um in der Heimat eine gute Kannibalenmahlzeit zu haben. Das Boot fuhr allein, und die Weißen haben es wohl nie erfahren!"[1]

Hier liegen offenbar bereits orale Traditionen innerhalb der Mission vor, ihrerseits beeinflußt von Überlieferungen der Wampar und Labo. Peter Sack hat nach Akten des Reichskolonialamtes den Bericht des Bezirksamtmannes, der nicht publiziert wurde, wiedergegeben.[2] Bezirksamtmann Stuckardt fuhr danach (Reaktion auf die Angriffe gegen die Labu) mit dem Dampfer "Seestern" zur Mündung des Markham. Am 22. Juni 1905 fuhr er mit elf Kanus, begleitet vom Kapitän und dem Zweiten Offizier des "Seestern", zehn eingeborenen Polizisten und 44 Labu den Fluß aufwärts. Am Abend hatte man noch kein Dorf der "Bergleute" erreicht und lagerte deshalb am Ufer. Trotz des Aufstellens von Wachen wurde das Lager von fünfzig bis sechzig Männern angegriffen, die mit Speeren, Schilden und Holzschwertern bewaffnet waren. Es wurde geschossen und nach zwei Minuten verschwanden die Angreifer. Sechs von ihnen wurden getötet, sechs Angehörige der anderen Seite verwundet, einige übrigens durch Schüsse (also von eigenen Leuten). Stuckardt selbst hatte Schläge von

1 Schmutterer 1956.
2 Sack 1976: 34 (RKA Akte 2991, 24.6.1905); s.a. Stuckardt 1905: 583.

Holzschwertern an beiden Beinen und am Arm abbekommen und eine Speerwunde über dem linken Auge. Die Europäer mit ihrer Truppe zogen sich hastig zurück und der "Seestern" fuhr sofort nach Friedrich-Wilhelmshafen. Sack sieht in dieser Auseinandersetzung den ersten dokumentierten Kontakt zwischen Europäern und den Wampar.

Hierzu mag als etwas fragliche Ergänzung eine Darstellung dienen, die Missionar Schmutterer gegeben hat. In seinen für mich geschriebenen Erinnerungen von 1956 heißt es weiter:

"Die Geschichte mit dieser ersten Expedition nach Laewamba aber hatte einen Hintergrund. Missionar Örtel erzählte mir: Die Laewamba, obwohl sie von der Sonne abstammen wollten, hatten damals der Sonne den Krieg angesagt, und Speere gegen sie geworfen. Die Ursache war, daß sie ihre Felder so verbrannte und den Regen nicht kommen ließ. Sie erwarteten, daß die Sonne ihre Söhne schicken werde, die mit ihnen kämpfen würden. Da kamen sie nun eines Tages, diese weißen Sonnensöhne, um Rache zu nehmen. Der Angriff wurde glücklich abgeschlagen, wenn auch mit Verlusten." [1]

Auch in seinem Manuskript zur Geschichte der Station Lae - vermutlich von 1954 - beschreibt Gottfried Schmutterer diesen Bezug auf die Sonne, hier übrigens ohne Missionar Oertel zu erwähnen. Leider geht er an keiner Stelle darauf ein, um welchen mythologischen Zusammenhang es sich handeln könnte. Ein Hinweis auf derartige Ideen ist die Formulierung *su naron*, "kleine Sonnen" für die ersten Weißen, die heute noch, jedoch ohne weitere Ideenverbindungen, erinnert wird.

Tatsächlich gibt es ein Mythenmotiv, das beschreibt, wie sich Sonne (*Su*) nach der Vergewaltigung seiner Frau *Ampo Wantsef* (wörtlich: der Markham-Fluß) ein rotes Tuch um den Kopf bindet und zur Strafe alles verbrennt. Die Mythe beginnt mit dem Brüdermotiv (eine zentrale mythische Idee). Einer der Brüder verfolgt einen Leguan auf der Jagd, der der Hund der Sonne ist. Über einen schnell wachsenden *ngarogemo*-Baum kommt er in den Himmel, wo er *Ampo Wantsef* trifft. Nach einer anderen Fassung sind es beide Brüder, die die Frau vergewaltigen. In den Zusammenhängen enthalten ist wohl noch die Ideenverbindung *su* (Sonne) und *sun* (Ehemann). Direkte einheimische Hinweise, daß die Weißen mit dieser Mythe in Verbindung gebracht wurden, sind mir allerdings nicht bekannt geworden.

---

[1] Schmutterer 1956.

1907. Strafexpeditionen

Peter Sack erwähnt eine zweite "Strafexpedition" gegen die Laewomba vom Juli 1907, die jedoch offenbar keinen Kontakt hatte und über die keine Berichte vorliegen.[1]

Im "Deutschen Kolonialblatt" von 1908 findet sich dann unter der Überschrift "Eine Expedition gegen die Lahé-Womba" ein Bericht des Bezirksamtmanns von Friedrich-Wilhelmshafen über eine weitere Strafexpedition, die im August 1907 durchgeführt wurde. Zunächst wird erwähnt, daß es sich dabei nicht um die erste derartige Unternehmung handelte:

"Über den im Gebiete des Markham-Flusses, im Hinterlande des Hüon-Golfes (Kaiser-Wilhelmsland) wohnenden Eingeborenenstamm der Lahé-Womba sind schon oft von den an der Küste angesiedelten Eingeborenen Klagen geführt worden. Wiederholt haben die Lahé-Womba-Leute die Küstendörfer überfallen und eine größere Anzahl Eingeborener niedergemacht. Die Verwaltung hat daher schon mehrfach Veranlassung gehabt, gegen den genannten Eingeborenenstamm vorzugehen." [2]

Der Bericht bezieht sich auf ein Schreiben des Seniors der Neuendettelsauer Mission, das dem Bezirksamtmann über die Situation am Markham zugegangen war. Genaueres erfuhr er auf der Missionsstation Kap Arkona, wo ihm die Namen aller Erschlagenen aufgezählt wurden. Die "Keckheit" der Lahé-Womba sei so groß geworden, "daß sie sich dicht an der Küste in den oberen Dorfschaften der von ihnen bedrängten Küstenbewohner festgesetzt hätten." Als er in Logamu ankam, erzählten ihm die Einwohner:

"Die Lahé-Womba hätten sie Sonntags in ihrer Kirche überfallen; was sie erreichen konnten, sei niedergemacht worden. Die Zahl der Getöteten gaben die Logamu auf über 25 an. Ihr Dorf war verbrannt worden, verschiedene Leute hatten noch frische Speerwunden." [3]

Man beschloß, auf dem Landwege und nicht "wieder wie früher mit Kanus" den Markham aufwärts zu ziehen. Vierzig Polizeisoldaten wurden von etwa fünfzig bewaffneten Eingeborenen begleitet. Zunächst den Adler-Fluss aufwärts, ging es dann die Nordseite des Markhamtals entlang. Es

---

[1] Sack 1976: 39, vermutlich nach Lehner.
[2] Eine Expedition 1908: 328; s.a. Sack 1976: 40ff.
[3] ebd.

wurde übernachtet - "wir konnten während der Nacht deutlich das Geschrei vom Tanzfeste hören" - und dann zog die Expedition am nächsten Morgen weiter, bis man Trommeln hörte. Man erreichte schließlich ein Dorf, dessen Hütten verlassen waren. Nach dem Bericht waren es "nichts weiter als armselige Alangschober, wie sie der Eingeborene in wenigen Augenblicken zum Zwecke vorübergehender Nächtigung baut." Als man auf einem Hügel eine Gruppe von etwa fünfzehn Leuten sah, genügte "ein kurzes, sehr heftiges Schnellfeuer," um sie zur Flucht zu veranlassen.[1] Man fand aber keine Toten oder Verwundeten und erreichte die Geflohenen auch nicht. Der Bezirksamtmann ließ weitermarschieren, da ihm, wie es heißt, "von meiner letzten Expedition her das Vorhandensein von Dörfern der Lahé-Womba auf dem linken Markham-Ufer bekannt war". In einer Beschreibung des Ausblicks vom Kamm der "sogenannten Markham-Berge" heißt es von der großen Ebene, die bis zum Ramu reichen solle, daß sie "den Schauplatz der geheimnisvollen Erzählungen alter Neu-Guinea-Buschleute bildet."[2] Ein weiterer Hinweis darauf, daß nicht nur die Kolonialverwaltung Patrouillen oder Strafexpeditionen hierher durchgeführt hatte, sondern daß auch andere, einzelne, vermutlich Goldsucher, in dieses Gebiet gekommen waren.

Nachdem ein Posten noch einen Schuß auf "drei des Wegs kommende Eingeborene" abgegeben und eine Patrouille festgestellt hatte, daß sich ein größeres Dorf in der Nähe befand, marschierte die Truppe zurück. Dabei wird noch erwähnt, daß "der Weg den seinerzeit der Leiter der Hüongolf-Expedition und jetzige Stationschef von Aitapé angelegt hat", nur noch teilweise vorhanden sei.[3] Die zusammenfassende Bemerkung, die Expedition habe einen vollen Erfolg leider nicht gebracht, ist wohl reichlich positiv ausgefallen, denn tatsächlich hatte man überhaupt nichts erreicht.[4]

1906. Wilhelm Dammköhler

In seiner Darstellung der Erforschung des Markhamtales führt Karl Holzknecht eine Unternehmung an, über die sich sonst keine Belege finden las-

---

1 ebd.: 329.
2 ebd.
3 ebd.: 330.
4 Missionar Böttger beschreibt die Unternehmung - offenbar nach Hörensagen - ähnlich: Böttger 1912a: 2.

sen. Leider liefert er über das im folgenden Wiedergegebene hinaus auch keine Angabe, wo der genannte Brief sich befindet:

"Der nächste Vorstoß war eine Ein-Mann-Unternehmung. Der einzige Bericht darüber findet sich in einem unveröffentlichten Brief des Missionars Georg Bamler vom 9. Februar 1906. Bamler befand sich zu dieser Zeit auf einer Reise von Finschhafen entlang der Küste nach Lababia und zurück. Er kam in das Lager Burgberg-Locwamung, wo Wilhelm Dammköhler, ein Farmer, Schürfer und Abenteurer auf ein Schiff wartete, das ihn nach Madang bringen sollte. Von ihm erfuhr Bamler, daß die *LAEWOMBA* - wie er sie nannte - etwa 40 Kilometer stromaufwärts lebten, und daß er nicht verstehen könne, weshalb sie bei den Küstenbewohnern so gefürchtet seien. In einem nicht näher bezeichneten Dorf, dessen Einwohnerzahl er auf ungefähr 400 Personen schätzte, habe er mehr Frauen und Kinder vorgefunden als Männer. In einem anderen am rechten Ufer des Flusses gelegenen Dorf, das vermutlich sogar größer war, hatten die Männer ihn sofort angegriffen. Dammköhler schoß etliche der Krieger nieder, woraufhin er ungehindert inmitten des Dorfes lagern konnte. - Soweit Bamlers Aufzeichnungen."[1]

1907. Fröhlich und Dammköhler

Nur einen Monat nach der zuletzt genannten "Strafexpedition" vom August 1907 fand die erste belegbare Durchquerung des ganzen Markham-Tales vom Huon-Golf ausgehend bis in das Ramu-Tal und zur Astrolabe-Bucht statt. Der erste Bericht darüber stammt von dem Vermessungstechniker Otto Fröhlich (1908 in den "Mitteilungen aus den Deutschen Schutzgebieten"). Von Friedrich-Wilhelmshafen (dem heutigen Madang) aus fuhr am 12. September 1907 eine Vermessungexpedition mit der "Siar" der Neu-Guinea-Compagnie über Finschhafen zur Markham-Mündung. Mit an Bord war Dammköhler, den Fröhlich als "eine in der Südsee bekannte Persönlichkeit" bezeichnete und dessen Vertrautheit mit Land und Leuten er hervorhob.[2] Dammköhler hatte die Absicht, eine Durchquerung vom Huon-Golf zur Astrolabe-Bucht zu versuchen, und er scheint es gewesen zu sein, der gegen allgemeine Zweifel die Ansicht vertrat, daß die große Ebene sich zwischen Markham und Ramu hinzieht. Nach der Beschreibung Fröhlichs gehörte Dammköhler nicht zu seinem Unternehmen, man hatte sich offenbar nur zusammengefunden.

1 Holzknecht 1976: 10.
2 Fröhlich 1908: 200.

Ein Lager wurde nahe der Markham-Mündung am "Burgberg" bezogen, man wunderte sich jedoch darüber, daß keine Eingeborenen erschienen. Schließlich erfuhr man den Grund:

"Es hatte vor kurzem ein Überfall durch räuberische Stämme aus dem Innern auf die Küstenbewohner stattgefunden, viele von den Bewohnern der Logamu-Dörfer waren erschlagen worden. Der Rest hatte die Dörfer verlassen und war in alle Winde zerstreut. Auf unser Zureden fanden sich nach und nach etliche der Leute wieder ein und bauten sich ihre Hütten neben unserem Lager. Die Leute hatten eine so große Furcht vor den Räubern bekommen, daß sie es nicht wagten, ihre Dorfplätze, die etwa eine Stunde landeinwärts lagen, ohne die Begleitung von unseren bewaffneten Schießjungen zu betreten. Als ich später die Dörfer besuchte, sah ich die Verwüstung, welche angerichtet war. Junge Leute, die sich jahrelang als Arbeiter verdungen hatten, hatten sich einen gewissen Reichtum erworben; wohlverwahrt und in Kisten geordnet stand alles in ihren Häusern, ihren Eltern zur Aufbewahrung übergeben, während sie selbst sich wieder aufs neue als Arbeiter verdungen hatten. Alle Kisten waren erbrochen, und was nicht mitzuschleppen war, war herumgestreut und zerschlagen. Sechzig bis siebzig Dorfbewohner waren bei diesem Überfall umgebracht worden. Im Flußbett des Bumbu lagen die bleichenden Gebeine, zerbrochene Speere, durchspeerte Schilder, die Zeugen eines heftigen Kampfes, noch umher." [1]

Dieser Überfall war also offenbar ein noch schwererer gewesen, als Ostern desselben Jahres. Fröhlich fährt fort, daß im Oktober dieses Jahres, etwa drei bis vier Stunden vom Lager entfernt, wiederum ein Dorf überfallen wurde und etwa dreißig Menschen starben.

"Der Bote, welcher uns die Nachricht in das Lager brachte, hatte eine breite klaffende Wunde an der Schläfe, die von einem Holzschwerthiebe herrührte. Er ist wohl von dem Hieb bewußtlos liegen geblieben und, nachdem die Räuber abgezogen waren, wieder erwacht und davongelaufen. In der Nacht, erzählte er, ehe der Morgen graute, und als die Leute noch schliefen, war der Überfall geschehen. Niemand hatten sie verschont, Weiber und Kinder waren ohne Gnade getötet worden." [2]

Einen Monat nach dem Überfall seien dieselben Eingeborenen in der Nähe des Lagers herumgestreift. Man habe ihre Absicht, das Lager zu überfallen, vereitelt, indem man sie bis zu den Dorfplätzen verfolgte. Dabei halfen die Logamu- und die Labuleute, die sich der Expedition in ihrem Lager an-

---

[1] ebd.
[2] ebd.: 201.

geschlossen hatten. Fröhlich fiel als Besonderheit in Neuguinea auf, daß das Gebiet zwischen dem Bumbu und dem Markham unbesiedelt war. Nach seinen Erkundigungen seien die Bewohner ausgewandert, nachdem sie die Gegend vorher "stark verzaubert" hatten. Seitdem wagten die umwohnenden Eingeborenen nicht, das Gebiet zu betreten. Die Ursachen für diese unbesiedelten Gebiete - nach denen Fröhlich nicht fragte - dürften in den Überfällen der "Lae-Womba" zu suchen sein, die offenbar immer weiter nach Osten, zur Küste hin, vordrangen.

Am 21. Dezember 1907 begannen Fröhlich und Dammköhler gemeinsam, begleitet von fünfzehn eingeborenen Trägern, den Marsch in das Innere. Die Träger stammten vom Huon-Golf selbst, vom Waria, aus Neu-Mecklenberg (Neu-Irland) und von den Französischen Inseln. Mit Absicht war die Zahl kleingehalten worden, weil man mit Verpflegungsproblemen rechnete. Die beiden Europäer hatten ein Zelt, die Träger bauten sich jeweils Hütten aus Buschmaterial. Man marschierte den Bumbu (einen Fluß nordöstlich des Markham, an dessen Unterlauf die Logamu-Dörfer lagen) aufwärts in das Yalugebiet. In der den Bericht begleitenden Karte ist im Quellgebiet des Bumbu "Jalu" eingezeichnet, mit der zusätzlichen Angabe: "Eingeborene vor etwa 30 Jahren von in der Ebene wohnenden vertrieben". Tatsächlich sind die Jalu (Yalu) heute und seit mehreren Jahrzehnten die direkten östlichen Nachbarn der Wampar im Flußtal selbst. Die Gruppe siedelt allerdings heute in einem einzigen Dorf. Hier scheint also ein mehrfacher Siedlungswechsel stattgefunden zu haben. Der Weitermarsch ging dann entlang der Nordseite des Markhamtales Richtung Nordwesten, und zwar offenbar jeweils in den das Tal begrenzenden Bergen.

Schließlich erreichte die Gruppe ein verlassenes Dorf der Feinde der Logamu und Zerstörer der Jaludörfer. "Auf dem Dorfplatz fand sich ein zur Mumie eingetrockneter Leichnam einer Frau vor", zu dem nichts weiter erläutert wird.[1] Bananen- und Tarofelder wurden beobachtet und ein Weg, der in nordwestlicher Richtung zu mehreren anderen Dörfern führte. Die Beschreibung der Felder ist vermutlich mit negativen Bewertungen durch die Logamu und Labu vermischt:

"Die Plantagen waren sauber gehalten. Der Taro, den die Eingeborenen pflanzen, glich mehr dem, der im Busche wild wächst, und wurde von unseren Jungens nicht gegessen. Die Bananen bedurften ebenfalls der Veredelung, gute, von den Küstenbewohnern gepflanzte Sorten waren nicht zu sehen. In ausgehöhlten, flaschenähnlichen Gurken waren

---

1 ebd.: 202.

die Frauen dabei gewesen, Raupen zu sammeln, die Jungens brachten uns drei solcher Gefäße. Diese Raupen scheinen von den Kanaken gegessen zu werden; auf einem besonders dazu angepflanzten Strauche werden sie allem Anscheine nach gezüchtet." [1]

Von Interesse ist auch die Bemerkung, man habe überall angehackte und gefällte Bäume gesehen und aus den Spuren schloß Fröhlich, daß Messer und Beile dazu verwendet wurden. Hinweis also auf die Beute aus Überfällen auf die Küstendörfer. Am Ende des Berichtes wird auch noch einmal ausdrücklich auf diesen Punkt eingegangen. Alle Anzeichen sprächen dafür, so Fröhlich, "daß die neuerdings ausgeführten Überfälle hauptsächlich gemacht sind, um Eisenwaren zu erlangen."[2] Beim Weitermarschieren wurden Einheimische gesehen, auch ein Dorf, von dem aus die Gruppe beobachtet wurde. Schließlich durchquerte man einen 400 m breiten Nebenfluß des Markham, mit drei bis vier Meter hohen Ufern (den Erap?). Der Weitermarsch führte dann aus dem Gebiet der Wampar hinaus und ist in diesem Zusammenhang nicht mehr von Interesse.

Über dieselbe Unternehmung hat aber auch Dammköhler einen Bericht hinterlassen (in "Kolonie und Heimat", 1908). Aus ihm geht erst hervor, daß es um die Vermessung von Land ging, das die Neu-Guinea-Compagnie "seit Jahren" am Markham gekauft hatte. Nach Dammköhlers Darstellung schloß sich Fröhlich nach Abschluß seiner Arbeiten Dammköhlers Vorhaben der Durchquerung an.[3] Ihm selbst ging es um Goldvorkommen. Über das erste Dorf der "Wilden vom Markham" wie es hier heißt, hatte Fröhlich berichtet und die mumifizierte Leiche einer Frau erwähnt. In Dammköhlers Bericht steht gerade hierzu etwas mehr, das unter anderem deutlich macht, daß er selbst schon vorher hier gewesen war:

"Die Bewohner dieses Dorfes waren von mir kurz vorher vertrieben worden, weil sie das Weib eines meiner schwarzen Träger am hellen Tage, kaum 30 Meter von meinem Zelt entfernt, ermordet hatten. Die Ermordete hatte ich seinerzeit begraben lassen. Als ich jetzt wiederkam und Umschau hielt, fand ich, dass die Wilden zurückgekommen, den Leichnam wieder ausgegraben und auf den Platz gelegt hatten, wo ich mein Nachtlager hatte. Durch den Körper hatten sie einen langen Speer gestossen und Teile der Eingeweide herausgenommen. Die glühende Sonne hatte die Leiche fast zur Mumie gemacht."[4]

---

[1] ebd.: 203.
[2] ebd.: 213.
[3] Dammköhler 1908: 6.
[4] ebd.

1908-09. Dammköhler und Oldörp

Im "Amtsblatt für das Schutzgebiet Deutsch-Neuguinea" findet sich 1909 ein Bericht von Dammköhler und Oldörp, der eine lange Reise von Stephansort durch die Ramu-Ebene bis Logamu beschreibt, die vom 31. Dezember 1908 bis zum 27. Mai 1909 dauerte. Ganz deutlich wird das eigentliche Ziel nicht gemacht, doch dürfte es sich um Goldsuche gehandelt haben. Wichtig war aber die offenbar erstmalige Benutzung von Pferden als Tragtiere, über die ausführlich berichtet wird. Eine Karte ist nicht beigegeben, doch dürfte es sich um dieselbe Route wie die von Fröhlich und Dammköhler, aber in umgekehrter Richtung, gehandelt haben. Wieder sind jedoch die einzelnen Gebiete und Dörfer nicht ganz klar einzuordnen. Vor allem ist das Gebiet der Wampar gegenüber den westlich und nordwestlich siedelnden Azera (Adzera) nicht abzugrenzen, zumal die äußere Kultur der beiden Gruppen ähnlich ist. Die folgenden Bemerkungen scheinen sich aber auf das Gebiet zwischen ihnen und schließlich schon auf Wampar-Gebiet und die Leute von Dzifasing zu beziehen:

"Zwischen diesem bevölkerten Landstrich und den nächsten Dörfern liegt ein unbewohnter Teil von 30 km Länge, und auch der nächstliegende vielfach sumpfige Teil der Ebene ist jetzt schwach bevölkert. Wir fanden hier nur 3 Dörfer, die längs eines kleinen, klares Wasser führenden Flusses lagen. Die Bewohner dieser Dörfer, zum Teil von riesenhaftem Wuchs, schlossen mit uns Freundschaft, indem sie uns eine Handvoll Alang zwischen den Händen reiben ließen und die Halme dann unter sich verteilten, sie schienen aber sehr wild zu sein, ihrem Gesicht waren Tücke und Blutdurst zu deutlich aufgeprägt. Unser Weitermarsch schien dieses Urteil bestätigen zu wollen, denn wir fanden einige 20 verlassene Dörfer, von denen zwar 6 einer aus dem Gebirge hervorgebrochenen Flut zum Opfer gefallen, die z.T. eingegangenen in einem neugebildeten Flussbett stehenden Palmen (Kokospalmen) liessen darauf schliessen, die übrigen aber überfallen und geplündert waren. Die verstreut um die Feuerstellen herumliegenden Schädel und Knochen deuteten das Schicksal an, das den überraschten Opfern beschieden gewesen war."[1]

[1] Dammköhler und Oldörp 1909: 135; s.a. die Bemerkungen bei Holzknecht 1975: 14.

1909. Dammköhler und Oldörp

Dammköhler und Oldörp zogen im Juli und August 1909 nochmals mit Pferden von Logamu aus in das Markhamtal, und nun ist kein Zweifel, daß sie Kontakt mit Wampar hatten. Rudolf Oldörp berichtet darüber im "Amtsblatt" desselben Jahres. Danach trafen sie am "Kerarifluß" - vermutlich dem Munun - auf "Lahewomba", die ohne Waffen kamen und halfen, den Weg zu verbreitern. Die weitere Beschreibung ähnelt dann der vorhergehenden:

"Bei ihren Dörfern schlossen wir förmlich Frieden und Freundschaft mit ihnen, was wir auf ihren Wunsch durch Reiben von uns dargereichtem Laub und Gras an unserer Pferde Körper bekräftigten, worauf sie Gras und Laub an sich nahmen. Es war den Leuten anscheinend Ernst damit, einen dauernden Frieden zu schließen, und wir sicherten ihnen unsere Fürsprache bei der Kaiserlichen Regierung zu."[1]

Bei solchen Formulierungen fragt man sich, wie man ohne die geringsten Sprachkenntnisse irgendetwas "zusichern" konnte. Dammköhler und Oldörp durchquerten den Markham und zogen auf seiner rechten Seite weiter flußauf bis zum unteren Watut, wobei sie noch durch zwei Dörfer der "Lahewomba" kamen, die mit anderen in Feindschaft lebten. Am Watut (der heutige Flußname wird in dem Bericht allerdings nicht genannt) fanden sie Gold in erheblichen Mengen. Hier wurden sie überfallen, Dammköhler wurde getötet und dem schwerverwundeten Oldörp gelang es, mit einem Floß die Markham-Mündung zu erreichen.[2]

Kapitel 2 : Die Missionare und Richard Neuhauss

April 1909. Neuhauss, Lehner, Keysser und Mailänder

Im Jahre 1906 wurde von Stephan Lehner die Station Kap Arkona der Neuendettelsauer Mission an der Nordküste des Huon-Golfs bei den Bu-

---

[1] Oldörp 1909a: 155f.

[2] ebd.: 157, 162; zu Dammköhlers Tod s.a. Oldörp 1909b; Bluttat 1909; Neuhauss 1911, I: 441-444; 1914: 92-95; Clune 1952: 113-115.

kaua gegründet.[1] Die nächste Missionsstation, Malalo (oder Malolo) im Samoahafen südlich des heutigen Lae, wurde 1907 durch die Missionare Karl Mailänder und Hermann Böttger eingerichtet.[2] Beide Stationen wurden wichtig für die weitere Entwicklung am Markham.

Ende April 1909 unternahmen die Missionare Stephan Lehner, Christian Keysser und Karl Mailänder gemeinsam mit dem Berliner Anthropologen Richard Neuhauss eine Fahrt in Kanus den Markham aufwärts, um friedliche Beziehungen zu den "Lae Womba" anzuknüpfen. Treibende Kraft war nach allen Berichten Richard Neuhauss.[3] Die begleitenden Bukaua und Labu müssen voller Angst gewesen sein und ständig bereit, sofort umzukehren:

"In namenloser Angst stierten sie nach den Ufern hin und wenn sich dort ein Blättlein regte oder gar eine verlassene Schutzhütte sichtbar wurde, machten sie Miene, in die Boote zu springen und davon zu fahren. Von den Lae-Womba wußten sie die seltsamsten Dinge zu erzählen: sie sollten imstande sein, den reißenden Strom so zu durchschwimmen, daß nur die Nasenlöcher aus dem Wasser hervorragen; man müsse deshalb jeden Augenblick gewärtig sein, daß ein Trupp dieser Bluthunde unmittelbar vor den Booten aus dem Wasser auftaucht. Fernerhin sollten sie mit langen Haken versehen sein, um die Leute aus den Booten ins Wasser zu reißen. Deshalb legten unsere Schwarzen die ledernen Gürtel ab, mit denen die Lendentücher gehalten werden, denn sie meinten, daß die Gürtel den Haken einen besonders günstigen Angriffspunkt bieten." [4]

Kein Wampar wurde gesehen, auch kein Dorf oder Pflanzungen, nur gelegentliche Schutzhütten. Am dritten Tage kehrte man deshalb um, vor allem, weil die Lebensmittel zu Ende gingen. An einem Punkt angeblich etwa 20 km stromauf (ungefähr da, "wo eine der erwähnten Strafexpeditionen ein blutiges Ende fand") befestigte man einige Geschenke ("ein Stück Baumwollenstoff, einen Eberzahn, etwas Tabak, Perlen und eine Schnur mit Hundezähnen") an einem frei am Ufer stehenden Baum und kehrte um.[5] Neuhauss läßt sich in seiner Darstellung sehr ausführlich über den Wert von Strafexpeditionen und gewaltsame "Befriedungen" aus. Der Mis-

[1] Frerichs 1957: 220.
[2] ebd.: 238.
[3] Zahn 1920: 51; s.a. Sack 1976: 50ff; Neuhauss 1909d: 752.
[4] Neuhauss 1911, I: 47.
[5] ebd.: 49; s.a. Salem 1911: 21.

sionar Stephan Lehner beschreibt noch etwas genauer, was und auf welche Weise Geschenke zurückgelassen wurden:

"Br. Mailänder und Herr Professor waren erstaunt, als ich einen Eberzahn - größtes Wertstück der Papua - und ca. 200 Hundezähne, desgleichen ein Tuch nebst etlichen Stangen Tabak meinem Koffer entnahm, die Schwarzen freuten sich, Br. Keyßer wußte davon, denn mit ihm nahm ich das Geschenk betreffend in Bukaua schon Rücksprache. Herr Professor legte dem Geschenk noch Perlen bei und David Kwason ein Christ von hier kappte die Zweige eines Baumes bis auf eine kleine Krone, dahinauf hing er die Sachen, die Leute machten dann ein Feuer um die Laewomba aufmerksam zu machen." [1]

Mai 1909. Friedensschluß

Missionar Böttger erwähnt in seinem Bericht nebenbei, die Beamten der Neuguinea-Kompanie hätten "schon öfter Messer und Beile hingelegt, aber mit Verachtung hätten die Laewomba, so wird erzählt, die Sachen weggestoßen, aber nicht genommen."[2] Die Angabe läßt sich nicht verifizieren, erscheint aber angesichts der Abläufe der Strafexpeditionen eher unwahrscheinlich. Etwa acht Tage nach der Unternehmung Neuhauss' und der Missionare kam aber dieses Mal die Nachricht, daß die Wampar die Geschenke angenommen hätten und mit ihren Feinden Frieden schließen wollten. Nach einer zusammenfassenden Darstellung des Missionsinspektors August Zahn kam die Nachricht über die Bereitschaft der Laewomba zum Friedensschluß am Nachmittag des 9. Mai 1909 zu Misssionar Lehner auf der Station Kap Arkona.[3] Hermann Böttger erzählt sehr ausführlich, daß am 15. Mai ein Labu namens Kulip auf die Missionsstation (zu Missionar Mailänder?) gekommen sei, Speer und Schwert in der Hand und einen runden Hut auf dem Kopf, die er von den Laewomba erhalten hatte. Diese hätten jetzt Angst vor den Gewehren der Weißen und wollten wissen, was die hinterlassenen Sachen bedeuteten. Kulip wird in direkter Rede zitiert:

"Die haben Angst vor dem Pu, o Mailenda; hahaha, die Weißen hätten sonst pu gemacht, dachten sie, pu hätten sie gemacht, und das fürchten sie. Ein Weißer ist bei ih-

---

1 Lehner 1909b: 90.
2 Böttger 1912a: 6.
3 Zahn 1920: 51.

nen durchgezogen, der hat pu gemacht, und dem einen sein Arm ist schlecht geworden. Darum fürchten sie jetzt das Pu."[1]

Die Kontaktaufnahme geschah durch die Laewomba selbst, und auch darüber wird der Labu Kulip wörtlich wiedergegeben:

"Also paß auf: auf einmal tutet's und wir sagen: die Laewomba sind gekommen. Und am Strand stehen sie, und wie sie uns sehen, legen sie die Speere weg und rufen uns zu, wir sollen auch die Speere weglegen und dann sollen wir mitgehen, aber nur ein paar sollen kommen. Und dann sind ein paar hingegangen und die haben ihnen die Hand geben wollen, aber die Laewomba sind fortgelaufen und haben die Hand immer wieder zurückgezogen, und dann hat einer die Hand gegeben, schau so (und dabei machte er die Handbewegung der Laewomba nach), aber gleich hat er sie wieder zurückgezogen; und dann nochmals, ein bißchen mehr, und dann noch mehr. Dann haben sich die beiden am Unterarm gefaßt, dann am Oberarm, dann haben sie sich umarmt, und dann ist der Laewomba fortgelaufen und die andern sind gekommen und dann haben wir sie mit ins Dorf genommen. Zuerst aber haben wir ihnen Binden gegeben. Mailenda, die haben keine, die sind ganz nackt; kannst's glauben."[2]

Es kam zum Friedensschluß zwischen Wampar und den Labu, den Lae und den Bukaua.[3] Dabei wurden Geschenke ausgetauscht und zwischen den Labu und Laewomba auch Geiseln.[4] Stephan Lehner beschrieb nach Hörensagen noch etwas ausführlicher:

"Der ausgemachte Tag nahte, von allen Dörfern zogen etliche Leute hin zum Markham, und in der Tat, es kam ein Friedensfest zustande, gegenseitig umarmten sie sich, tauschten ihre Sachen aus, aßen und kauten Betel miteinander, als Siegel gleichsam, daß der Frieden ernst sei, zogen 2 Labo und 1 Lae zu den Laewomba, während 3 Leute der letzteren bei den Labo blieben.
Als die Friedensverhandlung zu Ende war, kamen 2 Lae mit einem wunderschön bemalten Hut und einem Schwert von den Laewomba, um mir selbiges als Geschenk zu übergeben, zugleich sagten sie: *"Lena Du sollst nun selbst zu ihnen kommen."* Bereits hatten sie bestimmte Zeichen verabredet, die sie ihnen zurufen wollten und sollten, wenn ich sie besuche."[5]

---

[1] ebd.: 7.
[2] ebd.: 8.
[3] Neuhauss 1909a: 120; 1909b: 770; 1909c: 690; 1910: 107f; 1914: 96f; s.a. Steck 1911: 81.
[4] Neuhauss 1911, I: 50.
[5] Lehner 1909b: 90.

Mai 1909. Die Missionare Böttger und Mailänder

Lehner berichtet, er sei von Missionar Mailänder informiert worden, daß dieser gemeinsam mit Böttger am 18. Mai, "also 4 Tage nach der Friedensfeier", bei der kein Weißer anwesend war, die Laewomba besucht habe, etwa fünfzehn Kilometer stromauf. Sie seien scheu ihm gegenüber gewesen. Lehner führt das darauf zurück, daß man *ihn* ja eingeladen hätte.[1] Der Missionar Hermann Böttger hat einen etwas längeren Bericht darüber verfaßt. Darin beschreibt er zunächst einen Besuch bei den Labu und erwähnt, daß diese bereits in größerer Zahl Hüte der Laewomba trugen, offenbar schon Folge des Friedens. Laewomba und Labu - und mit ihnen die Missionare Mailänder und Böttger - wollten sich auf einer Sandbank im Markham treffen.[2] Im Dorf der Labu sah Böttger eine ganze Anzahl von Knochen, die angeblich die von verspeisten Laewomba waren. Er ließ sie in ein großes Loch werfen, in der Befürchtung, besuchende Laewomba könnten sie sehen. Er beschreibt die Reaktion auf seine Befürchtungen:

" 'Ach was', lachte einer, 'die haben sie schon gesehen und haben gelacht, und die drei von uns, die bei den Laewomba waren, haben dort die Knochen von unseren erschlagenen und verzehrten Leuten gesehen. Jetzt fressen wir ja nicht mehr. Was willst du? S i e haben u n s totgeschlagen und gefressen, und w i r haben s i e totgeschlagen und gefressen.' "[3]

Schließlich trafen sich Labu und Laewomba an der Markham-Mündung. Vor den weißen Missionaren hatten die Laewomba ganz offenbar einige Scheu. Hermann Böttger beschrieb es so:

"Nun brachten unsere Leute einen widerstrebenden Laewomba zu uns her, zwei zogen ihn und ein Dritter schob von hinten. So kamen sie auf uns zu. Jetzt sollte er uns die Hand geben. Er tat dabei, als sollte er einen Löwen streicheln. Na, wir nahmen schließlich die Hand und nun war die Scheu einigermaßen überwunden, und der Laewomba stimmte mit den Labo, die sich um uns gedrängt hatten, ein Freudengeheule an. Dann ließ er sich nicht mehr halten, er rannte zurück und schwenkte und winkte mit Armen und Beinen. Er hatte Erfolg, es kamen andere herzu.

---

[1] ebd.: 91; auch Sack vermutet, daß Lehner "irritiert" war (Sack 1976: 51).
[2] Böttger 1912b: 5.
[3] ebd.: 6.

Wir sahen sie uns etwas genauer an: sie waren klein und untersetzt, auch schlanke waren unter ihnen, doch sahen wir keinen von solcher Länge, wie der gewesen sein muß, von dem die Labo immer erzählen, er habe sich im Lum stets hinlegen müssen, weil er im Sitzen zu lang gewesen und oben angestoßen sei. Im ganzen bemerkten wir an ihrem Körperbau nichts Auffallendes. Recht wilde Gesellen waren sie. Reine Inlandbewohner schienen sie uns übrigens nicht zu sein, denn die Kai, soweit ich solche in Wareo und auf dem Sattelberg wie auch in unsrer Gegend kennen gelernt hatte, waren doch ein ganz andrer Schlag. Freilich reine Küstenleute konnten die Laewomba auch nicht sein, dazu hätten sie kräftiger gebaut sein müssen."[1]

Böttger beschreibt dann Kopfschmuck, Nasenstäbe und Stirnbänder. Speere und Holzschwerter wurden gegen Messer und Beile eingetauscht, an denen die Laewomba sehr interessiert waren.

Die Bemerkungen über die Körpergröße sind von einigem Interesse und verdeutlichen die Relativität solcher Beschreibungen von ersten Kontakten. Größen von Männern zwischen 1,80 und 1,90 m sind unter den Wampar heute nicht selten. Aber es gibt auch sehr viel kleinere unter ihnen. Die Größen variieren ebenso wie unter Europäern. Das ist vielleicht auch Ergebnis der Mischungen mit vielen unterschiedlichen Nachbargruppen. Die Beschreibung des Missionars macht aber deutlich, daß er von diesem ersten Eindruck enttäuscht war, weil er nach den Berichten der Gegner der Wampar wahre Riesen erwartet hatte. Wer so gefährlich war, mußte wohl zwei Meter und größer sein. Zum anderen werden aber auch stereotype Vorstellungen deutlich: Inlandbewohner ("Kai") sollten von einem bestimmten Typus sein, dem die Wampar offenbar nicht entsprachen. Beschreibungen erfolgen also nach Maßstäben, die aus unterschiedlichsten Zusammenhängen stammen und sie machen häufig - wie in diesem Falle - das Ergebnis eines Vergleichs von Realität und Erwartung deutlich, die ihrerseits Ergebnis oraler Traditionen ist.

Juni 1909. Richard Neuhauss und Stephan Lehner

Richard Neuhauss und Stephan Lehner unternahmen Anfang Juni 1909 eine zweite Reise den Markham hinauf. Wie Neuhauss schreibt, wurden sie etwa 15 km von der Mündung entfernt von über zweihundert Lae-Womba, Männern und Frauen, erwartet. An dieser Stelle sind einige Bemerkungen zu den Entfernungsangaben nötig. Es ist nicht ersichtlich, wie die Angaben

---

[1] ebd.: 8.

über die Entfernungen von der Markham-Mündung gewonnen wurden. Zu vermuten ist, daß es sich um reine Schätzungen handelt. Das macht es sehr schwierig, die betreffenden Stellen zu lokalisieren. Vergleicht man die Kilometerangaben mit den Ortsnamen in Überlieferungen der Wampar, so scheint es, als seien diese Angaben zu hoch gegriffen, die Entfernung von der Küste also jeweils tatsächlich geringer. Das könnte vor allem aus zwei Gründen so sein: Zum einen ließ die schwierige und langdauernde Fahrt stromauf in den Kanus der Labu die Entfernung möglicherweise größer scheinen, als sie tatsächlich war. Zum anderen aber war wohl auch ein weiteres Eindringen in das gefährliche Unbekannte eine Frage des Prestiges, sodaß man eher zu weit als zu nahe schätzte.

Bei diesem Treffen nun wurden Geschenke ausgetauscht und die Beziehungen waren freundschaftlich.[1] In einem späteren Bericht heißt es ausführlicher, nach vier Stunden habe man sich einem Trupp von etwa hundert Lae-Womba gegenübergesehen. "Die Begrüßung geschah aufs herzlichste, Geschenke gingen hinüber und herüber und fleißig wurde auf Bauch und Schultern geklopft."[2] Nach weiteren zwei Stunden hatte man die Stelle des zweiten Lagers der vorhergehenden Reise erreicht:

"Hier hatten sich zur festlichen Begrüßung mehrere hundert Lae-Womba, Männer, Frauen und Kinder, eingefunden, die in ein Jubelgeschrei ausbrachen, als unser Kanu sich dem Ufer näherte. Kaum waren wir an Land gesprungen, so faßten je zwei Häuptlinge jeden von uns beiden Weißen unter den Armen und führten uns im Triumphe zu der im Kreise lagernden Schar ihrer Stammesgenossen. Aus Palmenblättern bereitete man einen Ehrensitz und sofort begann das Betelkauen. Die Stunden, welche wir im Kreise dieser Mordgesellen zubrachten, werden mir unvergeßlich bleiben. Saßen wir doch ohne jeglichen Schutz mitten unter einem Haufen von Männern, deren Trachten ihre Leben lang lediglich darauf gerichtet war, möglichst viele Menschen totzuschlagen. In den mitgeführten Tauschartikeln besaßen wir Schätze, welche in den Augen dieser Leute unermeßlich groß sind. Wenn Mordlust und Habgier plötzlich wieder erwachte, waren wir rettungslos verloren.
Während Eisenwaren, Perlen und andere europäische Gegenstände auf dem Wege des Tauschhandels bis in die entferntesten Teile von Neu-Guinea vordrangen, wohin noch niemals ein Weißer kam, blieben die Lae-Womba dank ihrer langjährigen Feindschaft mit allen Nachbarstämmen von der Kultur unberührt. Mit großem Interesse betrachteten sie die als Tauschwaren von uns mitgeführten Messer, Beile und Zeugstoffe und ließen

---

[1] Neuhauss 1909a: 120; 1909b: 770f.
[2] Neuhauss 1911, I: 50.

diese Dinge von Hand zu Hand gehen. Aber niemandem fiel ein, sich hiervon auch nur das Geringste anzueignen. Sie baten, ihnen die Rohre zu zeigen, in welche der Weiße hineinpustet und die dann so entsetzlich knallen. Ich ließ also meine Jagdflinte vom Kanu holen und gab einen Schuß in die Luft ab. Es war ein ergötzlicher Anblick, wie sich bei dem Knall alle auf die Erde niederduckten, als wollten sie den fliegenden Schrotkörnern ausweichen. Dann aber erhoben sie sich schnell wieder und tanzten in ausgelassener Freude, wobei sie mit der Fußsohle derart gegen das Gesäß schlugen, daß es laut klatschte."[1]

An dieser Beschreibung ist zum einen die Formulierung "Häuptlinge" von Interesse, Hinweis auf die Neigung früher Ethnographen, alles in bekannten Kategorien zu beschreiben. "Häuptlinge" jedenfalls gab es bei den Wampar nicht. Zum anderen aber findet sich immer wieder in den Beschreibungen die Tendenz, trotz gegenteiliger Erfahrungen - hier etwa mit der Freundlichkeit und Ehrlichkeit der Wampar - die Situation so zu beschreiben, wie man sie aus Gerüchten und im eigentlichen Sinne "Vor-Urteilen" erwartete. Das waren also alles "Mordgesellen", die ihr Leben lang möglichst viele Menschen totschlagen wollten, und es war wohl nur Zufall, daß "Mordlust und Habgier" nicht erwachten.

Von der Weiterfahrt berichtet Neuhauss, um den Fluß zu durchqueren, bedienten sich die Anwohner "der überall angeschwemmten Holzkloben, welche sie unter den Arm nehmen. Gilt es jedoch, eine längere Fahrt stromabwärts zu machen, so binden sie mehrere Stangen Treibholz zu einem Floß zusammen."[2] Neuhauss erwähnt den Ilap (Erap), den er ein Stück aufwärts wanderte.

Am nächsten Tag begegnete man einem schwer beladenen Floß, auf dem ein Mann mit drei Frauen und drei Kindern saß. "Der Mann führte im seichten Wasser mit geschwungenem Speer einen Kriegstanz auf und war durch keinerlei Geberden (sic) und Worte zu bewegen, zu uns heran zu kommen." Er ließ sich durch ein Stück roten Stoff dann doch anlocken, zitterte aber vor Angst. Nicht unwichtig ist die Bemerkung, eine Verständigung mit ihm sei nicht leicht gewesen, "da er einen von der Lae-Womba-Sprache abweichenden Dialekt sprach." Er wohnte drei Tagereisen weiter flußauf. Das spräche dafür, daß es sich um einen Azera handelte, denn gegenseitig nicht verständliche Wampar-Dialekte gibt es nicht.[3] Allerdings wäre nicht ganz verständlich, wieso ein Azera durch das Gebiet der Wam-

---

[1] ebd.: 51.
[2] Neuhauss 1911, I: 52.
[3] ebd.: 53 f.

par flößen sollte, zumal die Azera noch gar keinen Kontakt mit Weißen gehabt hatten. Nun schreibt Lehner hier das genaue Gegenteil zu Neuhauss: "aber was das merkwürdigste ist, er konnte sich mit unserem Dolmetscher noch sehr gut verständigen."[1] Hier ist nach den Umständen eher die Angabe Lehners als zutreffend zu vermuten. Vielleicht eine bei der Auswertung falsch gelesene Notiz Neuhauss'?

Nach sechstägiger Fahrt kamen Neuhauss und Lehner etwa 70 km flussauf bis zu einem Punkte, "wo der aus dem Gebirge kommende Markham-Arm sich in den Strom ergießt". Wieder ist die Angabe unklar. Nicht einmal die Seite ist sicher. Denn "aus dem Gebirge" kommen sowohl die nördlichen wie südlichen Nebenflüsse. Mehr spricht allerdings für die Nordseite. Bei Berücksichtigung der unsicheren Kilometer-Angaben kann es sich um den Rumu oder den Leron gehandelt haben. Unterwegs traf man weitere Wampar, überall waren die Kontakte freundlich. Neuhauss war der Ansicht, die "Lae-Womba" seien außerordentlich zahlreich und siedelten bis zur Wasserscheide zum Ramu.[2]

In einem anderen Bericht heißt es übrigens, auf der Rückfahrt sei das Boot gekentert, "und die bei der ersten Begegnung mit den Laewomba gefertigten photographischen und kinematographischen Aufnahmen gingen verloren. Auf einer dritten Reise zu den Laewomba konnte Neuhauss dann neue Aufnahmen dieser Wilden machen."[3]

Wogang

Nach Hermann Böttgers Darstellung diente als Dolmetscher ein alter Mann, der in seiner Jugend unter den Lae-Womba gelebt hatte. Seine Schwester war von ihnen geraubt worden und lebte auch jetzt noch unter ihnen. Sie hatte kurz nach ihrer Entführung einen Sohn geboren, der (1909) 35 Jahre alt war. Da mit jenem Kriegszug die Feindseligkeiten der Laewomba begonnen haben sollen, lassen sie sich - so Neuhauss - auf etwa 1875 festlegen. Nicht ganz klar ist, wie der genannte Dolmetscher zu den Laewomba gekommen war. Lehner nennt als Namen dieses Mannes "Wogan", und daß er etwa 48 Jahre alt war. Aber auch aus seiner Darstel-

---

[1] Lehner 1909b: 91.
[2] Neuhauss 1909a: 120; 1909b: 770f.
[3] Neuhauss 1910: 108; s.a. 1911, I: 51, 55.

lung geht nicht hervor, wie er zunächst dazu kam, die Laewomba-Sprache zu lernen.[1]

Karl Holzknecht stellt es so dar, daß "Wakang" die Sprache der Laewomba beherrschte, weil er in seiner Jugend unter ihnen lebte, bis sein Vater starb und er an die Küste floh.

"Seine Schwester Buambiare war vor vielen Jahren von den *LAEWOMBA* geraubt worden. Kurz nach ihrer Entführung wurde sie mit einem *LAEWOMBA* verheiratet und gebar ein Mädchen - Miri -, das zum Zeitpunkt von Lehners und Neuhaus' Besuch etwa 35 Jahre alt war."[2]

Böttger läßt einen Labu die Angelegenheit in seinem Bericht darstellen. Danach war es so:

"Nun haben die Laewomba früher einmal eine Frau von den Lae geraubt, die brachte dort ein Kind zur Welt, und dieses Kind versteht Lae und Laewomba, denn die Frau hat zu ihrem Kinde Jagwui i h r e Sprache geredet, und nun kann der Jagwui beide Sprachen."[3]

Gottfried Schmutterer, der Missionar von Lae, hat diesem Mann, Wogang, ein kleines Heft in der Reihe "Lebensbilder" der Neuendettelsauer Mission gewidmet. Nach seiner Beschreibung war Wogang der entscheidende Mann für die Kontaktaufnahme und schließlich den Friedensschluß mit den Laewomba. Eine Angehöriger der Lahe (Lae), war er mit seinen Eltern aus dem ursprünglichen Siedlungsgebiet der Lahe bis in das Gebiet der heutigen Stadt Lae gekommen. Er nahm offenbar an den Kämpfen sehr aktiv teil, bevor er Christ wurde.

"Vielleicht kam ihm zustatten, daß er einen Halbbruder unter den Laewamba hatte. Seine Mutter war nämlich nicht die einzige Frau seines Vaters gewesen, und eine von diesen andern nun war von den Laewamba geraubt worden und hatte erst dort ihrem Kinde das Leben gegeben. Dieses Kind, Jagwi war sein Name, wuchs dann als Laewamba auf."[4]

Dieser Jagwi, schreibt Schmutterer noch, sei später von den Waing erschlagen und aufgefressen worden. Auch diese Darstellung übrigens er-

---

[1] Lehner 1909b: 91.
[2] Holzknecht 1975: 17.
[3] Böttger 1912a: 7.
[4] Schmutterer 1924: 3.

klärt nicht, warum Wogang, wie Schmutterer schreibt, "gut Laewamba sprach". Durch ihn jedenfalls nahm danach Stephan Lehner den Kontakt zu den Wampar auf.

Gottfried Schmutterer hat später - tatsächlich drei Jahrzehnte später - im Ruhestand die Bedeutung Wogangs nochmals beschrieben. Dabei zeigen sich, entweder durch Vergessen oder umgekehrt durch spätere zusätzliche Informationen, erhebliche Unterschiede gegenüber den früheren Darstellungen. Übereinstimmend wird festgestellt, Wogang hätte den Rahe angehört, sei im Markhamtal aufgewachsen und habe die Sprache der Wampar beherrscht. Vielleicht liegt hier die Erklärung der Sprachkenntnisse: Entweder hatte er durch die Nähe zu den Wampar deren Sprache gelernt oder die Sprache dieser später mit den Lae verschmolzenen Gruppe war selbst ein Wampar-Dialekt. Die folgende Darstellung von Wogangs Besuch bei den Wampar macht aber vor allem deutlich, wieviel an solchen Beschreibungen aus bloßen Vermutungen besteht, die sich in Formulierungen ausdrücken, er habe "sicher" etwas bestimmtes getan oder gesagt:

"Nach dieser ersten Berührung mit diesen Leuten machte Wogang bald wieder einen Besuch im Inland, und erklärte den Wilden, daß sowohl die Weißen, wie auch alle ihre Nachbarn den Frieden wünschten. Wogang hat auch sicher nicht versäumt, von den herrlichen Sachen zu reden, die man durch Tauschhandel von den weißen Männern bekommen könnte, vor allem Eisenbeile! Auch hat er es sicher nicht seiner damaligen Erkenntnis entsprechend, versäumt, von dem großen Anutu-Gott, den die Weißen predigen, Zeugnis zu geben. Dazu kam noch ein weiterer Umstand: Wogang fand bei diesem ersten Besuch im Dorfe Munun seine Halbschwester, die einst von den Munun geraubt wurde. Sie war eine sehr hochgewachsene, energische Frau, und an den riesenhaften Jakwe von Munun verheiratet. Jahrelang hat sie die durchreisenden Missionare beherbergt und Essen gereicht. Leider wurde sie früh Witwe, die Afirmri, wie sie hieß. Die Waingleute erschlugen Jakwe mit noch sechs andern Männern aus Blutrache, weil die Munun kurz vorher ihnen die Bewohner eines ihrer Dörflein erschlagen hatten. Noch nach Jahren konnte man seinen mächtigen Schädel in einem hohlen Baum stehen sehen, bis einmal ein Grasflächenbrand auch den dürren Baum erfaßte und verzehrte."[1]

Hier also ist "Jakwe" (früher "Jagwi") nicht der Sohn, sondern der Ehemann von Wogangs (Halb-) Schwester, deren Name als "Afirmri" angegeben wird. Letzteres ist wohl aus Unkenntnis des Wampar entstanden und dann noch durch einen Tippfehler entstellt: *Afi* ist einfach "Frau" auf

[1] Schmutterer 1954: 4f.

Wampar und *Mri* ist der schon vorher angegebene Name. Dazwischen ist wohl eher irrtümlich ein *r* gerutscht.

Die Person bzw. die verwandtschaftlichen und historischen Beziehungen dieses Mannes sind ein recht gutes Beispiel für die nur relative Brauchbarkeit von Informationen aus dieser frühen Zeit für historische Rekonstruktionen. Wakang, Wogan oder Wogang soll 1909 ein "alter" Mann gewesen sein, etwa 48 Jahre alt, also um 1860 geboren. Er hatte eine Schwester Buambiare, die entweder eine Tochter namens Miri (vermutlich Wampar: *Mri*) hatte oder einen Sohn namens Jagwui, etwa 35 Jahre alt, also um 1875 geboren. Oder Jagwi war der Halbbruder Wogangs mit gleichem Vater und anderer Mutter. Die Altersverhältnisse sind dann etwas fraglich.

März 1910. Neuhauss und Oertel

Seine dritte Reise zu den Lae-Womba begann Neuhauss am 17. März 1910 gemeinsam mit Missionar Oertel, diesmal zu Fuß und mit Trägern. Sie erreichten schließlich "eine Gruppe von sechs bis sieben Dörfern", von denen Neuhauss schreibt, alles habe den Eindruck des Unfertigen gemacht, was er auf die ständigen Verlegungen und Kämpfe zurückführt. Ein Foto (38. "Hütte der Mumung-Lae-Womba") zeigt aber ein eher normales Haus. "Mumung" dürfte für den Namen *Munun* stehen. Interessant ist die Feststellung, daß es sich um "sechs bis sieben" Dörfer handelte, etwa zwei Stunden davon entfernt nochmals zwei Gruppen von je sechs Dörfern. Ohne Größenangaben ist damit zwar nicht allzuviel anzufangen, aber es wird doch eine Siedlungsweise in jeweils mehreren kleineren Weilern beschrieben, die erst durch die Konzentration in großen Dörfern durch die Mission beendet wurde.[1]

Oertel ist hier genauer. Er schreibt, daß er versucht habe, "das Ganze" kennenzulernen, während Neuhauss sich in nur sechs Dörfern aufhielt, wo er genug Interessantes fand. Danach bildeten "zwölf Dörfchen von je 4-10 Häusern" das Dorf *agab munun* (also "Dorf Munun"), sieben (vielleicht mehr) Häusergruppen bildeten *Ngaschanobum* (also "Ngasawapum").[2] Von den Dörfern schreibt Oertel, sie sähen alle sehr hübsch aus, obwohl die Häuser recht primitiv seien und keine einheitliche Bauart hätten. Die Dorfplätze waren sauber und hatten Schattenbäume, die teils Fruchtbäume

---

1 Schmutterer 1924: 78f.

2 Oertel 1910: 52.

waren, und alle waren von Bananenpflanzungen vollständig eingeschlossen.

Er beschreibt auch "große Töpfe voll wohlschmeckender gekochter Bananen als Begrüßungsmahl",[1] und einen kleinen Topf "voll vortrefflich gekochten Bananenbrei's". Töpferei scheint besonders in Ngasawapum betrieben worden zu sein. Hier sah Oertel "ganze Häuser voll frischer noch nicht gebrannter z. Teil sehr schön verzierter Töpfe".[2]

Neuhauss und Oertel hielten sich bei den "Mumung-Lae-Womba" drei Tage lang auf und machten ethnographische Beobachtungen:

"Wenn sie ihre Bastmützen herstellten und bemalten, ihre Netze knüpften und sonstige Handarbeiten ausführten, pflegte ich mich zu ihnen zu setzen, und sie wußten dann sogleich, daß es mir darauf ankam, genau zu sehen, wie sie alle Einzelheiten ausführten: dann nannten sie jeden Namen der verwendeten Farbe, holten die Rohmaterialien herbei, aus welchen die Farben gewonnen werden und stellten sich dabei an als ob sie ihr lebenlang nichts anderes getan hätten, als Schülern ihre Kenntnisse beizubringen."[3]

Ähnlich beschreibt es Oertel:

"Sie suchten sich gegenseitig zu übertreffen, mir möglichst viele Worte zu sagen und stellten sich sehr intelligent an, mir zu erklären, was sie meinten; sie legten sich, sangen, deuteten, zeigten in einem fort, ganz unaufgefordert."[4]

Neuhauss erwähnt außerdem Holzschwerter, Töpfe mit kräftigen Ornamenten und Schemel. In einem der Dörfer sah er einen Gegenstand, den er für "vielleicht ein Kriegerdenkmal" hielt: "zwei starke neben einander stehende Pfähle sind gespickt mit ungefähr hundert zum Teil abgebrochenen Lae-Womba-Speeren."[5] Oertel beschreibt dasselbe :

"Als besondere Merkwürdigkeit stand in einem Dorf ein hoher Pfosten aufgerichtet, der mit Speeren um und um gespickt war. Ich konnte aber nicht Gewißheit darüber erlangen, ob es bloß von einer Uebung im Speerwerfen herrührte oder ob es bedeuten solle, so viele Feinde hätten sie erschlagen als Speere in dem Baume steckten. Wenn die letztere Annahme richtig ist, was dem Ansehen nach sehr wahrscheinlich ist, weil es

---

[1] ebd.: 51.
[2] ebd.: 52.
[3] Neuhauss 1911, I: 80.
[4] Oertel 1910: 52.
[5] Neuhauss 1911, I: 80.

ziemlich alt aussieht und die Speere stecken bleiben, so ists ein ganz hübsches Sümmchen, 140-150 Speere."[1]

Neuhauss stellt richtig fest, daß die Lae-Womba eine melanesische Sprache sprechen und erwähnt, daß ihnen beim ersten Kontakt das Rauchen fremd war. Rötlichblondes und welliges, selbst schlichtes Haar seien verbreiteter als in anderen Gegenden und kräftige Vollbärte kämen vor.[2] Missionar Oertel scheint der sprachlich wie ethnographisch genauere gewesen zu sein. So berichtet er - neben genauen Angaben über die Dörfer - davon, daß er mindestens 25 Seiten Wörter und Formen aufgenommen habe.[3]

Juli 1910. Die Missionare Ruppert und Oertel

In seinem Bericht über die gemeinsam mit Neuhauss unternommene Reise vom März 1910 beschrieb Friedrich Oertel, daß er mitten auf einem Dorfplatz Abendandachten abgehalten habe, die durch einen Dolmetscher den Wampar übersetzt wurden. Er meinte, ein Interesse an der christlichen Botschaft feststellen zu können. So suchte er nach einem passenden Platz für die zu errichtende Missionsstation. Im November (1909) schon sei der Bau eines Hauses und der Beginn der Missionsarbeit im Laewombagebiet beschlossen worden.[4]

Als Missionare für die Missionsarbeit unter den Laewomba wurden schließlich Johann Ruppert und Friedrich Oertel vorgesehen.[5] Im April 1910 ließen diese sich auf einer als Zwischenstation gedachten, neu angelegten Missionsstation am "Burgberg" im Gebiet der Lae nieder. Im Juli 1910 gingen beide mit Begleitern für sechs Tage zu den Laewomba. Der Weg dahin wird als "im allgemeinen gut zu gehen" beschrieben, da er meist durch ebenes Land am Rande eines Gebirgszuges entlangführe. Zunächst erreichte man "Munung" (*Munun*), von dem genauer gesagt wird, es handle sich um "verschiedene kleine Dörfchen, die zusammen den Namen Munung führen." Am nächsten Tag kamen die Missionare nach eineinhalb Stunden Marsch nach "Ngaschaúabum" (*Ngasawapum*), das ebenfalls als "aus einer größeren Zahl kleinerer Dörfchen" bestehend beschrieben wird. Wiederum anderthalb Stunden davon entfernt lag "Wan-

[1] Oertel 1910: 52.
[2] Neuhauss 1911, I: 126.
[3] Oertel 1910: 52.
[4] ebd.
[5] Ruppert 1911: 9.

zar" (*Wantsa*). Dies sei ein größeres Dorf mit 28 Häusern und etwa hundert Einwohnern. "Die Häuser bilden ein offenes Rechteck, in der Mitte ein schöner, freier Platz und tadellos sauber gehalten, was jedenfalls Ordnungssinn verrät." Ebenso äußert sich Ruppert allgemein über die Dörfer: "Die Dorfplätze sind groß, mit Ziersträuchern bepflanzt und *sehr sauber gejätet* und gekehrt."[1]

Eine Formulierung, man habe "fleißig gefragt und aufgeschrieben" verdeutlicht, daß die Missionare sich offenbar auf ihre Tätigkeit durch sprachliche und ethnographische Nachfragen vorbereiteten. Sie beobachteten "ausgedehnte Bananenpflanzungen, die vorzüglich in Stand gehalten sind." Ihnen zu Ehren wurde ein Essen gegeben, das hauptsächlich aus Bananen bestand:

"Bananen in jeder Form und Gestalt, roh, gekocht, gebraten, Bananenbrei, Taro, Yams wurden reichlich aufgetragen. Auch ein Hund mußte sein Leben lassen. Leider hatten wir beide für diesen Leckerbisssen kein Verständnis und überließen ihn neidlos unsern schwarzen Begleitern. Vor uns wurde ein Topf mit Bananenbrei aufgepflanzt. Da wir unser Eßbesteck nicht bei uns hatten, mußte uns ein kleines Hobeleisen als Löffel dienen, was wir dann unserm Gastgeber überließen."[2]

Über Munun berichtet Ruppert, man habe auf dem Dorfplatz auf einem Holzblock gesessen, der zu einem Grabmal für die von den Waing Erschlagenen gehörte. Auf dem Rückweg zogen zwei junge Leute aus Munun als "Sprachjungen" mit, also wohl als Informanten zum Erlernen des Wampar. Die Namen werden mit "Sischu" und "Dote" angegeben.[3]

Oktober 1910. Oertel, Ruppert, Zwanzger.

Im Oktober 1910 besuchten die drei Missionare Oertel, Johann Ruppert und Andreas Zwanz(i)ger wieder das Laewomba-Gebiet für zwei Tage. Innerhalb eines Tages erreichten sie Munun. Dafür gab es - neben günstigem Wetter und besserem Wegezustand - offenbar Kriegsgründe, nämlich die Verlegung des Dorfes. Erstmals werden in dem Bericht Oertels nun Kriege *innerhalb* der Laewomba deutlich:

---

1 ebd.: 10.
2 ebd.
3 ebd.: 11.

"Die Munun, die mit den Wanschar Streit bekamen, erschlugen etliche derselben. Die übrigen flohen zu den Tschifesin, wurden aber von diesen ebenfalls geschlagen und wieder zu den Munun gejagt, auch sollen ihnen Frauen geraubt worden sein. Nun fürchten sich Wanschar, Ngaschanabum und Munun alle zusammen vor den Tschifesin, die sehr zahlreich und große kräftige Menschen sein sollen, und haben sich auf die zunächstliegenden Hügel und den Fuß der Berge zurückgezogen. Wir trafen die Munun etwa 1 1/2 Stunden weiter herauswärts am Ufer des Munun, wo sie sich einige elende mit Gras gedeckte Hütten auf einem Hügel gebaut haben. Weder hier noch im alten Dorfe trafen wir viele Leute. Es soll sich ein Teil am Markham weiter unten angesiedelt haben. Ebenso wie das erste Dorf trafen wir die beiden andern verlassen. Einige Leute aus Wanschar trafen wir in Ngaschauabum, die erzählten, ihr Dorf sei verbrannt und die Leute "alle" getötet. "Alle" kann aber im Munde der Schwarzen auch bedeuten 10 %."[1]

"Tschifesin" (*Dzifasing*) habe man nicht besuchen können. Besondere Gefahr sah Oertel aber nicht, denn auch die dortigen Bewohner hätten schon Weiße gesehen und Dammköhler und Oldörp "nicht übel aufgenommen". Als die Missionare zurückgingen, kam eine ganze Anzahl Laewomba mit, die die Lae besuchen und offenbar auch Handel treiben wollten.

Kapitel 3 : Anwerber, Goldsucher, Paradiesvogeljäger und Kolonialbeamte

1909/10. Ein Arbeiteranwerber

Zwischen der zweiten und dritten Reise Neuhauss' kam bereits ein Arbeiteranwerber zu den Wampar, und die ersten jungen Männer gingen zur Kontraktarbeit auf europäische Plantagen:

"Nachdem durch unsere Markham-Expeditionen die Lae-Womba Frieden geschlossen hatten, benutzte ein privater Anwerber die Gelegenheit, sein Glück zu versuchen, und konnte dank der verlockenden Messer und Beile mit etwa einem Dutzend kräftiger jun-

[1] ebd.: 12.

ger Leute abziehen. Einige Monate später kam ich zum dritten Male zu den Lae-Womba und wurde nun mit ängstlichen Fragen bestürmt, wo denn diese Leute geblieben wären und ob sie nicht bald zurückkehren. Natürlich hatte keiner von ihnen eine Vorstellung davon, was drei Jahre Arbeitszeit bedeuten, und die meisten glaubten, man habe ihre Söhne aus Rache für ihre früheren Schandtaten abgeschlachtet."[1]

1910. Ein Goldsucher: Arthur Darling

In das Jahr 1910 verlegt Clune den Fall des Goldsuchers Arthur Darling. Dieser sei nach "Gabsonkek" mit einer Gruppe von Orokaiva-Trägern gekommen. Er folgte dann den Spuren Dammköhlers zum Watut, wurde dort von angeblichen Kuku-kuku angegriffen und verwundet, flößte wie Oldörp den Watut hinunter und kam schließlich wieder nach Gabsongkeg. Hier soll ihm seine Ausrüstung gestohlen worden sein. Die Darstellung klingt unwahrscheinlich, zumindest in der Zeitangabe, da bereits ein Luluai hier erwähnt wird (ein von der Verwaltung eingesetztes Dorfoberhaupt).[2] Ein Bericht Missionar Mailänders von der Station Malalo bestätigt allerdings gerade das Jahr, auch wenn er den Namen des Goldsuchers ("Ein geborner Amerikaner") nicht nennt. Die Darstellung (des Verwundeten) in der Angelegenheit der gestohlenen Ausrüstung klingt allerdings deutlich anders.[3]

Karl Holzknecht erzählt die Geschichte des Arthur Darling leider wieder ohne jede Quellenangabe. Danach reagierte Darling, "ein kanadischer Schürfer und Ladenbesitzer" in den Goldfeldern von Britisch-Neuguinea auf Gerüchte über die Goldfunde Dammköhlers am Watut. Mit einem Boot fuhr er den Markham aufwärts bis Gabsongkeg, wo er Boot und Proviant versteckte. Er fragte die Laewomba nach der Route Dammköhlers und folgte ihr zum oberen Watut. Nach Schwarzwasserfieber und einem Angriff von "Eingeborenen", bei dem Darling verwundet wurde, flößte er den Markham abwärts bis zu den Labu. Dort fand er sein Boot, allerdings ohne die Ladung. "Die oberen *LAEWOMBA*, die noch kein Friedensbündnis geschlossen hatten, hatten es bei einem Überfall auf ihre Nachbarn gestohlen." Darling starb, bevor er zum Watut zurückkehren konnte.[4]

---

[1] Neuhauss 1911, I: 459f.
[2] Clune 1952: 121-123.
[3] Mailänder 1910: 50.
[4] Holzknecht 1975: 20.

1911. Der Paradiesvogeljäger Richards

Anfang 1911 wurde der deutsche Paradiesvogeljäger Richards ermordet, von dem Richard Neuhauss schrieb,

"Ein bescheidener, liebenswürdiger Mensch durchstreifte er seit vielen Jahren die Urwälder und kam nur selten an die Küste, um seine reiche Beute abzuliefern. Mit unübertrefflicher Kunst verstand er die Lockrufe der Paradiesvögel nachzuahmen und hat mir dieselben auf einer Phonographenwalze verewigt."[1]

Diese Bemerkungen sind insofern von Bedeutung, als daraus hervorgeht, daß Neuhauss Richards kannte. Seine Formulierung, es habe sich um einen "deutschen Paradiesvogeljäger" gehandelt, kann also als zuverlässig gelten. Neuhauss beschreibt, daß Richards freundschaftlich mit den Buang in den Herzogbergen gelebt habe. Diese hätten jedoch Krieg gehabt mit einem anderen Stamm, "den Wamba, die mit den Lae-Womba am unteren Markham nicht verwechselt werden dürfen." Diese Aussage Neuhauss' wiederum beruht sicherlich auf Hörensagen, ebenso wie seine Beschreibung, daß trotz Warnungen der Buang Richards mit nur einem "schwarzen Begleiter und zwei Buang-Leuten" zu den Wamba ging, die die Buang erschlugen, "wobei auch Richards ums Leben kam". Ebenso von anderer Seite beeinflußt ist die Bemerkung Neuhauss' über eine Strafexpedition gegen die "Wamba":

"Natürlich hatten sich die Buang in hellen Haufen an dieser Expedition beteiligt, um ihren Feinden eines auszuwischen. Sie werden sich nun als die Herren der Situation fühlen und vergnügt weiter morden."[2]

Zu vermuten ist, daß auch lokale und regionale Zeitungen über derartige Vorfälle berichteten, Quellen, die systematisch kaum noch aufzufinden sind. Alle dürften aber jeweils voneinander abgeschrieben haben. Leichte Differenzen müssen gar nicht auf unterschiedliche Quellen hinweisen. Vermutungen und jeweilige Deutungen gehen in Informationen ein. So in einem Artikel des "Neuendettelsauer Missionsblattes" von 1911, in dem es heißt:

"Leider ist jüngst im dortigen Inland ein Weißer, namens Richards, ein Paradiesvogeljäger oder dergleichen, wie es scheint, kein Deutscher, von den Eingeborenen

---

[1] Neuhauss 1911, I: 440.
[2] ebd.: 441.

erschlagen worden. Der kaiserliche Beamte hat daraufhin, wie die Zeitung berichtet, eine "erfolgreiche Expedition" in die Gegend unternommen. Worin der Erfolg bestand, wird nicht mitgeteilt; nach genaueren Nachrichten sind wir sehr begierig."[1]

Bezirksamtmann Berghausen schreibt in seinem Bericht über "Eine Strafexpedition nach dem Markhamgebiet", er habe in dem Dorf Bussama am 25. Januar (1911) erfahren, der Paradiesvogeljäger Richard (hier also nicht Richards) sei im Hinterlande des Herzoggebirges erschlagen worden. Ähnlich wie Neuhauss beschreibt er die freundschaftlichen Beziehungen zu den Buang, die Warnungen vor den "Wamba" und die Feindschaft der Buang mit ihnen, schließlich den Marsch Richard's mit einem seiner Bediensteten und zwei Buang. Bis hierher macht es den Eindruck, als habe Neuhauss seine Kenntnisse aus diesem Bericht. Dann aber wird abweichend festgestellt, trotz Gegenwehr seien Richard, sein Begleiter und einer der beiden Buang getötet worden. Der überlebende Buang brachte die Nachricht zurück und seine Träger vermittelten sie weiter.

"Die erneute Ermordung eines Weißen und die Rücksicht auf die Küstenbewohner, die gerade in der Gegend des Markham in ständiger Furcht vor den Überfällen der Hinterlandbewohner leben, machte ein energisches Durchgreifen gegen die Wambaleute notwendig."[2]

Von Morobe aus marschierte Berghausen mit Polizeimeister Kraus und insgesamt 46 Polizeisoldaten in das Herzoggebirge zu den Buang, mit denen man ebenfalls friedliche Beziehungen aufnahm. Am 1. Februar ging man gegen die Wamba vor, begleitet von über vierhundert Buang, die mit Speeren, Pfeil und Bogen, Holzschwertern und Schilden bewaffnet waren:

"Als wir in dem Gebiet der Wamba ankamen, sammelten sich Scharen von Eingeborenen in den Dörfern und führten dort Kriegstänze auf. Wir rückten bis zu einer hohen Bergkuppe bei dem größten der Wambadörfer vor; dort gingen dann die Wambaleute von zwei Seiten in langen Reihen, hinter ihren mannshohen Schilden gedeckt, direkt zum Angriff gegen uns über. In fast dreistündigem Gefecht wurden sie zurückgeschlagen und auseinandergetrieben. Das große Wambadorf wurde unter Feuer genommen und eingeäschert. Die Wambaleute hatten etwa vierzig Tote. Die befreundeten Buangleute griffen in das Gefecht ein. Stellenweise kam es zu einem erbitterten Nahkampf."

---

[1] Salem 1911: 21.
[2] Berghausen 1912a: 349.

Der letzte Abschnitt dieses Berichts lautet:

"Nach Angabe der Buangleute ist Richard von den Wambaleuten begraben und nur die beiden ermordeten Schwarzen sind aufgefressen worden.
Ob die Wambas identisch mit den Lae Wambas am mittleren Markham sind, konnte nicht festgestellt werden."[1]

Die Beschreibungen lassen eine Identifizierung jedenfalls nicht zu. Es kann sich um Wampargruppen südlich des Markham, in der Gegend des heutigen Wampet oder Gabantsidz, gehandelt haben. Erst im Bericht über einen späteren Vorstoß am Markham selbst bemerkt Berghausen (allerdings wieder ohne genauere Angaben oder Begründungen):

"Die Expedition gab Gelegenheit zu der Feststellung, dass die Mörder des Paradiesvogeljägers Richard, die im Januar nach Ueberschreiten des Herzoggebirges in dem für sie verlustreichen Gefecht geschlagen worden sind, tatsächlich auch zu dem Stamme der Lae Womba gehören, und dass, wenn die Truppe damals weiter vorgedrungen wäre, sie in 1 1/2 Tagemärschen auf den Markham gestoßen wäre."[2]

Firth ist in diesem Zusammenhang der Ansicht, daß es sich möglicherweise um einen Fall von Manipulation der deutschen Kolonialverwaltung durch die Buang gehandelt hat. Er scheint dies unter anderem aus der Angabe zu schließen, daß die Buang trotz Verbotes einige der getöteten "Wamba" verspeisten. Die Leiche des Paradiesvogeljägers wurde nicht gefunden, alle Angaben stammten nur von den Buang. Hatten sie Richards selbst verspeist? Es könnte sich also tatsächlich nur um einen Trick gehandelt haben, um die Unterstützung der Kolonialbeamten für einen Kriegszug gegen die traditionellen Feinde zu erhalten.[3] Gottfried Schmutterer scheint keinen Zweifel gehabt zu haben, daß es sich bei den "Wamba" jedenfalls um Wampar gehandelt hat. Anschließend an die Beschreibung des ersten kriegerischen Kontaktes mit den Weißen, bei dem die Labu einen toten Wampar mitgenommen hatten, schreibt er:

"Ähnlich erging es auch einem deutschen Leutnant mit s. Polizeimeister. In den Herzogbergen wurde von den Leuten dort ein Engländer namens Richards ermordet und verzehrt. Die deutsche Regierung in Rabaul schickte Leuntnant B... mit einer farbigen Polizeitruppe und einen Polizeimeister als Strafexpedition dorthin. Die Täter hatten sich

---

[1] ebd.; s.a. 1911b; Hahl 1937: 241.
[2] Berghausen 1912: 6.
[3] Firth 1978: 43.

tapfer der anrückenden Truppe gestellt. Sie verschossen eine Menge Pfeile. Aber die Anrückenden trafen besser, und eine Anzahl Tote waren das Resultat. Die Andern flohen. Nun wurde natürlich der Sieg gefeiert. Aber die Polizeitruppe wollte mehr haben. Sie taten sich noch gütlich an dem Körper eines erschossenen Feindes. Die weißen Männer haben auch dies nie erfahren. Ein Polizeisoldat aus Jabem hat es aber den Missionaren berichtet."[1]

Diese Erinnerungen Schmutterers unterscheiden sich allerdings in mehreren Punkten von den anderen Quellen. Zum einen schreibt er, Richards sei Engländer gewesen, während sonst (trotz des Namens) immer von einem Deutschen die Rede ist. Zum zweiten ist in seiner Darstellung von Pfeilen die Rede, was nicht für Wampar spricht, deren Kriegswaffen Speere waren. Drittens meint er, die Weißen hätten nichts von dem angeblich verspeisten Gegner erfahren. Und schließlich schreibt er diese Tat den Polizisten zu und ist sich offenbar gar nicht bewußt, daß die Buang in grosser Zahl an diesem Kriegszug teilnahmen.

1911. Bezirksamtmann Berghausen

Im "Amtsblatt für das Schutzgebiet Neuguinea" von 1912 wird über einen Vorstoß des Bezirksamtmanns Berghausen mit zwei Polizeimeistern und 80 Polizisten in das Markhamtal vom 28. September bis 5. Oktober 1911 berichtet. "Vereinzelte Vorstöße" mit der Polizeitruppe in den vergangenen Jahren hätten wegen der Kürze der zur Verfügung stehenden Zeit kaum Auswirkungen gehabt. Mehr Erfolg hätte die Neuendettelsauer Mission - vor allem wegen der Sprachkenntnisse. Es sei ihr Verdienst, daß jetzt wenigstens einigermaßen gesicherte Zustände herrschten. Der Vorstoß des Bezirksamtmanns mit seiner Truppe ging nach eigenen Angaben etwa 90 km den Markham aufwärts. Es wurden die Dörfer "Munu"(Munun), "Wandschar" (Wantsa) und "Tschiwissin" (Dzifasing) besucht.

"Das Aussehen der Lae Womba bestätigt ihren Ruf als wilde, mordlustige Gesellen. Es sind grosse, kräftige, völlig nackt gehende Menschen. Ihre Wohnungen bestehen aus mit Alang gedeckten, maulwurfbauähnlichen Hütten: sie wechseln häufig ihre Wohnplätze. Neben kleinen Taro- und Yampflanzungen liefern besonders ausgedehnte Bananenpflanzungen ihren Lebensunterhalt; ausserdem leben sie von dem Ergebnis der Jagd und Fischerei; zu letzterer verwenden sie neben dem Fischspeer Stellnetze. Bei

[1] Schmutterer 1956.

den etwa 90 km flussauf liegenden Tschiwissin-Dörfern trafen wir auf einzelne kleine Bestände von Kokospalmen; sie fallen durch reiche Fruchtbildung und ganz aussergewöhnlich grosse Nüsse auf.
Als Waffen dienen den Lae Womba Speere mit grossen Widerhaken, Bogen und Pfeil, Holzschwerter und mannshohe Schilde. Auffällig sind aus Rinde gearbeitete, mit Erde bestrichene helmartige Kopfbedeckungen, die einzelne Männer tragen; sie dienen als Zeichen der Trauer für verstorbene Angehörige und müssen nach der Sitte bis nach dem auch am Markham üblichen Leichenschmaus, der oft allerdings erst nach Monaten stattfindet, getragen werden. Zum Schutz gegen die Kälte der Nacht - das Thermometer zeigte am Morgen 22 Gr.C - tragen die Lae Womba aus Rinde durch Klopfen gefertigte Decken."[1]

An diesen Bemerkungen ist einiges von Interesse. Nicht nur die Beurteilung des Charakters nach dem Aussehen - was auch für andere Beobachter immer wieder feststellbar ist -, sondern auch die Bemerkungen über die "maulwurfbauähnlichen" Häuser, der angeblich häufige Wechsel der Wohnplätze, die Betonung von Jagd und Fischerei, Fischspeer und Stellnetzen und nicht zuletzt die Bemerkungen über Kokospalmen, die nach diesen Formulierungen im Markham-Gebiet ganz offenbar selten waren. Nicht mehr bekannt ist heute auch das "Tragen" von Bastdecken.

Der Bezirksamtmann stellt fest, Dammköhler habe am "Watup" (Watut) den Tod gefunden. Sein Tod habe nicht bestraft werden können, weil "das Mordlager" mindestens vierzehn Tagemärsche landeinwärts liege.[2] Den "Wandschar" wurde ein Karabiner mit Munition abgenommen, über dessen Herkunft nichts gesagt wird. "Zur Sicherung des Landfriedens" wurden aus den Dörfern neun Geiseln mitgenommen. "In Jahresfrist sollen sie nach Erlernen der Sprache und nachdem sie die Niederlassung des weissen Mannes kennen gelernt haben, zu ihren Dörfern zurückkehren."[3] Diese Mitnahme von Geiseln hatte möglicherweise Konsequenzen für die Missionare, wie die Berichte von Keysser zeigen. Hier bestehen gewisse Diskrepanzen in den Jahreszahlen. Aus Berghausens Bericht geht nicht eindeutig hervor, ob das Unternehmen 1911 oder 1912 stattfand. Karl Holzknecht etwa datiert es auf 1912, obwohl er dann davon schreibt, es habe

---

1 Berghausen 1912: 6.

2 Nach späteren sehr genauen Informationen der Missionare lag der Ort des Überfalls in der Nähe des heutigen Forofar am unteren Watut und keineswegs so weit entfernt.

3 ebd.

einige Monate vor der Reise von Keysser, Pilhofer und Flierl stattgefunden.[1]

März 1913. Polizeimeister Leier

Der Bezirksamtmann berichtet im "Amtsblatt" von 1913 über einen Besuch der Dörfer "Munu", "Limassa" und "Wanschar" durch eine Polizeitruppe unter Polizeimeister Leier. Die Missionsstation "Agebmedschun" wird erwähnt. Man drang bis zum Ilap vor, kam dann aber wegen Hochwassers nicht bis "Tschiwissin". "Der Expedition ist es gelungen, 3 Lae Womba anzuwerben, die als Polizeisoldaten in den Dienst des Bezirksamts getreten sind."[2]

Oktober 1913. Berghausen und Stüben

Berghausen mit dem Polizeimeister Stüben und 25 Polizisten führten Anfang Oktober 1913 wieder eine Patrouille im Markham-Gebiet durch. Nach zwei Tagesmärschen kam die Truppe von der Markham-Mündung zur Missionsstation "Agab Mezun". "Befehlsgemäß" trafen die Labu mit Kanus hier ein, und am nächsten Tage fuhr die ganze Truppe mit diesen Kanus weiter flußauf und kam schließlich zu den "Tschiwaschin-Dörfern".[3] Von hier aus drang sie weiter nach Westen vor und verließ damit das Wampar-Gebiet, ehe sie zurückfuhr.

Kapitel 4 : Die Missionsstation Gabmadzung

Januar 1911. Die Laewomba-Missionare: Panzer und Oertel

Am 25. Januar 1911 gingen die für die Laewomba vorgesehenen Missionare Karl Panzer und Fritz Oertel von Lowamu aus in das Markham-Gebiet, um Land für die Gründung der Missionsstation auszusuchen. Karl

[1] Holzknecht 1975: 36.
[2] Berghausen 1913: 79f.
[3] Berghausen 1914: 32.

Panzer kam von Sattelberg und löste den vorgesehenen, aber erkrankten Missionar Ruppert ab.[1] Die Einwohner von Munun versuchten offenbar mit allen Mitteln, sie zum Bleiben an diesem Ort zu bewegen. Die Missionare wollten aber die Station weiter im Zentrum der ganzen Bevölkerung anlegen, und nicht am Rande bleiben. Die Nähe des "Ilap" (Erap) war ungefähr das, was sie sich vorstellten. So gingen sie weiter flußauf und kamen schließlich in das verlassene Dorf der Munun, "etwa an die 60 Häuser".[2] Sie schlugen den Munun übrigens vor, den Yalu ihr Land wiederzugeben und selbst etwas weiter nach Westen zu siedeln. Die Missionare kamen schließlich an den Markham selbst, Panzer beklagt hier vor allem die außerordentliche Mückenplage. Von Interesse ist dann die Beschreibung der Entscheidung über den endgültigen Platz für die Station, die noch das fast völlige Fehlen sprachlicher Verständigungsmöglichkeiten verdeutlicht:

"Wir gingen etwa bis gegen Mittag noch weiter und erreichten einen ehemaligen Dorfplatz. Etliche Nüsse stehen auf diesem Platz im Wald, doch weil nicht gepflegt, ohne Früchte. Als wir fragten, wer hier einst wohnte, meinten sie die Mezun, vor langer Zeit schon überfallen und vollständig aufgerieben. Der Dorfplatz heißt deswegen auch noch *agab mezun*."[3]

Tatsächlich handelt es sich um das Wort *madzung*, "Kanu". Der Platz hieß bis zum Kommen der Missionare auch noch anders, nämlich *Gab sampi*. Erst nachdem die Kanus der Labu mit Neuhauss und den Missionaren hier gelandet waren, wurde er *Gab madzung*, "Ort der Kanus", genannt. Man hatte damit den Platz für die Station gefunden, die von nun an *Gabmadzung* (oder *Gab madzung*) hieß, auch wenn die Umschreibungen dieses Namens noch lange Zeit ziemlich abenteuerlich blieben. Wegen der Moskitoplage, der Angst der begleitenden Küstenleute und der Nichtbereitschaft der Laewomba, Nahrungsmittel zu verkaufen, gingen die Missionare zurück. In einer Nachschrift vom 26. Mai 1911 heißt es dann, bis August werde die Station vollständig gegründet sein. Und hier folgt dann eine Bemerkung, die wegen der Beurteilung und deutlicher Vorurteile über "Faulheit" nicht ganz unwichtig ist:

---

[1] Zahn 1920: 53; Pilhofer 1961: 172.
[2] Panzer 1912: 20.
[3] ebd.

"Die Hauptnahrung der Laewomba sind Bananen und diese wachsen von selbst. Haben sie diese Bananen einmal gesteckt, so genießen sie davon Jahre lang die Früchte, bis sie wieder ein neues Feld schlagen. (So sind sie den größten Teil ihrer Zeit müßig.) Dieser stete Müssiggang hat denn auch die Leute ganz verdorben; Mord und Frauenraub ist ihr Geschäft.

Da die Leute an gar keine Arbeit gewöhnt sind, ist es schwer, Arbeitsjungen zu bekommen."[1]

Panzer berichtet vom "Sprachstudium" und davon, daß er bereits Lieder dichte. Gegen das gesprochene Wort seien die Laewomba gleichgültig, aber sie sängen gern. Und er gibt eine erste Probe, der erste geschriebene Wampar-Text überhaupt:

"O Jesu illuk lazetma
ngain empez illum Golgatha
illum wi msazez panero
eli orok omar sono.

O Jesu du mein Freund
Leute haben dich auf Golgatha getötet
Dein Blut tropfte viel herab
Am Holz bist du gestorben.
(Melodie: Wir danken dir Herr Jesu Christ.)"[2]

Der Originaltext ist nur teilweise verständlich. Nach zwei bis drei Jahren war offenbar auch Panzer noch nicht sehr weit gekommen in der Beherrschung der Sprache. Allerdings mag es zusätzlich noch Übermittlungsfehler zwischen Panzer und der Redaktion gegeben haben, da ja alles nur handschriftlich übermittelt wurde. Der aus dem Deutschen ins Wampar rückübersetzte Text könnte etwa (wenn auch in schlechtem Wampar) heissen:

O Jesu yai edza rased
ngaeng empes yai eya Golgatha
yai wi mra tse empan ero
ari orog omar fono

---

[1] ebd.: 21.
[2] ebd.

Die Unterschiede sind deutlich. Dieser oder ein ähnlicher Text ist in der großen Zahl aufgenommener christlicher Liedertexte nicht enthalten, er wurde vermutlich später aufgegeben, als Einheimische begannen, christliche Texte auf alte Wampar-Melodien zu machen. Es sind diese in den Gottesdiensten und Andachten gesungenen Melodien, die viele Besucher begeisterten und die Wampar in Nachbargebieten berühmt machten. Leider werden in den Kirchen aber noch immer auch einige der deutschen Kirchenlieder mit Wampar-Text gesungen. Die klingen noch um einiges lahmer als in deutschen protestantischen Gottesdiensten.

In einer späteren Darstellung schreibt Stürzenhofecker, am 28. März 1911 hätten die beiden Missionare Panzer und Oertel sich endgültig in Gabmadzung niedergelassen, begleitet von zwei Kai und zehn Leuten von Lae. Schon am 2. April gab es einen Unfall: "Der Laewombajunge Sisu wurde von dem Laejungen erschossen (Gewehrspielerei, beim Gewehrputzen entlud sich dasselbe und traf den Laewomba tödlich)". Die Angelegenheit hatte aber keine Folgen.[1]

In einem weiteren Brief Panzers vom 25. Juli beschreibt dieser die Station "Agab Mezun" als Provisorium, berechnet für etwa zwei Jahre. Es gebe fünf Zimmer, Küche und Vorratsraum. Es werde nun auch die Hausfrau erwartet. Fräulein Mathilde Wagner, die Braut Missionar Panzers, sei am 20. Februar nach Neuguinea abgereist. Sie habe die Neuendettelsauer Diakonissenschule und einen Hebammenkurs in Tübingen durchlaufen.

1911. Missionar Schmutterer in Lae

Die Missionsstation Ampo (im heutigen Lae) wird 1911 von Gottfried Schmutterer gegründet.[2] Diese Station, direkt an der Markham-Mündung gelegen, wurde für die Versorgung von Gabmadzung von größter Bedeutung. Nach dem zweiten Weltkrieg wurde dann Gabmadzung ganz aufgegeben und die Wampar missionarisch von Ampo (Lae) aus versorgt.

1912. Die Missionare Keysser, Pilhofer und Flierl

Der Missionar Christian Keysser marschierte im Februar 1912 zunächst allein mit einheimischen Trägern, danach begleitet von den Missionaren

---

[1] Stürzenhofecker 1931: 119.
[2] Frerichs 1957: 219.

Pilhofer und L. Flierl vom Sattelberg zum Markham. Aus seinem Bericht sind vor seiner Ankunft dort einige Bemerkungen über die Waing von Interesse, von denen er schreibt, sie seien ein den Laewomba verwandter Stamm. Er verweist auf ihre Hüte, die denen der Laewomba sehr ähnelten.[1] Weil die Waing erst vor kurzem von Laewomba überfallen worden waren, konnte Keysser keinen Führer für den Weg bekommen und mußte dem Kompaß folgen. Schließlich erreichte er die Missionsstation "Ákab médjun" am Markham. Hier schlossen sich die Missionare Karl Panzer und Friedrich Oertel an.

Außer dem Bericht von Christian Keysser gibt es über diese Reise einen weiteren von Georg Pilhofer. Er schreibt:

"Die ersten Dörfer, die wir erreichten, waren die der *Dschiffesin*, eines mit den Laewomba nahe verwandten Stammes. Mit letzteren haben sie nicht nur die Sprache gemeinsam, sondern auch ihre ganze Lebensweise. Die Männer sowohl als die Frauen sind grosse, kräftige Gestalten. Erstere tragen helmartige Bastmützen von weisser, schwarzer (Trauerabzeichen) und bunter Farbe. Ausser der Kopfbedeckung ist ihr Körper nicht weiter beschwert. Die Weiber tragen ungewöhnlich lange Grasschürzen. Witwen sogar eine richtige Schleppe."[2]

Im übrigen betont auch Pilhofer, daß Bananen das Hauptnahrungsmittel seien, während Taro und Süßkartoffel kaum eine Rolle spielen. Er beobachtet, daß Bananentrauben mit trockenen Bananenblättern umwickelt werden, "um das Ausreifen der Bananen zu fördern". Wie andere erwähnt er den "wohlschmeckenden Brei" aus reifen Bananen. Von Dzifasing aus wurden die "Ádjera" (Azera, Adzera) besucht, mit denen sich der Dolmetscher von Dzifasing nicht verständigen konnte.[3] Auf dem Rückweg wurden die (Kai-) Träger von Dzifasing-Leuten vollständig ausgeraubt, während die Weißen den Markham abwärts schwammen um Zeit zu sparen. Keysser vermutete, daß dieser Überfall etwas damit zu tun hatte, daß "einige Monate vorher die Regierung mehrere junge Djiffesin mit friedlicher Gewalt fortgeführt" hatte, um sie mit dem weißen Mann bekannt zu machen. Seine Überlegungen bewegen sich aber völlig im Rahmen von

---

[1] Keysser 1912: 580.
[2] Pilhofer 1912: 143.
[3] Keysser 1912: 581.

Vermutungen. Auf Einspruch Missionar Panzers hätten die Dzifasing die geraubten Sachen einige Wochen später wieder herausgegeben.[1]

Was bei Keysser noch eine Vermutung über die Ursachen des Raubes war, ist bei Karl Holzknecht - leider wieder ohne Quellenangabe - zur Sicherheit geworden. Er stellt es so dar:

"Einige Monate vorher war ein Regierungskommando mit starkem Polizeiaufgebot im Gebiet der *Zifasin* erschienen, hatte die Flagge gezeigt und Stärke demonstriert. Bei dieser Gelegenheit hatte man acht junge Männer des Stammes als Geiseln genommen und zur Küste gebracht, um sie mit der 'neuen Zeit' und ihren Veränderungen bekannt zu machen und sie ein wenig Pidgin lernen zu lassen. Es war geplant, sie nach einem Jahr zu ihrem Stamm zurückzuschicken, damit sie ihren Stammesbrüdern über ihre Erfahrungen berichteten. Natürlich konnten die *Zifasin* nicht begreifen, daß dies eine "friedlich-nachdrückliche Art der Überredung" gewesen sein soll."[2]

1912. Oertel in Gabmadzung

In seinem Bericht vom 26. April 1912 über die Station Gabmadzung stellt Oertel zunächst fest, daß er vor allem über "leere Kirche und Schule, Diebstahl, Raub und Mord" zu berichten habe.[3] Immerhin habe man nun schon ein halbes Jahr lang sieben "Jungen" auf der Station halten können, so daß man für sie und einige Burschen von Waing und Yalu Schule abhalten konnte. Zwar gebe es nicht mehr so viel Streit und Mord wie vor dem Kommen der Missionare, aber es sei noch immer genug:

"Die Ngaschauobum, die vor einem halben Jahr einen Schaw erschlugen, haben nun kurz hinter einander einmal 4 und einmal 5 Waing ermordet. Die Wandschar ermordeten 4 Ngain-Aschon und beteiligten sich an einem Überfall der Kufit durch die Afir."[4]

Er habe in einem Gespräch vier Männer aus Munun dazu bringen können, ihm ihre Mordtaten aufzuzählen. Danach hatten diese vier Männer 15, 14, 12 und 8 Menschen getötet. Und das seien vielleicht noch nicht die

---

[1] ebd.: 584f. - Im "Neuendettelsauer Missionsblatt" findet sich (1915: 5) ein ungezeichneter Bericht mit dem Titel "Drei Tschiffesin-Männer", der offenbar aus den Berichten von Keysser, Pilhofer und Flierl zusammengestellt wurde. Johann Flierl schreibt über diese Reise in seinem Buch ebenfalls (1931: 186).

[2] Holzknecht 1975: 32. Zu den Tatsachenhintergründen siehe oben 1911, Bezirksamtmann Berghausen.

[3] Oertel 1912: 51.

[4] ebd.: 52.

schlimmsten. Was Oertel daneben als besonders schrecklich beschreibt, ist die Mitleidlosigkeit und das mangelnde Mitgefühl für andere. Er schreibt:

"Ich habe dabei auch schon Zeichen der Dankbarkeit gesehen, aber auch schon bemerkt, wie mitleidslos sie gegen ihre eigenen Leute sind. Einer Frau hatte ich eine große schlimme Wunde am Bein verbunden und ließ beim Fortgehen etwas dort und sagte ihrem Mann, er solle sie am nächsten Tage wieder auswaschen und frisch verbinden. Er sagte einfach trocken: 'Ich mag nicht, die Wunde stinkt.' "[1]

Die Situation der Missionsstation beschreibt Oertel recht positiv, vor allem auch, seit Missionar Schmutterer in Lae den Nachschub organisiere und nun eine Hausfrau (Frau Panzer) da ist. Eine Plage seien die Moskitos, besonders in der Regenzeit. Missionar Panzer sei längere Zeit wegen Krankheit in Deinzerhöhe gewesen.

1912-1913. Schmutterer in Lae

Missionar Gottfried Schmutterer wurde der Gründer der Missionsstation Lae. Er arbeitete sich zunächst bei Stefan Lehner in Kap Arkona ein und ging dann Ende 1911 an die Stelle der heutigen Stadt Lae.[2] In seinem ersten Bericht von der neuerrichteten Station schreibt er zunächst, die Missionare Flierl, Lehner, Wacke und Panzer seien angekommen, "um den Landkauf perfekt zu machen", auch bei den Laewomba. Und weiter:

"Leider haben die Laewomba vorgestern wieder 5 Mann von den Isln[3] im Inland erschlagen. Wir liessen den andern Isln, die in den Bergen wohnen, wissen, daß sie bis auf Weiteres bei uns an der See Unterkunft haben könnten. Auch sollen die Laewomba die Musom schlagen wollen. Ein blutdürstiges Geschlecht, diese Laewomba! Grund zum Schlagen war keiner da, es ist reine Mordlust!"[4]

In seinem nächsten Jahresbericht von 1913 heißt es dann über die Lae-Bevölkerung:

---

[1] ebd. Die erschreckende Brutalität gegen Tiere und ausgesprochene Tierquälerei und die Rücksichtslosigkeit gegenüber Behinderten wie auch die gelegentlich zu beobachtende Mitleidlosigkeit gegen Kranke sind für Europäer noch heute schwer zu begreifen.

[2] Pilhofer 1961: 151.

[3] Es handelt sich hier um offensichtliche Lesefehler des Setzers für "Jalu".

[4] Schmutterer 1912: 29.

"Von ihren Erbfeinden den Laewomba, haben sich einige bei ihnen angesiedelt, weil sie ihren Brüdern nicht trauen. Auch Lae hat sehr oft Laewomba-Besuch, und der Tauschhandel blüht. Doch sind sie im Handel sehr unverschämt, und was sie nicht so bekommen, stehlen sie eben. Auch ich darf meine Messer und Beile gut einsperren. Einige statteten mir in der Dunkelheit einen Besuch ab; einen davon nahm ich mit den Jungen fest. Sie wollen weiter nichts als stehlen, denn daß sie sich mit den Lae schlagen, hat aufgehört. Das wissen sie gut, und sie werden es sich wohl überlegen, in feindlicher Absicht zu kommen. Die Schlägereien in den Bergen haben mit Lae nichts zu tun, zumal dort auch ohne die Laewomba noch einer den andern jagt."[1]

Schmutterer hat in seiner sehr viel späteren Darstellung, dem vermutlich auf 1954 zu datierenden Manuskript über die Geschichte der Station Lae, ausführlicher über die Diebstähle der Wampar geschrieben:

"Sie kamen nun öfter auf Besuch. Die Küstenleute behandelten sie sehr vorsichtig. Äußerlich liebenswürdig, meist in Fistelstimme[2] sprechend, stahlen sie wie die Elstern. Wenn sie wieder fort waren, beklagten die Gastgeber die besten Stücke ihrer Habe. Der Jalu Arungsasang, den wir noch später kennen lernen, klagte mir einmal: Ich habe mir mit vieler Mühe den Wert zu einem Buschmesser zusammengespart. Nun kamen meine neuen Freunde zu Besuch. Nachts schlief ich auf meinem Messer, daß sie es nicht finden sollten. Am Morgen waren sie fort, und mein Messer auch! Als ich das Jahr darauf das Lagerhäuschen selber bezog, da kamen sie öfters zu mir auf Besuch. Obwohl ich ihnen beim Weggang ihre Netze durchsuchte, und Gestohlenes wieder abnahm, fehlte immer etwas. Sie stahlen mit den Zehen, und halfen geschickt zusammen. Als ich nun die Station an einem eine halbe Stunde entfernten Platz aufbaute, da kamen sie auch noch bei Nacht um zu rauben. Ich trat ihnen mit einigen handfesten Leuten entgegen, und so flohen sie. Einen aber erwischten wir noch, und dem ließ ich von einem Jalumann übersetzen, was ich ihnen täte, wenn sie noch einmal als Diebe kämen. Das wirkte. Wir ließen ihn laufen, und er hat wohl alles seinen Brüdern mitgeteilt. Sie kamen nie mehr bei Nacht!"[3]

September 1913. Oertel in Gabmadzung

Missionar Oertel berichtet mit Datum vom 15. September 1913 über "Agab Mezung". Danach hat der Ausbau der Missionsstation Schwierigkeiten ge-

[1] Schmutterer 1913: 75.
[2] Das Sprechen in Fistelstimme erwähnen auch andere Beobachter. Ich habe es selbst nie erlebt.
[3] Schmutterer 1954: 6.

macht zum einen, weil nicht ganz sicher war, ob sie an diesem Ort bleiben sollte. Zum anderen, weil es Probleme mit dem Transport von Baumaterial von der Küste gab. Familie Panzer habe das Küchengebäude bezogen, er selbst lebe im alten Buschhaus. Die Missionsarbeit habe geringe Fortschritte gemacht. Gottesdienstbesucher gäbe es kaum. Zwei "Jungen" (Schüler und Gehilfen) werden als sehr hoffnungsvoll erwähnt, *Iribirib* und *Foreng*. Sie werden als Sprachlehrer und Informanten eingesetzt, und besonders von letzterem wird gesagt, er verriete, auch wenn ihm seine eigenen Leute zürnten, "deren Pläne oder schlechte Taten." Insgesamt aber hätten die Laewomba sich doch sehr geändert, "sie haben vor allen Dingen in diesem Jahr noch niemand ermordet." Früher seien sie durch ihre Sitten zum Morden geradezu gezwungen gewesen. Denn wer niemanden getötet hatte, "darf sich nicht schmücken und bekommt nicht leicht eine Frau." Auch müsse für jeden Toten wiederum jemand erschlagen werden, sonst dürften sie die Trauerhüte nicht ablegen.

"Bei *Krankheiten* und Wunden kommen sie fleißig zu uns und schenken uns volles Vertrauen, weil sie schon zu gut die Erfolge unserer Behandlungsweise gesehen haben. Doch geben sie dabei ihre Zaubereien und Besprechungen nicht auf und manche bringen immer wieder, trotz energischer Zurechtweisung, Blätter eines bestimmten Strauches mit, die wir in den Händen reiben oder sonst mit unserem Körper in Berührung bringen sollen, wie es ihre Zauberer machen, worauf sie dem Kranken unter den Kopf gesteckt, Heilung bewirken sollen."[1]

Als eine der wichtigsten Arbeiten, die ihm viel Freude machte, bezeichnet Oertel das Erlernen der Wampar-Sprache und er beschreibt Fortschritte im Verständnis der Verbformen.

März 1914. Panzer in Gabmadzung

Karl Panzer berichtet in einem Brief davon, daß die Laewomba noch sehr nach ihrer alten Weise lebten. Er erzählt zwei etwas langwierige Geschichten, in denen es um Rache für Zauberei und um Frauenraub geht. In Munun war ein alter Mann gestorben. Aufgrund des Tones eines nach dem Tode geblasenen Schneckenhorns stellte man den für den Tod verantwortlichen Zauberer fest. Der Mann wurde erschlagen. "Es tat mir leid um den Mann, er hatte einen günstigen Eindruck auf uns gemacht auch damit,

---

[1] Oertel 1914: 9.

daß er kurz vorher Pfosten für den Hausbau auf die Station geschleppt hatte." Die Munun-Einwohner verfeindeten sich und die Gegenpartei wollte einen Mann namens Nowang (*Ngowang*) erschlagen, der gerade in Zifesin (*Dzifasing*) zu Besuch war. Die Wanschar (*Wantsa*) wollten die Partei des Erschlagenen unterstützen. Missionar Oertel nahm den Laewomba etwa zwanzig Speere und Schwerter ab, wie Panzer beschreibt, und die Missionare verhinderten das Blutvergießen.[1]

Der zweite Fall ist der einer Frau aus Wanschar (*Wantsa*), die mit einem anderen Mann verschwand. In solchen Fällen kämpften Männer miteinander, oft bis zu zehn auf jeder Seite, und speerten sich in die Oberschenkel. Auch in diesem Fall versuchte Panzer, das Blutvergießen zu verhindern. Als die Männer auf Rache beharrten, schlug Panzer folgendes vor:

"Also Blut wollt ihr sehen und Blut muß fließen; kann es denn nicht anders ein, so bestrafe du dein Weib, das an dir übel gehandelt hat. Mit dem Schwert einen Schlag, aber nicht mehr, auf keinen Fall darfst du sie totschlagen. Die Männer aber dürfen sich unter keiner Bedingung speeren."

Der Mann tat, wie ihm geheißen. Zwar hatte er die Frau zweimal über den Kopf geschlagen und sie außerdem in den Oberschenkel gespeert, doch der Missionar war froh:

"Ich war froh, daß die Sache einen solchen Ausgang genommen hatte; es geschah das erste Mal nicht nach ihrer Sitte. Dem Weib geschah recht zur Abschreckung für andere; denn fast stets sind die Laewombafrauen an allem Unglück schuld; sie sind es hauptsächlich, die ihre Männer zu den Mordzügen und Überfällen aufstacheln."[2]

Im Band 4 (1914) des "Neuendettelsauer Missions-Blattes" findet sich (Seite 45) auch das erste Foto der Missionsstation "Agab Medschun". Man sieht deutlich die Lage gegenüber dem Berg Ngaroneno und erkennbar ist die Anlage auf einer völlig unbewachsenen Fläche mit einer einzigen Kokospalme. Heute ist diese Stelle dicht mit Kokospalmen, Bambusdickicht, Bäumen und Büschen bewachsen.

---

[1] Panzer 1914: 41f.
[2] ebd.: 43.

1914. Missionar Bayer

Von Friedrich Bayer, der von 1914 bis 1916 auf der Station Gabmadzung war, wurden mir schon in den fünfziger Jahren von Georg Vicedom einige Tagebuchaufzeichnungen zur Verfügung gestellt, die ich exzerpierte. Die wichtigsten Informationen:

5.9.1914. Ankunft in Gabmadzung. Bayer erwähnt einen Dorfhäuptling Ember esap (*Emper esab*) von Moisantson. Er besucht Gabantsidz und Schab (*Sab*). Kriegserklärung der Dzifasing an Sab.

24.10.1914. Von Dzifasing flößen einige Leute nach Ngasawapum. Männer von Moisantson, darunter Emper esab, lauern ihnen auf. Die Missionare verhindern den Überfall, Oertel mit einem Revolver.

31.10.1914. Die ganze Dorfschaft Wantsa speert sich, nur wenige Minuten von der Missionsstation entfernt.

1.11.1914. Missionsinspektor Steck kommt nach Gamadzung. Er besucht Gabantsidz und Sab.

5.11.1914. Oberleutnant Detzner und Polizeimeister Parnike kommen den Markham herunter geflößt. - Steck und Panzer besuchen die Waing (nördlich der Wampar). Kurz vorher hatten Laewomba von Munun und Ngasawapum ein Blutbad unter ihnen angerichtet. Jetzt werden die die Missionare begleitenden Laewomba von den Waing erschlagen: Gênang, Apin, Auschab, Ongga, Tim, Ngaruderat, Man. - Hierzu schreibt Pilhofer in seiner Geschichte der Mission, daß Missionar Oertel und Inspektor Steck am 7. November 1914 zu den Waing gingen und sechs Laewomba erschlagen wurden, während man die Missionare ebenso wie drei Nicht-Laewomba verschonte.[1]

12.11.1914. Der Missionsinspekor besucht Dzifasing.

1.12.1914. Er besucht das Waingdorf.

November 1914. Hauptmann Detzner

Hermann Detzner, berühmt geworden durch seine (angeblichen?) Züge quer durch Neuguinea während des ersten Weltkriegs, kam mit seiner Truppe den Watut und Markham abwärts geflößt und erreichte Gabmadzung, eine Missionsstation, von der er noch nichts wußte. Er traf die

[1] Pilhofer 1961: 174.

Missionare Panzer und Oertel und den Missionsinspektor Steck. Detzner hörte zum ersten Mal von den "glänzenden Taten unserer Armeen in Belgien, in Ostpreußen und im Elsaß" und fuhr dann (nach seiner Angabe am 18. November) mit 21 Flößen weiter flußab.[1]

"Die melanesischen Laewomba auf dem Nordufer des Markham-Unterlaufes fanden wir gerade von einem erfolgreichen Fehdezug gegen die Papua, welche die Adler-Flußhänge besiedeln, zurückgekehrt; denn manch einer von den jungen Männern lief stolz in der neu erworbenen helmartigen Kappe herum, welche ihnen die Stammessitte erst dann zu tragen erlaubt, wenn sie einen Feind im Kampfe erschlagen haben. Und manch älterer Krieger hatte den zahlreichen alten Siegesabzeichen auf der aus Gras hergestellten Helmkappe ein neues hinzugefügt."[2]

Detzner meint aber, die Laewomba seien nicht nur wegen ihrer Raubzüge, sondern auch wegen ihres schmackhaften Bananen-"Puddings" berühmt. Und er stellt weiter fest, daß sie weder Gebrauch noch Bau von Kanus kennen, sondern Flöße benutzen. Detzner war viel zu kurz in Gabmadzung, um alle wiedergegebenen Informationen selbst und direkt erhalten zu haben. Er gibt also mit Sicherheit nur wieder, was ihm die Missionare erzählt hatten.

1914. Die Missionsstation

Ein ungezeichneter Bericht im "Kinderblatt" der Mission berichtet - offenbar nach Briefen der Missionare - von einem Brandunglück auf der Station "Agab Medschun" im Dezember 1914. Das Haus der Missionare brannte nieder, wobei sie Kleider, Wäsche und Geschirr verloren. Gerettet wurden Harmonium, Nähmaschine und Bücher. Das Feuer sei nachts ausgebrochen und weil das noch nicht ganz fertige und gerade erst bezogene Haus mit Gras gedeckt war, brannte es schnell nieder. Von "den Schwarzen" sei niemand dabei gewesen. Und obgleich ausdrücklich festgestellt wird, die Laewomba seien nicht schuld gewesen an dem Brand, wird doch wieder über "diese wilden Männer" hergezogen, weil man zuerst gefürchtet habe, sie seien es gewesen. Und es heißt dazu:

"Schon vor Jahren einmal hatten unsere Missionare eine Zeit lang für ihr Leben zu fürchten. Und als der Krieg ausbrach und die Laewomba davon erfuhren, hatten etliche

---

[1] Detzner 1921: 75f.
[2] ebd.: 184.

von ihnen vor den Augen des Missionars ein paar von seinen schwarzen Begleitern niedergestochen und hingemordet und gerufen: 'Wenn ihr Krieg führt, warum sollen wir nicht auch erschlagen?' Sie wissen nichts von Vaterland, von Treue gegen König und Kaiser, von all den großen schweren Opfern, die wir bringen im Krieg. Grausames, sinnloses, offenes und hinterlistiges Hinmorden, das ist alles was sie sich denken bei diesem Wort und was sie tun. Zuzutrauen wäre es ihnen wohl gewesen, daß sie auch an die Missionsstation die Hand gelegt hätten."[1]

1915. Bayer

Friedrich Bayer schreibt in seinen Tagebuchnotizen im Januar 1915,[2] die Laewomba hätten "während unseres Fortseins" wieder gekämpft. "Der Ember esap und Zangazang von Wandsar speerten den Rekarek und zwei Buben von Munun". An einer anderen Stelle heißt es noch, die Bevölkerung von Munun sei nun ganz zersprengt. Ein Teil habe sich mit den Leuten von Ngasawapum zusammengetan und sich auf einem hohen Grasberg (Ngaeng momoa) niedergelassen.

1916. Fritz Oertel

In einem Brief vom Februar 1917, der im Neuendettelsauer Missionsblatt von 1919 erschien, berichtet der Missionar Fritz Oertel über das Jahr 1916,[3] die Dörfer Munun, Ngasawapum und Gabantsidz seien mit Gehilfen (Evangelisten, Missionshelfern) aus der Lae-Gemeinde besetzt worden. Sie seien von den "bekannt gastfreien Laewomba" überall gerne aufgenommen und mit Feld und Haus versorgt worden. Ihre Hauptaufgabe sei es, die Verbindungen des betreffenden Dorfes mit dem Missionar zu stärken, die Beziehungen zu anderen Dörfern aufrecht zu erhalten, den Frieden zu sichern und zum Besuch der Gottesdienste auf der Missionsstation anzuhalten. Munun und Ngasawapum seien dabei, ihre Dörfer näher an die Station zu verlegen. Er habe Zifasin (*Dzifasing*) und die Azera dreimal besucht, einmal gemeinsam mit Stefan Lehner. Dzifasing solle einen Evangelisten von Bukaua erhalten.

Die Schule auf der Station werde durch Zuzug von Jungen aus Dzifasing und Azera zu sehr überlaufen. Einige ältere Leute seien in der "Erkenntnis

[1] Neues aus Neu Guinea 1916: 39.
[2] s. oben, 1914.
[3] Aus der Missionarbeit in der Markhamebene 1919: 38f.

und Überwindung der heidnischen Einflüsse" den anderen weit voraus und könnten bald gute Dienste leisten in der Verbreitung christlicher Erkenntnis. Ihnen sei es auch zu verdanken, daß Diebstähle auf der Station seltener geworden seien.

1917. Flierl, Keysser, Lehner, Schmutterer und Oertel

Von einer Reise zur Ramu-Markham-Wasserscheide im Juni 1917, an der sich gleich eine ganze Anzahl Missionare beteiligte, schreibt Johann Flierl.[1] Ihr folgte ein zweiter Besuch der Azera im selben Jahr.[2]

1918. Oertel

Im August 1918 zog Missionar Oertel endgültig von Gabmadzung nach Kaiapit im Azera-Gebiet.[3]

1916. Der Arbeiteranwerber Mr. Turner

Auch sechsjährige Missionsarbeit habe nicht vermocht, das Blutvergießen zu beenden, stellt Fritz Oertel in einem Bericht vom Februar 1917 fest. Aber es sei doch zu bemerken, daß es weniger geworden sei, besonders bei denen, "die nicht gerade durch Trauersitten absolut zum Blutvergießen verpflichtet waren". Inzwischen habe auch "die Regierung eingegriffen und mit Ausdauer und Energie die Bestrafung der Mörder aus den beiden letzten Schlägereien im Azera-Gebiet oben durchgesetzt. Das hat einen starken und augenscheinlich recht günstigen Eindruck auf die übermütigen Laewomba gemacht. Sie sind nun unsere dicksten Freunde, besuchen den Gottesdienst fleißig und haben ihre zu Totschlag verpflichtenden Trauerhüte abgelegt."[4] Worauf sich diese Bemerkungen beziehen, geht aus verschiedenen Hinweisen in unterschiedlichen Berichten hervor. So notiert Bayer in seinen Aufzeichnungen unter dem 16.8.1916, ein Kiap (ein Beamter der Verwaltung), Australier oder Engländer, sei gekommen. Die Laewomba hätten, als sie Mr. Turner begleiteten, heimlich einige Azera er-

---

1 Flierl 1931: 204.
2 ebd.: 210.
3 ebd.: 35.
4 Oertel 1919: 38.

schlagen. Drei Männer seien erschossen worden. Über diese Aktion der Verwaltung schrieb später Karl Panzer in einer Darstellung der Entwicklung der Mission bei den Laewomba, 1915 seien die ersten Trauerhüte ohne vorhergehenden Totschlag abgelegt worden, was schon ein Erfolg war.

"Dann kam es zur Expedition der Regierung gegen zwei Laewambadörfer, durch welche die Laewamba wegen Schlägereien in Azera bestraft werden sollten. Damals glaubte die Menge der Laewamba noch an ihre Geister. Als sie aber fühlen mußten, daß ihre Geister versagten und sie im Stich ließen, als sie ihre Erschossenen betrauern mußten, da brach der Bann."[1]

Ausführlicher, aber ohne Angabe des Jahres, stellt Georg Stürzenhofecker in einem späteren Bericht die Angelegenheit dar:

"Vor Jahren ging ein englischer Anwerber nach Azera, um dort junge Leute für Pflanzungen anzuwerben. Laewomba begleiteten ihn. In der Nacht, als der Weiße schlief, krochen die Laewomba in die Häuser der Azera und erschlugen eine Anzahl Leute. Der Anwerber hatte nichts davon gemerkt, erst auf der Missionsstation Gabmazung erfuhr er die Tat seiner Begleiter durch den dortigen Missionar."[2]
"Infolge der Bluttat in Azera wurden zwölf Mann von der Regierung erschossen, dadurch wurden die Heiden an der Macht ihrer Geister irre, dadurch wurde ihre Kraft gebrochen."[3]

In einem weiteren Aufsatz erläutert Stürzenhofecker, daß es sich um Männer von Gabsongkeg und Dzifasing handelte, die als Träger mitgingen.

"Nach der Meldung griff die Regierung auch sofort ein. Der oberste Beamte des Morobebezirks kam mit 2 Unterbeamten und einer Anzahl Polizeisoldaten, um die Mörder zu bestrafen. Es dauerte lange, bis einige gefangen werden konnten. Von diesen wurde ein Teil bei einem Fluchtversuch erschossen. Später wurden auch die Mitschuldigen von Zifasing überlistet und gefangen genommen. Der größte Teil der Mörder wurde erschossen."[4]

Gottfried Schmutterer schrieb mir 1956 seine eigenen Erinnerungen an die Wampar auf, die allerdings weit überwiegend Kenntnisse vom Hörensagen sind, denn er selbst war Missionar in Lae. Aber auch diese indirekten

[1] Panzer 1925a: 15.
[2] Stürzenhofecker 1929a: 13.
[3] ebd.: 14.
[4] Stürzenhofecker 1931: 120.

Zeugnisse sind nicht ohne Interesse, denn sie machen die gegenseitigen Informationen und die oralen Traditionen innerhalb der Mission deutlich. Auch bei Schmutterer wird die Wirkung der "Gewehre" für die Bekehrung zum Christentum betont:

"Von Missionar Panzer erfuhr ich, dass in schwierigen Fällen immer die Geister der Vorfahren gefragt wurden. Dabei bedienten sie sich eines Totenschädels von einem großen Mann. Dabei soll es auch eine Art Medium gegeben haben, das die neue Offenbarung vermittelte. Weiter aber weiß ich nichts in der Sache! Das Letztemal wandten sie diese Befragung an, als sie die Gewehre der Australier kennengelernt hatten. Es wurden damals 7 Männer erschossen, und ebenso viele gefangen fortgeführt. Sie haben, wie sie selber gestanden, keine Antwort mehr bekommen. Da entschlossen sie sich, auf den Missionar zu hören, und das Christentum anzunehmen!"

Leider wieder ohne Quellenangabe (aber wohl nach einheimischen Informanten, wie der Text verdeutlicht) stellt Karl Holzknecht (übrigens der Schwiegersohn Schmutterers) den Fall dar. Danach wachte Missionar Oertel in Gabmadzung eines Nachts vom Lärm eines großen Festes in Gabsongkeg auf.

"Er fragte sich, was geschehen sein mochte, und erhielt ein paar Tage später die Antwort: Der 'Nifutsarif' - so heißt bei den *AZERA* der Häuptling -, der die Anwerber und ihre *LAEWOMBA*-Begleiter während ihres Aufenthaltes bei den *AZERA* in sein Haus aufgenommen hatte, erschien mit der abgeschnittenen Hand seines Sohnes und bat, indem er den Sachverhalt schilderte, um Hilfe. Die Begleiter der Anwerber hatten heimlich fünf Leute in der Nähe seines Dorfes getötet. Meinen Informanten zufolge meldete Oertel die Vorkommnisse den australischen Behörden in Morobe. ... Diesmal beschloß die australische Verwaltung gründlich aufzuräumen. An einem Wochenende erschien ein 'Kiap' mit einem Polizeikontingent in Gabmazung. Der Gottesdienst war gut besucht; als er dem Ende zuging, sahen die Leute die mit Gewehren bewaffneten Polizisten die Kirche umzingeln. Eine große Panik brach aus. Die Männer sprangen über die Seitenwände,[1] um zu entkommen. Die Polizisten eröffneten das Feuer und erschossen vier unschuldige Leute. Andere wurden gefangen genommen. Bei der Befragung ergab sich, daß man die Falschen verhaftet hatte. Die tatsächlich Schuldigen waren gar nicht anwesend. Sie waren, als sie von der Ankunft des 'kiap' und seiner Männer gehört hatten, argwöhnisch geworden und geflohen. Aber sie wurden aufgestöbert und wanderten ins 'kalabus'. Die *Gabsonkeg* wurden nach Rabaul, die *Zifasin*

---

[1] Die Kirchen haben teils noch heute nur halbhohe Seitenwände wegen der besseren Belüftung.

nach Morobe überführt. Der 'Luluai' - Dorfälteste - der ersteren begleitete seine Männer, um ihnen nahe zu sein, nach Rabaul, wo er unglücklicherweise starb."[1]

Nach der Darstellung Pilhofers wurden die Gefangenen von dem Beamten in der Kirche in Gabmadzung eingesperrt, wo sie von Polizisten bewacht wurden. Als die Gefangenen auszubrechen versuchten, ließ der Beamte schießen und einige wurden tödlich getroffen. Die anderen erhielten längere Gefängnisstrafen.[2] In hinterlassenen Aufzeichnungen Georg Stürzenhofeckers findet sich eine Darstellung dieses Falles, die mit Sicherheit nicht von ihm selbst stammt, da sie in der "ich"-Form geschrieben ist und Georg Stürzenhofecker 1916 noch nicht in Gabmadzung war. Vermutlich also sind es (umgeschriebene) Berichte Panzers oder Oertels :

"Am 20. Juni warfen die Eingebornen ihre schwarzen Hüte ab. Am 21. Juni kam Mr. Turner nach Gabmazung um in Azera Jungen anzuwerben. Dazu nahm er Leute von Gabsonkek und Zifasing mit. Sie erschlugen eine Anzahl Azera. Somit war das Hutabwerfen ein Schwindel. Am 1. Juli war Mr. Turner von seiner Azeratour zurückgekommen. Sonntag 2. Juli meldete ich ihm die Schlägerei. Er ging sofort ins Dorf zurück und erkundigte sich und nachdem die Leute sahen, daß sie verraten waren, verrieten sie selbst ihre Mitgenossen von Zifasing. Zuerst waren die Laewomba sehr aufgebracht, daß ihre Schlägerei verraten worden war. Ein zorniger Mann kam sogar mit Speer und Schwert auf die Station um den Stationsjungen zu speeren. Am 17. August kam der Regierungsbeamte von Morobe um die Mörder zu bestrafen. Die Mörder wurden gefangen, bei einem Ausbruchsversuch wurde eine Anzahl erschossen. Als die Mörder von Zifasing geholt werden sollten, traten die Polizeijungen herrisch auf, erschossen den Dorfhäuptling ohne jegliche Ursache aus Übermut, wodurch die Lage nochmal recht gefährlich wurde. Zuletzt wurden die Mörder nach Morobe transportiert und auf offener See erschossen. Grund nicht bekannt geworden."[3]

Erwähnt wird noch, daß insgesamt sechzehn Männer erschossen wurden. In einer anderen Fassung, die vermutlich direkt von Stürzenhofecker stammt, heißt es, Missionar Panzer habe die Ermordung der Azera dem Arbeiteranwerber gemeldet, nachdem sie ihm ein "Stationsjunge" verraten hatte. Der "Offizier" und Führer der Polizeitruppe habe tagelang auf der Missionsstation gesessen und gewartet, konnte aber die Mörder nicht fangen. Schließlich drohte er, Geiseln aus dem Dorf zu nehmen, wenn sie

[1] Holzknecht 1975: 29f.
[2] Pilhofer 1961: 174.
[3] Aufzeichnungen Georg Stürzenhofecker, Ms.

nicht ausgeliefert würden. Zwei stellten sich, es dauerte aber noch mehrere Tage, bis auch die anderen gefasst wurden. Kurz vor der Station Morobe wurden 16 Mann auf hoher See erschossen, "die übrigen wurden schon vorher erschossen."[1]

1916. Koppenhagen, ein Anwerber

In der Zeitschrift der Gesellschaft für Erdkunde zu Berlin berichtet 1922 Conrad Koppenhagen von Arbeiteranwerbungen, die er 1916 im Azera-Gebiet durchführte. Er hatte eine Pflanzung am Hänischhafen am Huongolf, wie er schreibt.[2] Er stellt zunächst fest, daß Missionar Oertel von seiner Station "Gabmazung" aus ein- bis zweimal im Jahr kurz die Azera besuchte. "Das Resultat, welches die Mission in ihrem Umkreis unter den Laewomba hatte war nach ihren eigenen Angaben gering. Der Laewomba war und blieb Kopfjäger. Er war der gefürchtetste Eingeborene weit und breit und versperrte dauernd den Zugang zu den eigentlich harmlosen Azerastämmen." Er selbst sei auch aus Wissensdrang in das Azeragebiet vorgedrungen. Allerdings ist sein Bericht aus der Erinnerung geschrieben, da zum Zeitpunkt der Veröffentlichung des Aufsatzes seine "Tagebücher und Aufzeichnungen noch unterwegs und noch nicht wieder in meinen Händen sind."[3] Seine Kartenskizze jedenfalls ist etwas vage und ungefähr. Er verspricht, Näheres nach Eintreffen seiner Aufzeichnungen mitzuteilen (was anscheinend nie geschehen ist).

1917. Probleme der Arbeiteranwerbung

Karl Holzknecht (ohne Quellenangabe) beschreibt, daß im April 1917 erste Klagen über "wahllose und gewaltsame Rekrutierungen" und schlechte Behandlung der Angeworbenen eingingen, die der Verwaltung gemeldet wurden. Daraufhin habe der Administrator von Rabaul ein Verbot der Anwerbung von Arbeitskräften "fünf Meilen beiderseits des Markham oberhalb Mununs" erlassen, das aber wenig Konsequenzen hatte, weil es (vom nächsten Posten Morobe aus) nicht durchsetzbar war.[4] Nach Ian Willis stieg

---

[1] Auch bei Sack (1976: 76) weist die Formulierung deutlich auf eine Hinrichtung hin: "twelve of them were shot by the Australian Administration."

[2] Koppenhagen 1922: 145.

[3] ebd.: 146.

[4] Holzknecht 1975: 33.

zwischen 1916 und 1919 der Koprapreis. Die Folge war eine Ausweitung der Plantagen und daraufhin ein zunehmender Bedarf an Arbeitskräften. Besonders im Morobe District erfolgte eine Verstärkung der Arbeiteranwerbung und es gab Verstöße gegen entsprechende Bestimmungen. Da die Missionare die australische Verwaltung aufforderten, etwas gegen den "labour trade" zu tun, gab es Konflikte zwischen Mission und Verwaltung.[1]

Rowley in seiner Darstellung der australischen (Militär-) Verwaltung zwischen 1914 und 1921 im ehemals deutschen Neuguinea geht mehrfach auf das Problem der Arbeiteranwerbung und Arbeiteranwerber ein.[2] Er verweist darauf, daß ohne die Beschwerden der Mission die australische Verwaltung nicht einmal etwas von der Situation gehört hätte. Für kurze Zeit wurde das Markhamtal für die Arbeiteranwerbung geschlossen und danach im März 1919 unter der Bedingung wieder geöffnet, daß zurückgekehrte Arbeiter mindestens zwei Monate in ihrem Dorf gewesen sein mußten, ehe sie wieder angeworben werden durften. Wie schlimm die Situation tatsächlich war, geht aus einem etwas längeren Abschnitt hervor, der allerdings keine genaueren Ortsangaben macht:

"At the beginning of 1919 the District Officer, Morobe, reported that he had taken evidence during a patrol into the Markham Valley, on six cases of shooting natives, twelve of forced recruiting, 'singly and in batches', eighteen of rape and assault; and that he had seen the ruins of several burned and deserted villages, which the missionary from Lae had advised him to be the result of 'hunting the natives by recruiting patrols'. Johnston, in sending on the report to the Department of Defence, blamed the failure of recruiters to supervise the activities of their native assistants. An Australian, a German, and several Chinese recruiters were involved. Johnston held a special inquiry and subsequently stated that most of the illegal acts had been committed by native assistants in Chinese employment."[3]

---

1 Willis 1973: 7.
2 Rowley 1958: 42, 44, 121,123.
3 ebd.: 123.

Kapitel 5 : Zwischen den Kriegen

Gabmadzung ab 1920

Von 1920 an - nach Ende des ersten Weltkriegs - werden die Berichte der Missionare über die Missionsstation Gabmadzung regelmäßig veröffentlicht, die Entwicklung läßt sich von nun an kontinuierlicher verfolgen. Missionar Panzers Bericht über das Jahr 1920 ist sehr skeptisch und eher pessimistisch über die Erfolge der Mission.[1] Zwar erwähnt er, daß noch vor der eigenen Taufe die Wampar begannen, andere zu missionieren (vermutlich die Watut), und daß es in den Dörfern Aufseher gebe, die "Steinmänner",[2] doch scheint der Eifer des Anfangs bereits vorüber. Deshalb habe er, Panzer, die geplanten ersten Taufen auf das Jahr 1921 verschoben. Er beklagt die Tatsache, daß doch wieder eine Frau "gekauft" worden sei, daß die Wampar vor den einheimischen Polizisten Angst hätten, daß sie nur Gefängnis und Feuerwaffen fürchteten. Als positiv vermerkt Panzer, daß eine Stationskirche in Gabmadzung nun gebaut sei und der Kontakt zu den Watut aufrechterhalten werde, nachdem er selbst sie aufgesucht hatte. Fünf Laewomba waren (als Missionsgehilfen) zu den Baboaf (am unteren Watut) geschickt worden, sie kamen aber nach wenigen Wochen zurück, bis Panzer mit ihnen wieder hinfuhr:

"Ich ging mit Boot (Kanu) stromaufwärts, zwei Tage auf dem Markham und 8 Tage auf dem Watut. Dabei gelangte ich in die Gegend, wo vorzeiten der Goldsucher Damköhler (sic) ermordet worden ist. Nach den Aussagen der Leute sind damals die beiden Weißen, Damköhler und Oldörp, unschuldig an dem Kampf gewesen, die Eingeborenen haben einfach aus Mißtrauen die Fremden angegriffen. Der Kampfplatz war bei den Ngaing Anzang, die Ngaing Borar haben das letzte Pferd der Weißen mit Pfeilen erschossen."[3]

Der Bericht ist deshalb interessant, weil er den Überfall auf die beiden Goldsucher genau lokalisiert. "Nga Ntsang" und "Nga Borar" (*Ngaeng* ist die *Nga* entsprechende Wampar-Bezeichnung) sind zwei heute im Dorf Bentseng zusammenlebende Klans.[4] Panzer erwähnt noch, daß er sich im

[1] Panzer 1923: 2.
[2] Wampar: *ngaeng tsaru*, Kirchenälteste.
[3] Panzer 1923: 3.
[4] siehe Fischer 1963: 18.

nächsten Jahr für einige Monate am Watut niederlassen wolle, um "überall Landfrieden zu schaffen." Außer am Watut hätten die Laewomba aber auch erste Gehilfen zu den Ngaeng Ason am Erap geschickt, die sich dort niederließen, und von denen Besucher nun fast wöchentlich auf die Station kämen. Auch die "Munikip" (*Mungkip*), "Bangiwanti" und "Ngaing Afir" (*Ngafir*) sollen missioniert werden. In den Dorfschulen würden derzeit 137 Kinder unterrichtet. Dabei helfe sehr "der Druck der Biblischen Geschichte Alten und Neuen Testaments und des Katechismus."[1] Diese schmalen Bände in der Wampar-Sprache waren von Panzer verfasst und gedruckt worden (Panzer 1917; 1920a, b, c).

In seinem "Jahres-Bericht der Station für das Jahr 1920" schreibt Missionar Gottfried Schmutterer in Lae:

"Auch wurde eine junge Frau von einem benachbarten Laewomba Dorf zu zweifelhaftem Dienst gepresst. Gemeindevertreter beschwerten sich höheren Ortes und erhielten auch einige Erleichterung."[2]

Leider wird aus den Formulierungen weder klar, wer wen preßte (war die Frau von dem Dorf oder preßte das Dorf sie?), noch ist verständlich, welche "Erleichterungen" wer denn nun erhielt.

1921

Für 1921 meldet Panzer zwei Taufen im Februar und Dezember, zusammen 67 Männer. Allein zwanzig Ersttäuflinge zogen sofort als Evangelisten in Nachbargebiete, überwiegend offenbar zum Watut.[3] In einem späteren Beitrag im Neuendettelsauer Missionsblatt diskutiert Panzer auch die Frage, ob die Laewomba, Azera und Watut nun (für Kirche und Schule) die Jabimsprache übernehmen sollten, die in anderen Gebieten von der Neuendettelsauer Mission als Kirchensprache verwendet wurde. Panzer jedenfalls war dagegen.[4]

---

[1] Panzer 1923: 3.
[2] Archiv der evanglisch-lutherischen Kirche in Lae, Papua New Guinea.
[3] Panzer 1924: 48.
[4] Panzer 1925a: 23.

1922

Im Jahre 1922 wurden die ersten 19 Kinder getauft und es fanden kirchliche Trauungen der im vergangenen Jahr getauften Paare statt. Die Aufgaben der Kirchenältesten wurden festgelegt.[1]

1923. Der "Fall Panzer"

In seiner "Geschichte der Gehilfenarbeit" von 1931 schrieb Johann Flierl über das Jahr 1923:

"Ein Bruder, sehr begabt, eifrig und tatkräftig, wollte auf einmal göttliche und menschliche Ordnungen nicht mehr anerkennen, sich absondern, im fernen Watut-Tal mit seinen Gehilfen nach irrigem Wahn sich ein eigenes Reich bauen. Der alte Feldleiter konnte nicht selber in die ferne Wildnis ihm nachfolgen. Er sandte ihm lange Schreiben und zweimal treue Brüder. Es half kein Ermahnen noch Bitten, und Zwang ausüben, dazu hatten wir weder Macht, Gewalt noch Recht.
Die Regierung wußte um die Sache durch Klagen der Eingebornen. So mußten wir der Obrigkeit, die Gewalt hat, das Vorgehen anheimstellen. Es sei hier dankbar anerkannt, daß die Regierung in dieser überaus peinlichen Sache sehr behutsam, schonend und rücksichtsvoll vorging gegen den unglücklichen Bruder und die Mission. Rabaul verhandelte mit Melbourne per Radio. Melbourne verständigte sich mit unserem Direktor in Brisbane. Dann erst ging die Expedition mit einem Heilgehilfen an der Spitze vor, von Dorf zu Dorf Kranke behandelnd. Plötzlich standen die Herren von der Regierung vor dem Verirrten und sagten ihm ruhig: "Sie gehen mit uns!" Und er folgte. Nicht wie ein Gefangener, sondern wie ein werter Gaste wurde der Arme auf einem Regierungsdampfer weggebracht und in Brisbane der Obhut unseres Direktors übergeben."[2]

Edmond Demaitre in seinem Neuguinea-Buch, das eine ziemlich phantasievolle Beschreibung des Todes von Dammköhler enthält,[3] gibt eine ebensolche, wohl aus der Phantasie stammende, Darstellung des Falles Karl Panzer:

"A Protestant missionary, Penzer, was repatriated for the same reason. Although a missionary, and pure German by birth, this did not prevent him from eloping with and

---

[1] Panzer 1925b: 28.
[2] Flierl 1931: 268.
[3] Demaitre 1936: 43f.

marrying a young native girl. He even went to live with the tribe to which his wife belonged, and succeeded in so completely assimilating himself with the Kanakas that when a patrol came to look for him, the worthy missionary - his body painted in all colours of the rainbow - threatened the officer in command with bow and club. Happily an armed conflict was avoided at the last moment, and Penzer went back to Germany a few months later."[1]

Pilhofers Formulierung in seiner Geschichte der Neuendettelsauer Mission über Panzer ist die kürzeste. Er schrieb, 1923 sei der "psychopathisch veranlagte Mann" entlassen und heimgeschickt worden. Und in einer Anmerkung dazu: "Panzer war schon im Missionshaus wegen seines sonderbaren Wesens aufgefallen, so daß Martin Deinzer der Rat gegeben wurde, ihn nicht auszusenden".[2]

Im 1. Halbjahresbericht für 1923 der Station Gabmazung schreibt Georg Stürzenhofecker, Panzer habe seine Gehilfen (Evangelisten) vom Watut verjagt. Im 2. Halbjahresbericht für dasselbe Jahr berichtet er davon, daß er von Beamten der Regierung am 24.10. vom Watut geholt wurde und sich einen Tag in Gabmadzung aufhielt. "Unmittelbar vor seinem Weggang übergab er mir noch schriftliche Arbeiten über die Laewombasprache. Dafür war ich ihm sehr dankbar." Als Zumutung empfand Stürzenhofecker allerdings Panzers Bitte, das Mädchen Marta auf der Missionsstation Gabmadzung zu lassen und ihr zu helfen. Das war wohl zuviel der christlichen Nächstenliebe. Panzer hatte offenbar die Absicht, sich von seiner europäischen Frau scheiden zu lassen.[3]

Die Akten des Archivs der Missionsanstalt Neuendettelsau enthalten Briefe Panzers aus Anlaß seiner Aufnahme in die Missionsanstalt und einen handgeschriebenen Lebenslauf, schließlich mehrere Briefe (1911), in denen es um seine Verlobte Mathilde Wagner geht. In diesen Briefen beklagt Panzer immer wieder, daß sie nicht zu ihm hinausgeschickt wird. Es sind ständige lange Wiederholungen von Beschwerden. Der Tenor ist, er sei immer benachteiligt worden. Zunächst hatte er offenbar große Schwierigkeiten mit seinem Vater, der Beamter war (später Regierungsrat), als er das Gymnasium verließ, um Missionar zu werden und nicht Beamter. Dann scheint er sich im Seminar seiner ("höheren") Herkunft und Bildung wegen benachteiligt gefühlt zu haben. Nun beklagt er sich, er sei schon vier Jahre in Neuguinea, seine Braut käme aber noch immer nicht. Man

---

1 ebd.: 238f.
2 Pilhofer 1963: 163.
3 Jahresberichte Gabmazung. Aufzeichnungen Georg Stürzenhocker, Mappe C.

scheint sie zu einer Ausbildung als Hebamme geschickt zu haben oder schicken wollen, dann aber nachgegeben zu haben.

1913 teilt Panzer mit, daß seine Tochter Elisabeth am 7. Juli geboren sei. Wieder wird die Angelegenheit zu einem ausgedehnten "Fall", der sich in vielen Briefen und Feststellungen äußert. Panzer ist sehr aufgeregt: Seine Frau habe in Gabmadzung entbunden, eine zugesagte Hilfe durch die Mission (eine Krankenschwester) ist nicht gekommen. Sie hat ein Schiff verpaßt, Frau Panzer andererseits konnte schon längere Zeit nicht mehr Reisen. Panzer behauptet, die Missionare auf den Außenstationen würden alleingelassen und die beiden Schwestern dienten der Bequemlichkeit der Frau des Seniors. Die Briefe drücken aus, seine Frau habe dadurch erhebliche körperliche Schädigungen erlitten, ohne Genaueres anzugeben. 1918 teilt er mit, daß seine zweite Tochter Marianne am 7. August 1916 geboren sei. Nach allen diesen Briefen erscheint Panzer mindestens als ziemlicher Querulant, der sich immer benachteiligt fühlt.

Ein Konvolut von Abschriften von Briefen, die zwischen Flierl und Panzer und einigen anderen Angehörigen der Mission gewechselt wurden, betreffen dann den eigentlichen "Fall". Flierl fragt Panzer, ob die Vorwürfe stimmen, dieser verneint. Die Einwohner von Munun haben Panzer beim D.O. (District Officer) verklagt. Panzer schreibt einen Brief an den D.O., er sei nicht mehr Missionar und bittet um Anstellung bei der australischen Verwaltung. Ein Brief Otto Theiles an Direktor Ruf (15.12.1923), nach dem Panzer in Australien unter ärztlicher Beobachtung stand und für normal befunden wurde. Ein weiterer vom 14.3.1924, wonach er schon vor seiner Ehe am Sattelberg Beziehungen zu einer Eingeborenen gehabt haben soll. Er will nicht nach Deutschland. Ein Brief Panzers an Flierl (27.6.1927), der möglicherweise religiösen Wahn deutlich werden lässt. Schließlich ein Brief vom 24.6.1929 an Angka Gore (Martha) vom 24.6.1929, der offenbar in Neuguinea geöffnet wurde. Panzer schreibt an die einheimische Frau auf Griechisch.

Was aus allen Akten und Berichten nicht hervorgeht, aber offenes Geheimnis in der Mission ist und das eigentliche Ärgernis ausmachte: Panzer hatte sich mit einer jungen Frau aus Munun, die als Hausmädchen bei ihm beschäftigt war, an den Watut zurückgezogen. Sie bekam einen Sohn, der jedenfalls in den sechziger Jahren noch in Rabaul gelebt haben soll. Was aus Panzer geworden ist, ist unbekannt, für diese Darstellung auch nicht relevant.

1923. Georg Stürzenhofecker

Georg Stürzenhofecker kam 1904 als Missionar aus Neuendettelsau nach Neuguinea. Er arbeitete zunächst für sechs Jahre in Finschhafen und heiratete dort 1907 Marie Büttner. 1911 ging er mit Karl Mailänder zu den Morobe und Waria, 1916 nach Malahang bei Lae, um dort eine Kokospflanzung anzulegen. Einige Jahre darauf kam er dann nach Panzers Ausscheiden nach Gabmadzung.[1] In einem zeitlich späteren Aufsatz beschrieb Stürzenhofecker den Anfang seiner Tätigkeit als Missionar bei den Laewomba:

"1923 erhielt ich von der Konferenz den Auftrag, die verwaiste Station zu übernehmen. Ich weigerte mich zunächst, weil die kleine Gemeinde einen Hirten brauchte, der ihre Sprache verstand, um sie seelsorgerlich bedienen zu können, sodann, weil es mir schwer schien, mit 50 Jahren nochmal eine ganz neue Sprache zu erlernen. Allein da kein anderer Missionar frei gemacht werden konnte, so verzichtete ich auf meinen Urlaub in Australien, obwohl ich nach 19jähriger Arbeit einen solchen nötig gehabt hätte und meine kranke Frau noch mehr, und zog nach Laewomba. Hier arbeitete ich zunächst mit einem Dolmetscher. Ich hielt die Gottesdienste anfangs in der Yabemsprache, welche der Dolmetscher ins Laewomba übersetzte."[2]

Georg Stürzenhofecker zog im Mai 1923 nach Gabmadzung. Der Senior der Mission, Johannes Flierl, berichtet von einem Besuch bei den Laewomba im Oktober 1923. Er erwähnt den neuen Missionar Stürzenhofecker, der sich Mühe gegeben habe, sich das Laewomba anzueignen, "und Br. Oertel hat ihm in dankenswerter Weise die Elemente des Laewamba in Worten und Formen zugeschickt."[3] Die Laewomba bedankten sich auch, daß sie wieder einen Missionar hätten. Ganz begeistert äußert sich Flierl über die Gesänge der Laewomba:

"Es war mir der Gedanke gekommen, daß im Himmel etwas fehlen würde, wenn nicht auch eine Schar Laewomba hineinkämen, um ihren harmonischen Chorgesang zum Preise Gottes aufzuführen. Dieser Gesang ist wirklich einzig schön.... Die Melodien sind ja schon an sich schön, jedoch von einem einzelnen gesungen unterscheiden sie sich nicht wesentlich von den Sangesweisen andrer Stämme. Es muß ein großer Haufen

---

[1] Mailänder 1952: 4.
[2] Stürzenhofecker 1928a: 250; ähnlich 1931: 120.
[3] Flierl 1927b: 34.

sein, Weiber, Kinder, dann kommt die Wirkung infolge des verschiedenen Einsatzes einer gewisssen Anzahl von Gruppen. Erst setzt eine Schar ein, an bestimmten Stellen des Liedes eine zweite und eine dritte usw. Damit wird die Wirkung eines vielstimmigen Chorgesanges hervorgebracht."[1]

Berichte an den Völkerbund - 1922-23

In dem (ersten) Bericht Australiens über die Verwaltung des Mandatsgebietes Neuguinea an den Völkerbund für 1922-1923 sind keinerlei Angaben über die Laewomba enthalten, wohl aber zwei Fotos. Das erste zeigt einen Wampar-Mann mit Basthut, auf einem Holzhocker sitzend. Die Unterschrift lautet:

"Native of Laewomba Tribe, Lower Markham River. A powerful and virile race. Hat made of native bark ornamented with native paint. Each feather in hat represents a man killed."[2]

Die Wampar kommen damit als Totschläger recht gut davon. Das daneben stehende Foto eines Mannes vom Sepik trägt die Unterschrift "A very low type of native". Ein zweites Foto hat die Unterschrift: "Melanesians. Natives of Laewamba, Upper Markham River, Morobe District". Es zeigt eine Gruppe von sieben Männern (und einem Kind), die sämtlich Laplaps (Lendentücher) tragen, teils mit Ledergürteln. Einige von ihnen haben noch Oberarm-Schmuckbänder angelegt und zwei tragen Halsketten.[3]

1923-24

Die Einflüsse im Markhamtal wurden offenbar weit überwiegend durch die Mission bestimmt. Die australische Verwaltung scheint relativ geringe Kontrolle ausgeübt zu haben. Immerhin heißt es in dem Bericht an den Völkerbund für 1923/24:

"The Markham River area, although visited by Government officials on numerous previous occasions, was, for the first time, thoroughly patrolled during the period under review. The natives were found to be friendly and peacefully disposed, and every

---

[1] ebd.
[2] Commonwealth of Australia 1924: 9.
[3] ebd.: 11.

village and hamlet was visited. The villages were grouped and placed under the supervision of reliable Luluais and Tultuls."[1]

1924-25

Der Bericht über die Verwaltung des Mandatsgebietes für 1924-1925 enthält einige Abschnitte über das Markham-Tal, das zu diesem Zeitpunkt offenbar wirtschaftlich interessant wurde (was schon Dammköhler vorausgesehen hatte). So geht es zum einen um den Straßenbau, damit einheimische Produkte die Märkte erreichen können. "Accordingly, in the Markham Valley, the native track is being widened and improved to serve this purpose." Außerdem aber ist die Verwaltung an einer Entwicklung der einheimischen Landwirtschaft interessiert. Diese wolle man mit einem kleinen Stab und in einem ausgewählten Gebiet beginnen. "The Valley of the River Markham was selected as the site for the initiation of the policy."[2] Und dann wird deutlich, daß größere Vorhaben für die Zukunft geplant sind:

"An experiment station has now been inaugurated in the Markham Valley with the planting of cotton trial plots. This station will be the headquarters of the agricultural instructor of the District, and will be developed as rapidly as possible."[3]

"As the Markham River Valley is considered to offer the best possibilities for development in the near future, an effort is being made to construct a serviceable road from the mouth of the river along the valley. The greatest difficulty to overcome is the bridging of the various tributaries of the Markham River."[4]

Gabmadzung 1924

Der Bericht der Mission über Gabmadzung für den Zeitraum von Juli bis Dezember 1924 enthält in erster Linie eine sehr ausführliche Darstellung des Hausbaus auf der Missionsstation. Aber nebenbei wird doch noch erwähnt, daß sehr viele Goldsucher und Arbeiteranwerber auf die Station kommen. So viele tatsächlich, daß Stürzenhofecker bemerkt, "Ich dachte

---

[1] Commonwealth of Australia 1925: 53.
[2] Commonwealth of Australia 1926: 28.
[3] ebd.: 68.
[4] ebd.: 41.

früher, hier innen würde ich ziemlich einsam sein können, das ist jetzt vorbei".[1]

Interessant sind auch einige Ausführungen über die Missionsarbeit am Watut. Stürzenhofecker beschreibt, daß einige Evangelisten (Gehilfen der Mission, fast sämtlich Wampar) die Watut gedrängt hätten, sich in einem größeren Dorf zu konzentrieren. Als das nicht schnell genug ging, "brannten sie ihnen einfach sämtliche Außendörfer nieder. Verwunderlich, daß es die Leute sich so willig gefallen ließen!" Dieselbe Methode wandten aber auch Tultul und Luluai von Sab (einem südlichen Wampardorf) an, als einige der eigenen Dorfbewohner sich woanders ansiedelten. Auch ihnen wurde das Dorf angezündet. Ob Missionar Oertel recht hatte, den Stürzenhofecker mit den Worten zitiert, "in Laewomba gehe eben alles mit Gewalt"?[2] Es sind nämlich gerade die *neuen* Autoritäten - Evangelisten, Tultul und Luluai, die Autoritäten der Verwaltung, - die diese Maßnahmen anwenden.

Noch ein Abschnitt des Berichts von Stürzenhofecker ist von Interesse, auch wenn der eigentliche Sinn und die Bedeutung des Vorgangs durchaus nicht klar sind:

"Das Kind eines Gehilfen von Babuaf starb kurz nach Ankunft in seiner Heimat. Ich beerdigte es. Am nächsten Morgen kam ein Dorfmann und sagte: Mamre, der Vater des Kindes, habe geträumt, ein Dorfmann habe sein Tuch mit in den Sarg gelegt, dafür müsse jemand sterben; sie wollten die Leiche wieder ausgraben und das Tuch wegnehmen. Ich fragte ihn, ob er vielleicht nicht mehr ganz bei Sinnen sei. Ich wollte aber doch sehen, was sie vorhätten, und ging zum Grabe. Da hatten sie wirklich die Leiche ausgegraben. Nun flammte die Liebe aber mächtig auf und ich erzählte ihnen kurz Einiges, wenn es auch kein Evangelium war. Sofort schaufelten sie das Grab wieder zu. Man sieht, wie nötig es war, daß ein Missionar hierherkam."[3]

Auch der Missionar - der übrigens in diesem Zusammenhang bedauert, die Sprache noch nicht ausreichend zu beherrschen - stellt nicht ganz klar, was ihn eigentlich so aufregte. War es die bloße Tatsache des Öffnens eines Grabes? Ging es tatsächlich um ein im Grab gelassenes Tuch (ein damals bedeutender Besitz!)? Oder ging es um das Träumen und die damit verbundene Prophezeihung? Träume spielten in dieser Hinsicht jedenfalls noch in den siebziger Jahren eine erhebliche Rolle.

---

[1] Stürzenhofecker 1926: 36.
[2] ebd.
[3] ebd.

1925

Stürzenhofecker berichtet über das Jahr 1925, die Regierung wolle nun einen Weg von Lae bis Azera bauen. Zum Fällen von Bäumen seien alle Dörfer der Laewomba herangezogen worden, da sie auch bisher keine Steuern hätten zahlen müssen. Der Missionar erwähnt, er habe mit dem Lernen der Sprache noch genug zu tun. Eine Influenza-Epidemie hat Opfer unter Erwachsenen und Kindern gefordert.[1]

Berichte an den Völkerbund - 1925-28

Im Anschluß an den Bericht über das vorhergehende Jahr wird 1925-26 über den Fortschritt der Straßenbauarbeiten berichtet. Es wird erwartet, daß Ende 1926 Gabsongkeg erreicht wird, "open for wheeled traffic".[2]

Auch der Bericht für 1926-27 beschäftigt sich mit der Entwicklung des Markham-Tales. Es wird von Experimenten mit verschiedenen Pflanzenarten auf der Experimentierstation, speziell mit Baumwolle, berichtet. Außerdem aber sei versucht worden, die einheimischen Dörfer anzuregen, Pflanzen zu kultivieren, "which would be of benefit to them."[3] Der Vorschlag wird gemacht, das ganze Markham-Tal aufzuforsten:

> "In the vast valley of the Markham and Upper Ramu Rivers, all that portion which the natives have transformed from forest to grassland should be planted with teak, pterocarpus and other valuable species."[4]

Der Bericht für 1927-28 beschäftigt sich ebenfalls mit den Möglichkeiten des Markham-Tales. Landwirtschaft in großem Stil wäre hier möglich, heißt es, brauche jedoch viel Kapital. "For a company, however, the Valley of the Markham opens almost unlimited agricultural resources."[5] Man habe begonnen, die weitere Ausbreitung des kunai-Grases zu verhindern. Dazu habe man die Eingeborenen angeregt, Leguminosen in abgeerntete Felder

---

[1] Stürzenhofecker 1927a: 20.
[2] Commonwealth of Australia 1927: 20.
[3] Commonwealth of Australia 1928: 43.
[4] ebd.: 80.
[5] Commonwealth of Australia 1929: 29.

zu säen. Erdnüsse seien im Markham-Gebiet eingeführt worden und wüchsen gut.[1]

Gabmadzung 1928

Im "Neuendettelsauer Missionsblatt" von 1928 beschreibt Georg Stürzenhofecker "Eine Kirchweihe", von der leider nicht feststellbar ist, wann sie stattfand. Es ging um die Einweihung einer neuen Kirche in Saab. Beschrieben wird das Kochen für die Gäste in langen Reihen von 8-10 Töpfen.[2] Im Zusammenhang mit diesem Fest kam die Sprache auf eine "Missetat", die allerdings nicht weiter dargestellt wird. Missionar Stürzenhofecker beschreibt dann jedoch:

"Da hörte ich plötzlich hinter mir schreien. Ich sah, wie der Dorfhäuptling den Missetäter des vorgestern verhandelten Falles auf einem Baumstamm festhalten ließ, und ihn mit dem Spanier wacker durchklopfte. Der Junge jauchzte in allen Tönen. Hernach gab es noch tüchtig Backpfeifen. Dann nahm auch der Vater den Stock und massierte etwas nach, damit die Heilung gründlich sein möchte. Nun könnte man meinen, wir Missionare seien hart, wir sollten eine solche Zuchtübung verhindern. Das scheint nur so. Unsere Eingeborenen sind Kinder, welche ihr ganzes Leben ohne Zucht und Ordnung hingebracht haben, da nützen süße Reden gar nichts, hier muß scharf durchgegriffen werden. Sind die Leute ganz unter sich, so handeln sie noch viel schärfer. Nur so werden sie aus ihrer Gleichgültigkeit aufgerüttelt."[3]

Stürzenhofecker gibt noch einige Daten einer Volkszählung, die nicht ohne Interesse sind:

"Im Dorfe Saab leben 35 Männer, welche 116 von ihrer Hand Erschlagene aufzuzählen wußten. Frauen sind nur 24 vorhanden. Dieselben haben 6 Kinder abgetrieben, 57 lebendig begraben oder weggeworfen. Die 37 Männer des Dorfes Zifasing haben 224 Menschen umgebracht. Nach der Zahl der getöteten Kinder habe ich nicht gefragt."[4]

In einem seiner zusammenfassenden Berichte, der 1931 gedruckt wurde und der die Situation um 1927 schildert, schreibt Stürzenhofecker voller Zufriedenheit:

---

[1] ebd.: 49.
[2] Stürzenhofecker 1928c: 61.
[3] ebd.: 62.
[4] ebd.: 63.

"Mit dem alten heidnischen Wesen haben sie gänzlich aufgeräumt. Keine Trommel, kein Speer, kein Schwert, kein Hut ist mehr zu finden. Der Tanz, der sie so sehr in Anspruch nahm, ist gänzlich abgetan. Und sollte bei den alten Heiden sich noch ab und zu eine heidnische Sitte bemerkbar machen, so wird in den Sonntagsversammlungen darüber verhandelt, und wenn die Sitte als wirklich erkannt wurde, so wurde sie durch Gemeindebeschluß endgiltig abgeschafft. So hat der Herr diese stolzen Krieger völlig überwunden und sie zu Schafen Seiner Herde gemacht."[1]

Marie Stürzenhofecker

In einem "Frau Miss. Stürzenhofecker" gezeichneten Artikel im "Kinderblatt" der Neuendettelsauer Mission 1928, "Ein Besuch in Gabsonkek",[2] werden "Kühe und Schafe" erwähnt, vermutlich der Mission gehörig, und eine "große Palmenpflanzung, die den Gabsonkekleuten gehört", Hinweis auf die frühe Anlage dieser Pflanzung südlich des Dorfes, die erst um 1980 zum größeren Teil gerodet wurde, als sich das Dorf immer weiter ausbreitete. Schattenbäume vor den Häusern werden besonders erwähnt, denn, wie es heißt, "Diese gibt es nicht in allen Neuguineadörfern, sondern nur im Markhamtal."[3] Erwähnt wird auch Fußballspielen der Kinder und an anderer Stelle werden Kreisel beschrieben:

"Auf einem freien Platz werden wir nochmal durch spielende Kinder gefesselt. Sie sitzen in der Runde, ein jedes hat eine Anzahl Kreisel vor sich. Das sind runde flache Baumfrüchte, durch welche ein Holzstäbchen gesteckt ist. Die Kreisel heißen "Mogum". Ein Spieler nach dem andern dreht seinen Kreisel am Stäbchen durch die Hand, läßt ihn auf den Erdboden fallen und hintanzen zum andern Kreisel, um diesen aus der Bahn zu schlagen."[4]

Die Missionarsfrau beschreibt auch die zu der Zeit schon üblichen Formen der Verabschiedung: "Wameng, wameng, bleibt sitzen"[5] und "Wajo, wajo, geht, geht!"[6]

---

[1] Stürzenhofecker 1931: 120.
[2] M. Stürzenhofecker 1928: 18.
[3] ebd.: 23.
[4] ebd.: 25.
[5] tatsächlich heißt es: *wamen*.
[6] ebd.: 26.

1928, 1929. Paul Fliehler

1927 fuhr Georg Stürzenhofecker auf Heimaturlaub. Das erklärt unter anderem, warum sich 1928 eine ganze Anzahl von Aufsätzen und Vorträgen von ihm in den Missionsblättern findet. Während seiner Abwesenheit betreute der junge amerikanische Missionar Paul Fliehler die Station Gabmadzung. Er kam Ende Dezember 1926 und blieb noch einige Monate gemeinsam mit Stürzenhofecker auf der Station. Im "Jahresbericht 1927" schrieb er, "Die erste Nuß zu knacken war die Sprache. Wir suchten alles zusammen, was schriftlich über die Laewomba zu finden war. Die Wörter setzten wir in alphabetischer Ordnung und die grammatischen Winke setzten wir auch so irgendwie zusammen."[1] Sein erster Bericht von 1928 ist überschrieben "Aller Anfang ist schwer" und beschreibt recht deutlich die Anfangsschwierigkeiten eines jungen Missionars.[2] Auch der zweite Bericht, gedruckt mit dem Titel "Viel Schatten (1928)", ist eher pessimistisch über die Situation. "Es kann sein, daß das Bild von der ganzen Mission, wie ich es zuhause bekam, viel zu sonnig war", meinte er. Und von der Laewombagemeinde schreibt er, sie mache den Eindruck, "als ob sie lauwarm wäre, träge und lässig".[3] An Schule, Arbeit an der Kirche, Abendmahl scheint nicht viel Interesse zu bestehen. Ein besonderes Problem sah Fliehler auch im Tanzen, von dem er schreibt, daß die Christen es abzulegen versprochen hätten. Denn die Eingeborenen selbst hätten erklärt, "es gebe keinen Tanz, den sie tanzen könnten, ohne schlechte Gedanken zu bekommen".

Fliehler erwähnt noch, daß sehr viele Weiße zur Station kämen. "In den letzten zwei Wochen des Jahres gingen mehr als 12 hier durch".[4] Es scheint sich um die Anfänge des Goldrushs zu handeln, die sich am Markham auswirkten. Das hatte Konsequenzen auch für die Einheimischen, die als Träger gebraucht wurden. Fliehler gibt einige Daten hierzu: In Gabsongkeg gebe es 47 Männer und Burschen, von denen 27 im Dorf sind. In drei Wochen sind 314 Lasten für Weiße befördert worden: 159 von Männern, 37 von Knaben, 118 von Frauen. Im Schulwesen hat sich offenbar nicht viel gebessert. Immerhin seien jetzt drei junge Männer in der Lehrerbildungsanstalt in Hopoi.

---

[1] Jahresbericht 1927, maschinenschriftlich in Aufzeichnungen Georg Stürzenhofecker, Mappe C.

[2] Fliehler 1928a.

[3] Fliehler 1929: 83; zu Fliehler siehe auch Flierl 1931: 245.

[4] ebd.: 90.

Auch der Bericht für 1929 von Paul Fliehler ist "Schwere Sorgen" überschrieben. Er meint, es hätte sich in der Zwischenzeit kaum etwas geändert. Viel geredet werde vom "Opang",[1] und es wäre deshalb fast zum Kampf zwischen Munun und Dzifasing gekommen. In den Dörfern werde viel zu viel getanzt und der Missionar muß erklärt haben, es werde keine Taufe geben deswegen.[2] Sechs neuausgebildete Lehrer sind gekommen.[3] Als Lichtstrahl wertet der Missionar allerdings, daß bei einer großen Taufe am Watut auch Laewomba ihren Tanzschmuck auf einen Haufen warfen und verbrannten, zum Zeichen, daß sie mit dem Tanzen aufhören wollten.

1930. Georg Vicedom

Fliehler wurde "im Zuge der Umgruppierung" nach Ulap versetzt und an seine Stelle trat für einige Monate Georg Vicedom.[4] Sein Bericht von 1931 (für 1930) schließt direkt an eines der von Fliehler genannten Probleme an. Er trägt den Titel "Wider den Tanz". Vicedom berichtet, daß die Gemeinde Laewomba in diesem Jahr das große Distriktfest ausrichtete. Aus diesem Anlaß wurden zunächst "lebende Bilder" dargestellt, Szenen aus der Geschichte der Mission. Die Darstellung früherer Kämpfe endete mit einem gemeinsamen Tanz der Gegner, Ausdruck des Übergangs zum Christentum. Aber dann mußte Vicedom feststellen, daß sich weitere Tänze anschlossen.

"Als ich sah, daß sie nur um des Tanzens willen gekommen waren, sagte ich, es sei genug, sie sollten aufhören. Die Ältesten wiederholten meine Bitte. Doch es half nichts. Die Tanzwut hatte sie wieder einmal erfaßt. Der ernstere Teil der Gemeinde stellte sich nun ohne mein Zutun auf die andere Seite und sang christliche Lieder. Zuerst wurde es ruhig. Aber sobald diese schlossen, fingen die andern wieder zu tanzen an. Zuletzt war es so, daß Trommel und Tanz den christlichen Gesang begleiteten. Ich überlegte, was zu tun sei. Weggehen macht keinen Eindruck, Ruhe gebieten und reden auch nicht. Schließlich war ich geladen genug. Ich springe dazwischen, reiße einem Jungen die Trommel aus der Hand und werfe sie an die Kokospalme; eine andere nehme ich, springe in den Haufen hinein und hätte damit fast einen Ältesten auf den Kopf geschlagen. Es war wie ein Blitz aus heiterem Himmel und sofort trat Ruhe ein. Dann sprang

---

[1] *opang* ist eine Art magischer Tötungen, die auf Pidgin "sangguma" genannt wird und sich angeblich von den Azera zu den Wampar ausgebreitet hat.

[2] Fliehler 1930: 77.

[3] ebd.: 84.

[4] Pilhofer 1963: 165.

ich auf die Kanzel. 'Ihr habt wirklich schön getanzt, es paßt für die Konferenz. Aber eins habt ihr auch gezeigt: ihr tanzt gar nicht, um den Leuten etwas damit zu sagen, sondern ihr freut euch nur, daß ihr euch wieder einmal ungestraft austoben könnt.' "[1]

In einem zweiten Bericht aus demselben Jahr beklagt auch Vicedom die "kolossale Gleichgültigkeit" der Laewomba, denen der Missionar gegenüberstehe. Dazu gehört, daß viele Dorfbewohner nicht in den großen Dörfern, sondern abseits in kleinen Weilern leben, was Kirchenarbeit und Schule naturgemäß sehr erschwere.[2] Wie von den anderen Missionaren wird aber die Missionsarbeit am Watut als sehr erfolgreich bezeichnet.

1930. Stürzenhofecker

Georg Stürzenhofecker kam Ende 1930 zurück.[3] Seine Frau Marie war während des Heimaturlaubs 1928 gestorben.[4] Sie hinterließ neun Kinder (ein zehntes war jung gestorben). Vor seiner Ausreise heiratete er 1930 Margarete Kolb und seine zweite Frau kam mit ihm.[5] 1974 konnte ich mich in Neuendettelsau mit Frau Stürzenhofecker unterhalten, die mir noch einige Informationen aus der Erinnerung gab. Sie erzählte, sie habe von 1930 bis 1939 in Gabmadzung gelebt, habe leidlich Wampar geprochen ("ich konnte mich verständigen") und wurde von den Wampar "Missi" genannt. Die Kinder Stürzenhofeckers spielen insofern eine Rolle, als ihre Namen - bzw. einige davon - noch heute bei den Wampar, besonders in Gabsongkeg, weitergegeben werden. [6]

1931

Im "Neuendettelsauer Missionsblatt" von 1932 berichtet Stürzenhofecker über ein "Jahresfest der Küstengemeinden" im Oktober des vorhergehen-

---

[1] Vicedom 1931a: 45.
[2] Vicedom 1931b: 49.
[3] Pilhofer 1963: 165.
[4] Schuster 1928: Nachruf.
[5] ebd.
[6] 1. Alfred (wurde später Arzt in Neuguinea); 2. Elfriede (ein beliebter Name noch heute); 3. Irmgard; 4. Lothar; 5. Marianne (besonders häufig in Kombination mit dem alten Namen *Ane*); 6. Renate (ebenfalls noch gebraucht); 7. Hermine; 8. Johanna (noch verwendet); 9. Martina (starb mit drei Jahren am 14.12.1923; begraben auf dem Friedhof in Gabmadzung); 10. Reinhold; 11. Cordula (aus der zweiten Ehe. Als *Kotula* noch deutlich erinnert).

den Jahres, bei dem überwiegend Fragen der Beziehungen zwischen diesen Gemeinden verhandelt wurden. In diesem Zusammenhang wird auch festgestellt, daß die einzelnen Dörfer ihre heiratsfähigen Töchter nicht in andere Dörfer verheiraten wollten. Wieweit dies die Wampar betraf, wird aber nicht ausgeführt. Von ihnen heißt es nur, ihnen sei der Hauptinhalt der Verhandlungen übersetzt worden, "weil sie der Yabimsprache noch nicht mächtig sind". Wichtig ist die allgemeine Tendenz der Auffassungen von alter und neuer Zeit, wie sie von (nicht genauer identifizierten) Rednern ausgedrückt wurden:

"Unsere Vorfahren saßen in Finsternis. Schlechtigkeit war überall zu finden. Durch Gottes Wort ist ein Neues geworden. Dennoch sind noch Mängel unter den Gemeinden vorhanden, die ausgemerzt werden müssen. Das Bekenntnis "Wir sind schlecht" genügt nicht mehr, wir müssen uns aufraffen zur Tat. Alte Felder tragen nicht mehr, deshalb müssen neue bepflanzt werden."[1]

1933

In seinem Bericht über Gabmadzung für 1933 beklagt Georg Stürzenhofecker wieder die Gleichgültigkeit, den mangelnden Schulbesuch und schließlich das Tanzen, das offenbar wieder zunahm. Als neues Problem erwähnt er Liebeszauber, der besonders von zurückgekehrten Arbeitern mitgebracht und auch teuer verkauft wurde. Ehestreitigkeiten und "Verstöße gegen das 6. Gebot" hätten in letzter Zeit zugenommen. Zurückkehrende Polizisten benähmen sich besonders "frech".[2] Ein weiterer, 1934 gedruckter Bericht (vermutlich für 1933) erwähnt eine Heirat eines Wampar-Mannes mit einer Frau "aus den Bergen" und eine weitere eines Polizisten mit einer Frau aus Madang. Ein Mann in Dzifasing habe den gefürchteten Speerzauber "wieder aufgebracht". [3] Besonders die Angaben über Heiraten mit Fremden sind angesichts der Entwicklungen in den siebziger und achtziger Jahren von Interesse, als die Eheschließungen außerhalb des Stammes immer häufiger wurden. Hier sind die Anfänge für diese Erscheinung offenbar zu fassen, immerhin mehr als zwanzig Jahre nach Beginn der Missionstätigkeit, der Beendigung der Kriege und damit der Öffnung nach außen.

[1] Stürzenhofecker 1932: 26.
[2] Stürzenhofecker 1934a: 76.
[3] Stürzenhofecker 1934b: 2.

1934

Im März dieses Jahres fand in Sab eine Kircheneinweihung statt. Bei dieser Gelegenheit wurden Gemeindeangelegenheiten besprochen, vor allem die Beziehung zum *sagaseg*-Ahnenkult.

"Es ist hier im voraus zu bemerken, daß sich in meinen Laewomba-Dörfern noch viele Heiden befinden, an manchen Orten bilden sie sogar die Überzahl. Diese Heiden halten noch in manchen Stücken am Alten fest und beobachten die überkommenen Sitten. Die einzelnen Dorfschaften haben dies selbst längst als Übelstand empfunden, deshalb sollte diese Angelegenheit mal öffentlich vor der Gesamtgemeinde besprochen werden. Bei den Vorträgen, die Eingeborene darüber hielten, konnte man einen tiefen Einblick tun in die Macht der alten Sitten, die das ganze Leben und Treiben der Eingeborenen von der Geburt bis zum Grabe in tyrannischer Weise beherrschten. Gewiß bildeten sie oftmals einen Damm gegen Freiheitstaumel oder Unbotmäßigkeit der Jüngeren, dennoch war das Schlechte überwiegend, denn Totschlag, Frauenraub, Vielweiberei usw. wurzelten in diesen Sitten. Wer die Alten ehren wollte, mußte sie beobachten, wenn er nicht die Rache der Geister auf sich ziehen wollte. Weil nun selbst die am Alten zäh hängenden Heiden der Kraft des Evangeliums nicht dauernd widerstehen konnten, so wurde einstimmig beschlossen, das Hindernis gänzlich aus dem Wege zu räumen. Damit war dem Evangelium freie Bahn geschaffen. Wir hoffen, daß nunmehr die Durchdringung des Volkslebens mit dem Christentum umso rascher vor sich gehen kann."[1]

Eine große Tauffeier fand statt, bei der neben Erwachsenen auch 99 Kinder getauft wurden. Schließlich wurden 36 Brautpaare (oft lange nach der Eheschließung) kirchlich getraut. In Dzifasing, dem größten Dorf im Bezirk und demjenigen mit den meisten Heiden, fand eine Kircheneinweihung statt. Der Missionar ist mit dem Verhalten der Christen in diesem Dorf nicht zufrieden, weil sie "immer in ihren Feldhütten wohnten", wodurch Andachten ausfielen und Gottesdienste schlecht besucht wurden.[2]

1935

Zurückkehrende Kontraktarbeiter brachten Zaubermittel mit und gaben sie im Dorf weiter. Es kam zu Streitereien:

---

[1] Stürzenhofecker 1936a: 10.
[2] ebd.: 11.

"Not machen immer die jungen Leute. Kommen sie nach hause, dann wollen sie eine Frau. Bekommen sie nicht gleich das gewünschte Mädchen, dann wird Skandal geschlagen. Sind sie aber verheiratet und es paßt ihnen irgendetwas nicht, dann gehen sie wieder aufs Goldfeld. Passiert während ihrer Abwesenheit etwas mit der jungen Frau, so wird wieder aufbegehrt. Auch sonst entziehen sich junge Männer gern jeglicher Zucht."[1]

In der Nähe (am Watut) wurde ein Goldfeld entdeckt, Goldsucher kommen von allen Seiten, und jeweils über Gabmadzung. "An einem Tage waren 10 Flugzeuge da mit Goldsuchern, ihren Arbeitern und ihrem Gepäck."[2]

1936

Wieder beklagt der Missionar, daß in die Dörfer zurückkehrende Arbeiter und Polizisten neue Zaubermittel mitbrächten.

"Besonders auffallend waren die vielen Klagen über mißliche Eheverhältnisse. Fast in jedem Dorf ist ein Ehepaar, bei dem Streit und Tätlichkeiten zu Hause sind. Es sind meistens Ehen, die früher ohne ihren Willen gestiftet wurden. Meistens tragen die Weiber die Schuld des Zerwürfnisses, weil sie durch ihre fortwährenden Sticheleien und Verleumdungen oftmals ohne jeden Grund die Männer zum Zorn reizen, so daß diesen mitunter die Hand ausrutscht und auf der Backe oder dem Rücken der Frau landet. Wenn man die Zungenfertigkeit dieser Weiber auf den Versammlungen kennengelernt hat, dann wundert man sich nicht mehr, wenn die Männer wild werden. Nun besteht die Schwierigkeit, daß man den Streit schlichten soll. Zureden oder Ausschließen nützt nichts, Ehescheidung ist nicht eingeführt. Wenn wir erst dieses Tor aufmachen würden, dann würden sie zu Dutzenden hinausströmen. So bleibt nichts übrig, als immer wieder ermahnen und zusammenflicken, auch in dem Bewußtsein, daß diese Flickarbeit nicht lange hält."[3]

1937

Wieder wird Zauberei als wichtigstes Problem genannt und Zaubermittel scheinen ziemlich allgemein angewendet zu werden. Das ganze Dorf Gabsongkeg wurde vom Kirchenbesuch ausgeschlossen. Auch Angst vor der

---

[1] Stürzenhofecker 1936b: 109.
[2] ebd.
[3] Stürzenhofecker 1937: 74.

opang-Zauberei scheint weit verbreitet. Gegen Verleumdungen zwischen Ehepartnern geht man nun mit einem erstaunlichen Mittel vor:

"Für ganz unverbesserliche Lügenmäuler hat die Gemeinde eine Medizin in Anwendung gebracht, welche gute Erfolge zeitigte: Etwas Schweinekot wird aufgelöst, den müssen die Streitenden trinken; im Weigerungsfalle wird die Medizin eingegossen. Gewisse Frauen, die sich bisher in Verleumdung ihrer Männer hervorgetan haben, werden jetzt zurückhaltender, was in den betreffenden Dörfern bereits als Wohltat empfunden wird."[1]

Erhebliche Störungen gibt es in den Dörfern, die an der Straße liegen: Munun, Ngasawapum und Gabsongkeg, auch Dzifasing. Beamte und Arbeiteranwerber rekrutieren ständig Träger. Für das Löschen von Schiffen im Hafen von Lae werden ebenfalls Arbeiter aus diesen Dörfern geholt. Sie verdienten reichlich Geld, kauften dafür aber nichts Vernünftiges. "In neuerer Zeit kaufen sich die jungen Herren alle von den Chinesen Gummimäntel, die ihnen aber absolut nicht passen."[2]

1938

Für dieses Jahr werden wieder große Taufen berichtet. Das ganze Gebiet zwischen Lae und Munun sei für europäische Niederlassungen abgesteckt. In Gabmadzung wolle sich eine Ölgesellschaft niederlassen, die Bohrungen vornehmen will. "Die Folge wird eine tiefgreifende Umwälzung der Verhältnisse des Markham-Tales sein."[3]

Senta Dinglreiter, Reiseschriftstellerin

1939 erschien in Leipzig ein Buch mit dem Titel "So sah ich unsere Südsee" von einem "Fräulein Dinglreiter", die offenbar Reiseschriftstellerin aus München war. Im gleichen Verlag waren von ihr schon Bücher mit Titeln wie "Deutsches Mädel auf Fahrt um die Welt", und "Wann kommen die Deutschen endlich wieder?" erschienen. Die Dame war nicht nur wild nationalistisch, sondern nach allen Formulierungen das, was man eine "Nazisse" nannte. Senta Dinglreiter war in Finschhafen und Hinterland, in

---

[1] Stürzenhofecker 1938: 68.
[2] ebd.
[3] Stürzenhofecker 1939: 58.

Bulolo und Wau, bei den Azera und Wampar und schließlich in Rabaul. Jahreszahlen sind im Text zwar nicht genannt, aber sie erwähnt den "Anschluß" Österreichs während ihres Aufenthaltes in Neuguinea, sodaß das Jahr unschwer festzulegen ist.

Als sie zu den "Lae-Womba" kommt, passiert ihr zunächst das Unglück, daß ihre Bluse aus Rohseide durch Dornen zerrissen wird.[1] Schließlich lernt sie die berüchtigten Lae-Womba kennen, von denen sie (vermutlich nach Erzählungen der Missionare) schlimme Dinge zu berichten weiß. "Der Lae-Wombastamm selbst umfaßt nur etwa 1500 Menschen, dürfte aber in ein paar Jahrzehnten etwa 15 000 Menschen totgeschlagen haben."[2] Sie schreibt dann einiges über (frühere) Kleidung und Schmuck und Waffen. "Sie sind besonders große und kräftige Menschen und zählen zu den intelligentesten Stämmen des Landes."[3] Fräulein Dinglreiter wohnte offenbar bei der Familie Stürzenhofecker. Sie besuchte mit einigen Leuten den Wanam-See und fuhr schließlich am dritten Tag mit einem Floß nach Lae. Eine reisende Schriftstellerin, deren Kenntnisse ausschließlich aus Erzählungen der Missionarsfamilie stammten.

1939. Horrolt

Missionar Stürzenhofecker ging 1939 wieder auf Heimaturlaub. Ihn löste in Gabmadzung Georg Horrolt ab, der 1940 interniert wurde. Nach dem Ende des Zweiten Weltkriegs wurde die Missionsstation Gabmadzung nicht wieder besetzt und die Laewomba wurden von Lae aus betreut.[4] Georg Stürzenhofecker starb 1952 in Neuendettelsau.[5]

---

1 Dinglreiter 1939: 238.
2 ebd.: 240.
3 ebd.: 241.
4 Pilhofer 1963: 165.
5 Mailänder 1952.

Zweiter Teil :
Die Erzählungen der Wampar

Vorbemerkungen

Die folgenden Erzählungen wurden überwiegend zwischen 1965 und 1988 bei verschiedenen Aufenthalten im Wampar-Gebiet gesammelt. Bis auf Niederschriften zweier früherer Lehrer in Schulheften und einen schon von Missionar Stürzenhofecker aufgenommenen Text wurden alle Berichte von den Erzählern direkt auf Band gesprochen. Während der ersten Forschungsaufenthalte - vor allem 1965 und 1971/72 - wurden sie dann (häufig mit anderen Personen) nach Abhören übertragen in meine Umschrift des Wampar und schließlich übersetzt. Die wenigen Pidgin-Fassungen und auch später aufgenommene Wampar-Texte wurden direkt, manchmal erst nach Beendigung der Feldforschungen, übertragen und übersetzt, da ich nun die Sprache ausreichend beherrschte. Gewöhnlich hatte ich dann aber nach der Aufnahme gemeinsam mit dem Erzähler den Text abgehört und Ergänzungs- und Verständnisfragen gestellt.

Da ich während keines der Aufenthalte bei den Wampar die Absicht hatte, eine Untersuchung über ihre frühen Kontakte mit den Weißen durchzuführen, habe ich auch nach keinem der erzählten Gegenstände oder Themen gefragt. Alle Texte wurden von den Erzählern auf deren Wunsch hin auf Band gesprochen. Sie wußten alle, daß ich ganz allgemein Texte über ihre alte Kultur und Mythen aufnahm. Aber schon nach dem ersten Aufenthalt 1965 war es nicht mehr nötig, das zu erwähnen. Einer hatte es dem anderen erzählt, man wußte es. So müssen es also die Erzähler selbst für wichtig gehalten haben, mir gerade diese Geschichten zu erzählen, die sich auf diese Weise eher ungewollt und (von mir aus gesehen) zufällig in meinem Textmaterial fanden. Verschiedene Leute und dann auch einige der Erzähler hatten schon auf jeweils andere hingewiesen, die Geschichten "kannten" und in gewisser Weise wiederum dafür bekannt waren. Das war eine Frage des Interesses, der Weitergabe durch Ältere (meist bestimmte Verwandte), vielleicht auch der Fähigkeit der Darstellung, obgleich ich hier Bedenken habe. Denn keiner der Erzähler war ein ausgeprochen begabter Geschichtenerzähler. Daß die Jüngeren die Geschichten - alle Geschichten der Wampar - von Jahrzehnt zu Jahrzehnt weniger kannten, spielte sicher bei dem Bedürfnis, sie mir zu erzählen, eine Rolle. Daß ich sie aufbewahren und eines Tages zurückgeben würde, hatte ich immer wieder (wenn auch nicht auf eine spezifische Geschichten bezogen) erklärt.

Man kann also davon ausgehen, daß der vorliegende Korpus von Erzählungen eine Auswahl der Wampar selbst darstellt. Eine Auswahl der Gegenstände, die ihnen für eine Tradierung wichtig schienen. Obgleich hier sicherlich auch historische Zufälle wie vor allem die Lebensdauer bestimmter Personen, persönliches Interesse an der Vergangenheit und Erinnerungsfähigkeit eine Rolle spielen. Die Geschichten sind offensichtlich nicht standardisiert in der Weise, daß Aufbau und Ablauf bei mehrfachem Erzählen sich gleichen. Das gilt aber selbst für Mythen nicht bei den Wampar, von denen bis zu zwölf Varianten einer Erzählung aufgenommen wurden, gerade um diese Frage der Standardisierung von Texten zu überprüfen. Die Wortwahl ist also bei allen Geschichten frei. Und wie sich zeigte, sind auch die Inhalte, die Motive durchaus nicht völlig festliegend und abhängig vom Gedächtnis des Erzählers. Das erweist sich besonders dann, wenn man (bei Mythen und Geistergeschichten) vom selben Erzähler mehrfach zu verschiedenen Zeiten dieselbe Geschichte aufnimmt. Und es erweist sich auch dann, wenn man Erzählungen zweier Personen aufnimmt, von denen die eine behauptet, die Geschichte von der anderen gehört zu haben. Es gibt keine religiösen, keine rituellen Gründe, auf einer Text-Stabilität zu beharren. Und es gibt andererseits keine Tradition des "Erzählers" oder Erzählens als Kunstform oder als Begründung von Ansprüchen. Ich habe selbst, trotz insgesamt jahrelangen Lebens mit den Wampar nie erlebt, daß "Geschichten" erzählt wurden, ohne daß ich selbst der Anlaß gewesen wäre. Man war sich einig, daß so etwas früher innerhalb der Familie geschehen sei, daß aber inzwischen vor allem bei der jüngeren Generation kein Interesse mehr da sei. Und das gilt schon für 1965.

Die Auswahl der hier vorgelegten Erzählungen bildet bei den Wampar keine benannte Kategorie. Sie sind sicher keine *dzob mamafe* (Mythen und Geistergeschichten), nicht *dzob a mogeran* (Erzählungen über alte Sitten), auch nicht *dzob wafu* (Geschichten von heute), nicht mehr ganz *dzob a tir* (Kriegsgeschichten, die sich gewöhnlich auf die Zeit vor dem Kommen der Weißen beziehen), nur zum Teil *garagab a dzob* (Geschichten von Menschen, gewöhnlich über persönliche Erlebnisse des Erzählers). Aber auch diese Kategorien sind teilweise sich überschneidend und nicht völlig ausschließend, teils (wie die *dzob a mogeran*) offenbar auch erst nach-europäisch. Wichtig ist immer, daß sie aus dem Blickwinkel einer jeweiligen lokalen oder verwandtschaftlichen Teilgruppe erzählt werden. Deshalb ist die genauere Benennung des Erzählers nach Klan und Wohnort von Bedeutung. Texte haben keine Titel. Das gilt für alle Arten von Erzählungen der Wampar, wenn bei den stärker standardisierten mythischen Erzählungen sich auch so etwas wie ein "Stichwort-Titel" entwickelt hat. Viele Menschen wissen was gemeint ist, wenn man von der "Geschichte von Mpiampuf" spricht. Ähnliches scheint es bei den hier vorgelegten Erzählungen nicht zu geben. Sie werden deshalb einfach durchnumeriert.

Die Texte wurden so angeordnet, daß sie nach dem Inhalt jeweils etwa in einer zeitlichen Abfolge stehen. Das ist ausschließlich vom Beobachter her möglich. Den Wampar selbst ist eine solche Reihenfolge offenbar nicht bewußt. Vor allem wurde bei Nachfragen immer wieder deutlich, daß Geschichten eben als ablaufende Ereignisse verstanden werden, nicht als punktuell einzuordnende historische Tatsachen. Die Frage etwa, was gleichzeitig woanders geschah, als an einem Ort etwas bestimmtes passierte, wurde nicht begriffen. Die Vergangenheit ist eine Ansammlung von einzelnen Geschehnissen, deren Bezug aufeinander ziemlich gleichgültig ist. Und es wird aus den Texten auch deutlich, daß zeitliche Abfolgen verkehrt, frühere Ereignisse an späteren Stellen wiederholt wurden.

Die Texte werden jeweils in gesamter Länge und in der Übersetzung so nahe als möglich am Originaltext wiedergegeben. Das macht das Lesen nicht immer leicht, bringt aber näher an die Denk- und Darstellungsweise der Wampar heran und bedeutet ein geringeres Ausmaß an Interpretation schon bei der Übersetzung. So weit als möglich wird dann jeweils davor, danach und in Anmerkungen erläutert. Trotz jahrzehntelanger Kenntnis der Wampar und des Wampar, trotz sorgfältiger Aufnahme der Texte und Nachfragen bleiben immer unverständliche, unverstandene und sicher auch mißverstandene Stellen übrig. Die Originaltexte werden auch deshalb angefügt. Sie bieten die Möglichkeit späterer Überprüfung, Ergänzung und Korrektur, ein Verfahren, das für alle ethnographischen Materialien prinzipiell gelten sollte. In diesem Falle ist hier außerdem an die Möglichkeit der Weitergabe (der Rückgabe) der Traditionen an die Wampar selbst gedacht. Die Texte wurden weit überwiegend auf Wampar aufgenommen. Nur in wenigen Fällen auf Pidgin-Englisch, das aber strukturell dem Wampar außerordentlich ähnlich ist. Pidgin wurde und wird selbst innerhalb des Stammes, oft auch innerhalb der Familie, gesprochen.

Kapitel 6 : Prophezeihungen

Text 1

Dieser erste Text wurde nicht selbst aufgenommen, sondern stammt aus den hinterlassenen maschinenschriftlichen Aufzeichnungen des Missionars Georg Stürzenhofecker. Dort findet sich ein Wampar-Text,[1] den Stürzenhofecker oder möglicherweise schon Karl Panzer (oder Fritz Oertel) von Einheimischen aufschreiben ließ, um ihn für Unterrichtszwecke zu verwenden. Der Text stammt in jedem Fall von einem Wampar. Er steht in einem Abschnitt, der mit *Ngaeng Dzifasing a dzob* überschrieben ist, "Erzählungen der Dzifasing-Leute". Ein Name allerdings wird nicht angegeben. Die Unsicherheit darüber, wer diese Texte ursprünglich gesammelt hat, beruht auf mehreren Überlegungen. Zum einen ist Karl Panzer der sicherlich begabteste und an der alten Kultur und Sprache interessierteste der Missionare gewesen. Zum anderen gibt es in Berichten Hinweise darauf, daß sowohl Panzer wie Oertel Stürzenhofecker sprachliche Materialien übergaben. In den Aufzeichnungen Stürzenhofeckers finden sich zudem Texte auf Deutsch, die eindeutig Übersetzungen von Wampar-Texten sind, die Panzer bereits 1917 veröffentlicht hat. Auch in anderen Gebieten Neuguineas wurden derartige Texte gesammelt, zusammengefaßt und in das Yabim übersetzt, um in Schulen der Mission als Unterrichtsmaterialien benutzt zu werden. Das wird in Zusammenhang mit einer späteren Erzählung noch weiter erläutert. Der vorgelegte Text stammt also aus den dreißiger Jahren, vielleicht sogar schon (wenn ihn Panzer gesammelt hat) aus den zwanziger Jahren oder aus der Zeit vor 1920. Über dem Originaltext steht als Titel: *Ram asaran en foa*, und als Übersetzung dafür "Rede eines Geistes als Medium im Netzsack." Genauer wäre die Übersetzung, "Ein Geist ging in einen Netzsack".

Der Text ist der erste einer Reihe ähnlicher, die sich alle mit einem bestimmten Ereignis beschäftigen, das vor dem Kommen der ersten Europäer gelegen haben soll: Einer Prophezeihung über das Kommen der Weißen. Daß gleich mehrere Varianten dieser Erzählung aufgenommen werden

[1] B 6:4. Diese Aufzeichnungen wurden von Stürzenhofeckers Witwe dem Leiter der Südsee-Abteilung am Hamburgischen Museum für Völkerkunde, Dr. Herbert Tischner, übergeben, der sie 1956 wiederum an mich zur Bearbeitung weitergab. Aufbewahrt im Archiv der Missionsanstalt Neuendettelsau.

konnten und sich eine schon in den Materialien Stürzenhofeckers findet, scheint auf ihre Bedeutung hinzuweisen. Selbstverständlich gibt es keinen Nachweis, daß die Prophezeihung wirklich und in dieser Form schon zu der angenommenen Zeit (also etwa um die Jahrhundertwende) geäußert wurde. Wahrscheinlicher ist eine nachträgliche Ergänzung ansonsten durchaus üblicher Vorhersagen durch Medien. Medien, die es nach allen Informationen in voreuropäischer Zeit gegeben hat, und die es in etwas anderen Zusammenhängen noch in den letzten Jahrzehnten gab.[1] Der Text ist nicht in allen Punkten klar und verständlich. Er wird es eigentlich erst durch die darauf folgenden.

Entscheidend ist, daß der Geist eines Verstorbenen sich in einem Netzsack, wie sie von den Frauen zum Transport der Feldfrüchte benutzt werden, aufhält und zu den Menschen spricht. Tatsächlich sind es zwei Geister nacheinander. Der des Gone pfeift nur, der des später erschlagenen Nanig aber spricht verständlich. Daß es sich um den Netzsack einer bestimmten Frau handelt, die das Medium ist, wird nicht deutlich. Auch die Namen, die genannt werden, sind in keinen verständlichen Zusammenhang zu bringen. Der Geist erklärt, daß die Toten bald zu den Lebenden zurückkehren würden, und zwar als Weiße. Daß sie die Kriege beenden und viele neue Dinge bringen würden. Eine Besonderheit dieses ersten frühen Textes gegenüber den späteren ist die Betonung, die Lebenden sollten nicht die Witwen der Verstorbenen heiraten. Ein Verlangen, das in der alten Kultur sicherlich sehr ungewöhnlich war und auch heute, in der christlichen Zeit, nicht ganz verständlich ist.

"Früher sind viele Totengeister in Menschen gegangen und haben aus ihnen gesprochen. Einer ging aber nicht in einen Menschen, sondern in einen Netzsack. Wenn sie in einen Menschen gingen, sangen sie; derjenige, der in den Netzsack ging, redete nur. Der gestorbene *Gone* der in einen Netzsack ging, pfiff zuerst nur, er sprach nicht. Dann sagte Nanig zu ihm: 'Väter, ihr pfeift nur. Sprecht, damit wir euch verstehen. Wenn ich sterbe, dann werde ich sprechen.' Aber der Totengeist sagte: 'Nein, wir sprechen nicht, denn die großen Männer haben es verboten.'
Kurz darauf erschlugen die Azera den Nanig und er kam als Geist zurück, ging in den Netzsack und sprach aus ihm. Er war in dem aufgehängten Netzsack und sprach, und als er von oben sprach, da liefen alle Dzifasing-Leute weg. Als dann die Männer und Frauen wieder zurückkamen, sagte er: 'Warum habt ihr Angst vor mir? Meine Haut ist wie eure Haut. Ich bin gekommen, um euch etwas zu verraten.' Er sagte: 'Madzeats und

[1] siehe Fischer 1987.

Nub, ihr werdet noch eine Weile Krieg führen, dann kommen wir. Danach werden wir nicht mehr kämpfen, es wird Friede sein. Wir kommen von weither und werden zu Ngowang[1] kommen. Ihr hört, daß Gone gekommen ist. Wenn wir kommen, werden wir nicht wie ihr sein, wir werden Weiße sein. Wir werden nicht herumlaufen wie ihr, wir werden uns anders kleiden. Wenn wir kommen und ihr uns seht, dann werdet ihr unsere Sachen mögen. Wir werden Gutes erzählen und eure Kinder werden in das Land von Fremden gehen. Die werden nicht gegen euch kämpfen und euch Brüder und Schwestern nennen. Ihr Kinder werdet ein neues Lied singen, und wenn wir mit unseren guten Sachen kommen, dann werdet ihr die Steinbeile und Feldscheite wegwerfen und scharfe Dinger nehmen. Eines ersetzt das Feldscheit, eines das Steinbeil.[2] Mit dem einen werdet ihr jäten, mit dem anderen Bäume fällen. Wir werden kommen und bleiben und zu euch sprechen, aber keine Felder anlegen, unsere Nahrung wird kommen und wir werden essen. Ihr werdet für uns arbeiten.
Ich habe euch das verraten und werde nun zurückgehen und die Haare einiger Leute schneiden, denn die Haare eurer Väter sind lang. Ich werde sie kürzen, aber die der Frauen bleiben so. Dann werden wir kommen. Wieso heiratet ihr unsere Witwen, laßt unsere Witwen in Ruhe, sie gehören uns. Wir heiraten eure ja auch nicht. Wenn wir kommen, werden wir nach unseren Witwen sehen, und wenn ihr sterbt, seht ihr nach euren.' Er sagte wieder zu den Dzifasing-Leuten: 'Ihr werdet euren Frauen Kinder nur noch kurz machen, dann werdet ihr sterben und zu uns kommen, und dann werdet ihr eure Kinder nicht mehr haben. Du wirst deine Frau nicht mehr kennen, und deine Frau wird dich für einen anderen Mann halten. Heiratet nicht wieder. Das alles habe ich euch gesagt, achtet darauf, wenn wir kommen werden wir euer ganzes Land füllen. Wir werden die Rede eines großen Mannes mitbringen und sie überall verbreiten. Wenn wir gekommen sein werden, wenn eure Großväter und Väter gekommen sind, werden wir alle beieinander leben.' "

Text 2

Erzähler des folgenden Textes ist Ngereng, christlicher Name Hiob, vom Klan Feref. Aufnahme im Dorf Gabsongkeg am 19.10.1965. Ngereng wurde später mein "Vater" in Gabsongkeg, Ältester der Familie, die mich ab 1971 aufnahm und bei der ich seitdem immer wieder gelebt habe. Etwa 1910 in Ngasawapum geboren, galt er als der beste Kenner der alten Kultur in Gabsongkeg. Man wandte sich an ihn, wenn man etwas über alte Sitten,

---

[1] Ngowang war der (spätere) Luluai von Munun, dem Dorf, zu dem die Weißen zuerst kamen.

[2] Buschmesser und Stahlaxt.

aber auch über bestimmte, (Land-)Rechten zugrunde liegende, historische Vorgänge wissen wollte. Als ich ihn 1965 kennenlernte, war er auf beiden Augen fast blind. 1971 konnte er nach ein Star-Operation wieder etwas sehen, wenn auch nur mit Brille. Er war nicht gesund und schon so schwach, daß er nicht mehr arbeiten konnte; geistig allerdings war er sehr munter und interessiert. Er erzählte nur selten standardisierte Geschichten, sondern zog es vor, sich zu unterhalten. Er starb 1973.[1]

Ngereng nannte als Titel - oder eigentlich eher Gegenstand - der Geschichte "*Foa*", also "Netzsack", und er bezeichnete sie als *garagab a dzob*, als "Geschichte von Menschen". Keine Geistergeschichte oder Mythe also, sondern eine "wahre" Erzählung von etwas, das bekannten Menschen tatsächlich geschehen ist. Sein Text ist erheblich klarer als der von Stürzenhofecker überlieferte. Er beginnt mit drei von den benachbarten Yalu getöteten Männern. Einer von ihnen ist der in Text 1 schon genannte Gone. Dessen Geist geht zurück zu seiner Frau, deren Name aber nicht erwähnt wird. Sie ist das eigentliche Medium. Als sie in ein anderes Dorf, nach Dzifasing geht, um dort zu heiraten, bleibt der Geist Gones bei ihr. Er sitzt in ihrem Haar, ihrem Ohr und schließlich in ihrem Netzsack. Aber Gone pfeift nur. Ein anderer Mann hört ihn und verspricht, wirklich zu sprechen, wenn er einmal tot ist. Er heißt Sonampo. Erwähnt wird auch der Name des Azera-Mannes, der ihn tötet. Das mag damit zusammenhängen, daß sein Name - Yangka - in den sechziger und siebziger Jahren der Name des bedeutendsten Mannes im Dorf Gabsongkeg und einer der angesehensten unter den Wampar überhaupt war. Der Name Yangka war durch Namenstausch von den Azera zu den Wampar gekommen.

"Ein Mann namens Gone lebte in Gabantsidz. Gemeinsam mit Med naron und Enom ging er nach Ngarokapoa. Sie jagten mit Hunden und die Hunde erlegten ein Wildschwein. Sie trugen es weg. Aber die Yalu hatten den Rauch ihres Feuers gesehen, sie setzten sich an den Weg und lauerten ihnen auf. Als sie ihr Schwein tragend ankamen, fielen die Yalu über sie her und erschlugen sie. Sie erschlugen die drei Männer. Diese drei Männer. Sie töteten sie. Zwei ließen sie liegen, einen trugen sie weg. Sein Name war Gone. Sie trugen ihn weg. Auf dem Wege öffnete er seine Augen. Als die Männer das sahen, legten sie ihn hin und erschlugen ihn nochmals. Wieder trugen sie ihn, sahen daß seine Augen offenstanden, und wieder erschlugen sie ihn. Sie trugen ihn, und als sie wieder seine Augen offenstehen sahen, bekamen sie Angst und sagten zuein-

---

[1] Zu Ngerengs verwandtschaftlichen Beziehungen siehe Fischer 1975: 26, 339, 410.

ander: 'Wir haben da einen Geist erschlagen!' Und sie warfen ihn an den Stamm eines *yadzu*-Baumes und liefen weg.
Seine Frau kam in den Garten. Und als sie kam, da war ihr Mann ein Geist geworden. Er nahm Schlamm, brach Blätter des *ngowang*-Baumes und legte sie an den Weg, und als seine Frau kam, sah sie es. Sie sah es und dachte: 'Männer haben Gone erschlagen!' Sie sagte es seinem Bruder Ngowang. Ngowang nahm einige Männer mit, und sie kamen schwimmend herüber nach Ngarokapoa. Sie suchten und sahen die Getöteten, aber sie fanden Gone nicht. Den hatten sie weggetragen und in den Wald geworfen. So gingen sie zurück, sagten es den anderen Leuten und beweinten ihn.
Jene Frau aber lief nach Dzifasing. Sie heiratete in Dzifasing. Ihr Gatte hieß Agir. Der Geist war bei ihr. Er saß in ihrem Haar und pfiff. Er saß in ihrem Ohr und pfiff. Sie machte einen Netzsack zurecht und hängte ihn auf, da redete dieser Mann pfeifend. Er pfiff nur, was er sagte. Da war ein anderer Mann namens Sonampo. Der sagte: 'He, ich verstehe das nicht. Wenn du mit dem Munde sprechen würdest, wüßte ich Bescheid. Aber das Pfeifen kann ich nicht verstehen!' Er sagte: 'Wenn ich sterbe, dann werde ich kommen und mit dem Munde sprechen.' Kurz darauf tötete ihn ein Azera. Sein Name war Yangka. Der tötete diesen Mann. Die Leute trugen ihn weg und begruben ihn und nach einiger Zeit machten sie wieder einen Netzsack, wieder hängten sie ihn auf, da kam jener frühere Mann, Gone, der pfiff. Er pfiff nur und ging weg, dann kam Sonampo und redete mit dem Munde. Er sagte: 'He, wir sind es. Wir sind gestorben und kommen zurück. Ich bin gekommen und ihr könnt mich sehen.' Und die Leute fürchteten sich schrecklich. Sie sagten: 'Komm nicht näher!' Da zeigte er seine Füße und Hände und als die Leute das sahen, fürchteten sie sich. Er sagte zu ihnen: 'Ihr werdet nur noch kurze Zeit Krieg führen, denn bald werden wir kommen. Wenn wir kommen, werdet ihr nicht mehr kämpfen und nur noch eine Netztasche tragen, ihr werdet Freunde besuchen, werdet Brüder sein und gemeinsame Väter haben. Wenn wir kommen, werden wir viele Sachen mitbringen. Wir bekleiden unsere Füße mit etwas. Wenn wir gehen, kann nichts Spitzes unsere Füße stechen. Und viele andere Sachen.' "

Text 3

Die folgende sehr verkürzte Fassung der Geschichte von dem Geist im Netzsack (*"Foa"*) wurde abwechselnd von Dziru und Ngaroyana, Halbbrüdern aus Ngasawapum, erzählt und in Gabmadzung am 18.4.1965 aufgenommen. Ich wußte zu der Zeit noch nicht, daß die beiden ehemaligen Lehrer ihre jeweiligen Kenntnisse auch niedergeschrieben hatten. Aus diesen Aufzeichnungen werden noch Texte angeführt.

Einer der ersten Männer überhaupt, die 1965 zu mir kamen, als sie hörten, daß ich "Geschichten" aufnehmen wollte, war Dziru. Dziru, weitere Namen Matsra, Ngarowaneng, christlicher Name Martin, war nach eigener Angabe 1910 in Munun geboren, er wirkte auf mich damals aber erheblich älter als 55 Jahre. Er gehörte dem Klan Dzeag a ntson an und lebte in Ngasawapum. Dziru war Lehrer der Mission am Watut und später in Gabmadzung gewesen und hatte seine Stellung nach Informationen der Mission wegen Kartenspielens verloren. Dennoch war er noch immer eine der ausgesprochenen Führerpersönlichkeiten der Wampar, war einflußreich, nutzte diesen Einfluß allerdings wohl auch für sich und seine Verwandtschaft. Er hatte Differenzen um Land mit seinen Verwandten, war damit auch etwas umstritten. Ich bin in einer anderen Publikation bereits auf ihn eingegangen.[1] Nach seinen Angaben hat er Erzählungen von seinem Großvater (FF) Dzentsep und von Hiob (Klan Montar), dem zweiten Gatten seiner Mutter, gehört. Dziru ist 1967 gestorben.

Ngaroyana (christlicher Name Paulus, Klan Dzeag a ntson) ist 1921 in Ngasawapum geboren. Dziru und er hatten dieselbe Mutter, sein Vater war ein Bruder von Dzirus Vater. Er hatte die Witwe seines älteren Bruders geheiratet. Auch Ngaroyana wurde Lehrer der Mission, er arbeitete vor allem in Dagin, einem Wampar-Dorf südlich des Markham. Seit 1959 lebte er wegen Krankheit jedoch wieder in Ngasawapum. Ngaroyana starb 1976.

"Früher hörten unsere großen Männer davon, daß die Sachen der Weißen hierher kommen würden. Sie hörten das aus einem Netzsack. Sie hängten den Netzsack auf, und der Netzsack sprach zu ihnen so: 'Nicht lange mehr, dann werden die Kriege zu Ende sein. Ihr werdet nicht mehr gegeneinander kämpfen. Leute mit einer anderen Haut werden kommen.' Und er sagte noch: 'Ihr werdet nicht mehr das Feldscheit benutzen, um Gärten damit zu jäten.' Sie sprachen davon, daß Buschmesser kommen würden. Diese Sache würde sehr scharf sein. 'Ihr werdet das Feldscheit weglegen und nur damit die Felder jäten. Und ihr werdet Feuer nicht mehr pflügen.[2] Da ist eine andere Sache, die flammt auf, wenn man sie streicht.' Sie sprachen von Streichhölzern. Und er[3] sprach von vielen Dingen. Davon, daß die Weißen in unsere Dörfer kommen würden. Das alles kam aus einem Netzsack. Viele Leute waren dabei und hörten, wie diese Sache im Netzsack sprach. Vieles sprach er, und als die Weißen dann kamen, sahen die großen Männer alles, und es stimmte damit überein. Als die großen Männer vieles gehört hat-

---

1 Fischer 1987: 13ff.

2 Gemeint ist der Feuerpflug aus zwei Holzstücken.

3 Im Originaltext findet sich ein ständiger Wechsel zwischen Singular und Plural.

ten, sagten sie: 'Diese Frau ist wie ein Prophet. Sie hat alles vorhergesagt und es wurde wahr.'
Zuerst kam es aus dem Netzsack und pfiff nur. Es pfiff nur, was es sagte. Gone hatte gesagt: 'Wenn ich sterbe, dann werde ich nicht so pfeifen. Ich werde wirklich sprechen.' Als Männer ihn erschlagen hatten und man den Netzsack wieder aufhängte, da kam er und sagte: 'Das habe ich gesagt. Das ist wahr, was ich erzähle.' Und er verriet vieles, sagte es den Menschen und viele Menschen hörten es."

Text 4

1976, wenige Monate bevor er starb, gab ich Ngaroyana (siehe Text 3) ein Schulheft und bat ihn, einige der Geschichten, die er mir bei einer Unterhaltung erzählt, teils auch nur angedeutet hatte, niederzuschreiben. Aus nicht nachgefragten Gründen schrieb er zunächst auf Pidgin-Englisch, etwa die zweite Hälfte dann aber auf Wampar. Ich wußte, daß Ngaroyana das Niederschreiben von Texten gewöhnt war, denn schon 1965 hatte ich ein anderes Schulheft, in das er ohne Anlaß von meiner Seite Geschichten geschrieben hatte, fotografiert, und Ngaroyana hatte außerdem die Erzählungen alle abgelesen und auf Band gesprochen. Ebenso übrigens auch sein Halbbruder Dziru.

Die folgende Fassung der Erzählungen von dem Geist im Netzsack schrieb Ngaroyana 1976 auf Pidgin nieder unter der Überschrift "Stori bilong profet bilong Wampar", also "Geschichte von einer Prophetin der Wampar". Das besondere Element in dieser Fassung ist die Betonung einer Kalk-Kalebasse mit Spatel. In diesen Kalebassen wurde der Kalk zum Betelkauen aufbewahrt. Mit hölzernen Spateln holte man den Kalk heraus und führte ihn in den Mund. Beim Herausholen schrapte man mit dem geriffelten Unterende des Spatels an der Öffnung der Kalebasse. Ein charakteristisches Geräusch, das ganz bewußt erzeugt wurde. Nur in diesem Text wird *Untsi gungkung* als Name der Prophetin (oder des Geistes?) angegeben, ein Name der sich (*untsi* = Kalk-Kalebasse) auf diese Kalebasse bezieht. Betont wird nicht nur der kommende Friede, sondern auch die Missionstätigkeit der Wampar selbst in Nachbargebieten. Am Ende des Textes zählt Ngaroyana eine Reihe von Männern auf, die zu dieser Geschichte gehören. Es handelt sich aber nicht um dort vorkommende Personen, sondern offenbar um Männer, von denen Ngaroyana diese Erzählung gehört hat. Er führt jeweils den alten und den christlichen Namen an und den Wohnort. Die Erläuterungen in Klammern im folgenden Text wurden so bereits von Ngaroyana eingefügt.

"Ein Mann vom Klan Owang rompon mit Namen Gone starb im Dorf Nangitigeran (Munun) und sein Totengeist ging nach Yadzub (Dzifasing) und sprach mit einer Träumerin. Die sagte einer Frau, sie sollte einen neuen Netzsack herstellen und eine Kalk-Kalebasse samt Spatel hineinstecken. Alles Reden kam dann aus diesem Netzsack. Die Frau stellte einen neuen guten Netzsack her, steckte den Spatel in die Kalk-Kalebasse und legte alles in den Netzsack. Der Name der Prophetin war *Untsi gungkung*. Nachts ging der Totengeist in diesen Netzsack und machte ein Geräusch an der Kalk-Kalebasse. Dann kamen die Männer und Frauen zusammen und hörten zu. Der Mann redete pfeifend in dem Netzsack (er machte ein Geräusch an der Kalk-Kalebasse wie ein Mann der Betel kaut). Jede Nacht pfiff er nur, anstatt zu sprechen.
Eines nachts bei hellem Mond machte er das wieder, und die Leute kamen zusammen und hörten ihn. Da sagte ein Mann vom Klan Owang rompon: 'Du pfeifst immer nur, wie sollen die Leute das denn verstehen? Kannst du deinen Mund nicht aufmachen und sprechen? Wenn ich sterbe, werde ich nicht nur pfeifen, ich werde den Mund aufmachen und reden, damit alle Leute es gut verstehen.' Kurz darauf starb dieser Mann und man begrub ihn. In der Nacht hörte man wieder das Geräusch an der Kalk-Kalebasse, und die Männer und Frauen kamen zusammen und hörten das Pfeifen. Da sagte ein Mann: 'Immer pfeift ihr nur. Da war dieser Mann der, als er lebte, gesagt hat, wenn er sterbe werde er nicht nur pfeifen. Er wollte den Mund öffnen und sprechen, damit alle ihn hören könnten. Soll er jetzt sprechen, damit wir ihn verstehen.' Der Verstorbene machte das Geräusch an der Kalk-Kalebasse und lachte und öffnete seinen Mund, um zu sprechen.
Er sagte: 'Wir sind nicht gestorben. Wir werden wegen eines großen Mannes kommen. Nur noch kurze Zeit, dann kommen wir zu euch. Wenn wir zu euch kommen, werdet ihr unsere Haut sehen und ihr werdet euch fürchten. Denn unsere Haut ist ganz weiß und ihr werdet Angst vor uns haben. Aber wir kommen mit guten Sitten um euch zu helfen, damit ihr gut lebt und nicht mehr Krieg führt. Die Kriege werden beendet und ihr werdet Freunde sein und in Frieden leben. Wir werden mit vielen Dingen kommen, die euch zufrieden machen und friedlich leben lassen. Wenn wir kommen, werdet ihr sehen, daß wir auf einem großen Tier wie einem Hund sitzen, andere sind wie Schweine mit zwei Hörnern. Wir werden die verschiedensten Dinge mitbringen. Ihr werdet nicht mehr nackt herumlaufen, sondern etwas wie Baststoff anlegen. Ihr werdet nicht mehr mit dem Feldscheit arbeiten, nein, wir werden etwas bringen, das sehr scharf ist, damit werdet ihr arbeiten. Ihr werdet das Steinbeil aufgeben, denn wir bringen etwas ähnliches wie das Steinbeil, aber sehr scharf, damit werdet ihr die Bäume fällen. Eure Kinder werden alle für uns arbeiten und wir werden sie mit etwas bezahlen, das

wie kleine Steine aussieht. Einige eurer Kinder werden die Botschaft des großen Mannes hören. Ihr werdet sie in ferne Gegenden schicken. Sie werden die Botschaft des großen Mannes verbreiten. Sie werden zum Watut und an andere Orte gehen. Madzeats, dein Sohn Reron wird dich verlassen und sich am Watut niederlassen.'

Die großen Männer haben das alles erzählt, was Untsi gungkung im Netzsack gesagt hat. Das alles kam aus dem Munde von Untsi gungkung, was wir sehen: Autos, Flugzeuge, Eisen, Güter, Messer, Äxte, Löffel, Gabeln, Sägen zum Bäumefällen, Nadeln zum Nähen. Reis, Brot, Tücher, Hosen, Hemden, Schuhe zum Anziehen und Herumlaufen, Wellblechhäuser und Schiffe. Alles, worüber Untsi gungkung gesprochen hat, sehen wir nun selbst. Die großen Männer der Wampar haben das erzählt.

Die Männer dieser Geschichte, ihre Namen:

Reron	Titus	Dzifasing
Ere	Misak	Dzifasing
Atsuts	Petrus	Dzifasing
Owaf		Dzifasing
Ferea	Benjamin	Ngasawapum
Wao	Lazarus	Munun
Beneng	Theofilus	Munun"

Text 5

Diese längste Fassung der Erzählungen vom Geist im Netzsack wurde mir am 21.8.1971 in Gabsongkeg von Kupik erzählt. Er nannte als "Titel" der Erzählung "*Gone*", den Namen des Mannes, der zuerst getötet wird. Kupik - gewöhnlich mit seinem christlichen Namen Emonteng genannt - gehört zum Klan Mos warang. Er stammt eigentlich aus dem Dorf Munun und kam 1951 als Lehrer (der Mission) nach Gabsongkeg. Hier heiratete er nach dem Tode seiner ersten Frau (die aus Munun war) eine Frau aus dem Dorf und blieb auch, nachdem er seine Tätigkeit 1964 beendet hatte. Allerdings stand sein Haus immer am Rande des Dorfes, Ausdruck der Einordnung (und Selbsteinordnung) als "eigentlich" Angehöriger des Dorfes Munun, wo seine Verwandtschaft lebte und wo auch seine Landrechte lagen. Emonteng ist etwa 1915 geboren, er war auch 1971 nach dem Verständnis der Wampar schon ein alter Mann, und eigentlich lächelte man ein wenig über seine Ehe mit der zwanzig Jahre jüngeren Frau, mit der er sechs Kinder hatte (aus seiner ersten Ehe hatte er schon acht).[1] Aber sein Ansehen im Dorf war wegen seines Alters, seiner früheren Tätigkeit als Lehrer (ehemaliger Lehrer vieler der Dorfbewohner) und wegen seiner Kenntnisse vor allem alter Lieder und Kirchengesänge sehr hoch. 1971/72 schon war er ein wichtiger Informant.[2] Er wurde 1976, dann vor allem 1988, als die anderen Männer aus seiner Altersgruppe fast alle schon gestorben waren, mein wichtigster Gewährsmann für Fragen der alten Kultur. 1990 traf ich ihn noch einmal, sehr alt und sehr krank, in "seinem" Dorf Munun.

"Gone lebte in Gorogeas. Gemeinsam mit zwei anderen Männern, Enom und Med a wang, ging er mit den Hunden jagen in Ngarokapoa. Da sahen die Yalu den Rauch ihres Feuers. Sie kamen herab und fanden sie und sie erschlugen sie. Sie erschlugen Enom und er blieb liegen, dann erschlugen sie Med a wang, der blieb im Wasser liegen, und schließlich erschlugen sie Gone. Den trugen sie weg. Sie banden Gone zusammen und nahmen ihn mit, um ihn aufzufressen. Da sahen sie, daß Gone die Augen offen hatte. Sie legten ihn hin und erschlugen ihn nochmals. Sie schlugen auf ihn ein, und als seine Augen geschlossen waren, trugen sie ihn weiter. Als dann wieder seine Augen geöffnet waren, sagten sie: 'Oh, das ist kein Mensch!' Sie hielten ihn für einen Geist, ein Gespenst. Weil sie das meinten, warfen sie ihn an einen *yadzu*-Baum, an den Stamm eines *yadzu*-Baumes.

Als er gestorben war, kam er zu seiner Frau. Er kam zu seiner Frau im Garten. Als Beutelratte kam er zu seiner Frau im Garten. Die Frau sagte zu seinem Bruder Ngowang: 'Bleibt ihr hier. Ich weiß nicht, was Gone zugestoßen ist, ob Leute ihn vielleicht erschlagen haben.' So blieben die anderen in Gorogeas, sie kam auf die andere Seite des Flusses und suchte ihn. Und sie fand Enom da liegen. Er lag am Stamm eines *yadzu*-Baumes. Sie suchte weiter und fand Med a wang, der im Flußufer lag. Gone hatten sie aber zusammengebunden und weggebracht und sie sah Stücke von Lianen, mit denen sie ihn gebunden hatten. Sie gingen alle zurück und Gone blieb bei seiner Frau. Sein älterer Bruder Ngowang wollte sie heiraten, aber sie mochte nicht und lief davon. Sie ging nach Dzifasing und heiratete in Dzifasing. Ein Mann namens Momos, der heiratete sie. Sein neuer Name wurde Dan.

Gone aber pfiff von ihrem Kopf. Er war in ihrem Netzsack. In ihren Haaren, die in ihrem Netzsack waren. Die Leute von Dzifasing, alle miteinander, hörten es. Sie kamen zusammen um es zu hören, und ein Mann namens Sonampo sagte: 'Vetter, du pfeifst nur. Wenn ich aber sterbe, dann werde ich offen sprechen.' Nach einiger Zeit kamen die

---

[1] Über seine Familie und seine verwandtschaftlichen Beziehungen siehe Fischer 1975: 347, 395.

[2] ebd: 26.

Azera und erschlugen ihn. Ein Azera namens Yangka, der erschlug ihn. Sie begruben ihn und kamen zusammen und setzten sich hin. Sie wollten hören, ob es so war, wie er gesagt hatte. Sie wollten hören, wie er sprach. Und ob er deutlich sprechen würde. Sie kamen zusammen, Gone kam und sprach zuerst, aber er sprach nur pfeifend. Als er geendet hatte, kam auch Sonampo. Er kam und machte 'hahahahaha'. Er sprach die Sprache der Engländer. Da sagten sie: 'Ach, wir verstehen diese Sprache nicht. Diese Sprache ist nicht unsere Sprache!' Da hörte er damit auf und redete in unserer Sprache, dem Wampar. Er sagte: 'Seht!' Er streckte seine Hand herunter und sie war weiß. 'Seht meine Hand!' Und sie schauten. Die Kinder hatten Angst, denn seine Hand war weiß. Er war wie ein Weißer.
Sie sahen hin, da sagte er: 'Seht! Wenn ihr sterbt, dann werdet ihr keine schwarze Haut mehr haben, dann wird eure Haut so sein. Weiß. So wie meine.' Und sie sagten: 'Eh!' - 'Ihr werdet sein wie ich hier. Ihr werdet den Penis nicht mehr unter die umgebundene Schnur stecken. Seht, ihr werdet etwas über eure Haut ziehen. Und werdet etwas auf den Kopf setzen. Und auch herumlaufen werdet ihr mit etwas an euren Füßen, ihr werdet es über die Füße ziehen und laufen damit. Und du, Nub, ich spreche zu dir und Madzeats! Ihr werdet nur noch kurze Zeit Krieg führen, bis wir kommen und ihn beenden. In Kürze werde ich mit Ngowang kommen, dann werdet ihr nicht mehr gegeneinander kämpfen. Ihr werdet eine Tasche tragen und eure Kinder besuchen in der Ferne. Ihr werdet sie eure Brüder nennen. Ihr werdet nicht wieder Krieg führen. Wir werden Häuser haben, die nicht mit Lianen zusammengebunden sind, wie wir das jetzt machen. Auch grasgedeckt werden sie nicht sein, nein. Wir werden sie mit etwas anderem decken. Es wird gebogen sein und glänzen. Wir werden es hämmern, um es anzubringen. Auch Feuer werden wir anders machen. Wenn man es streicht, wird es aufflammen. Ihr facht es an und kocht Essen damit. Und das Steinbeil, Steinbeile und Feldscheite wird es nicht mehr geben. Wir bringen etwas anderes, womit man Bäume fällen kann. Das ist scharf. Wir werden die Gärten damit bearbeiten. Wir haben etwas anderes, mit dem wir das Feld bearbeiten. Wenn ihr damit etwas hackt, ist es scharf.'
Das sagte er, und kurz darauf wurde es wahr, denn die Weißen kamen. Die Leute von Dzifasing sahen die Weißen. Sie sahen die Weißen in Gabmadzung. Da sagten sie: 'Da, die Wahrheit ist gekommen!' Sie gingen zurück und verbreiteten: 'Die Wahrheit ist eingetroffen. Sie stimmt mit jenen Erzählungen überein!' Das war es. Jener Netzsack wurde mit der Frau begraben, als sie starb. Ende."

Daß Geister Verstorbener in Menschen eingehen und durch sie sprechen, ist ein altes Element der Kultur der Wampar. Es stand jedoch ursprünglich offenbar in Zusammenhang mit dem Krieg. Die Medien (und damit die Geister der Vorfahren) sagten den Ausgang von Kriegszügen voraus. Die Besonderheit dieses Beispiels ist also der Gegenstand der Prophezeihung, das Kommen der Weißen. Aber wie Krieg zentrales Element der alten Kultur war, so wurde die Beziehung zu den Weißen das zentrale Problem der neuen Zeit. Medien und Prophezeihungen beschäftigten sich in diesem Sinne also auch weiterhin mit den zentralen Bereichen des Lebens, schließlich im Zusammenhang mit Cargo-Ideen und Heilsvorstellungen.

Pfeifen wird in vielen Gebieten Neuguineas als die Äußerung von Geistern verstanden. Aber in vielen Geschichten wird auch deutlich gemacht, daß Geister wie Menschen sind und von ihnen häufig nicht zu unterscheiden. Sie sprechen also auch wie Lebende. Die in einem Text genannte Besonderheit ist die Angabe, ein Geist hätte die Sprache der Engländer gesprochen. Auch das ein Element, das aus Berichten über frühe Cargo-Bewegungen bekannt ist (bei den "German Wislin" etwa und in der "Vailala Madness"). Das "Reden in Zungen" ist aber auch allgemein aus Besessenheitsvorstellungen bekannt. Ebenso vertraut ist die Idee, daß Geister weiß sind und Weiße (unter anderem) deshalb für Geister gehalten wurden. Die Äußerungen der Geister oder Medien - ob ursprünglich oder nachträglich zugeschrieben - sind aber vor allem wegen des Inhalts von Interesse. Was ist es, das an den Weißen wichtig ist, was macht den größten Eindruck? Und hier sind es drei Komplexe, die im Vordergrund stehen: Die Beendigung der Kriege - Die Verbreitung von Gottes Wort und die Brüderlichkeit unter den Einheimischen - die Güter der Weißen, vor allem Kleidung und Geräte wie Äxte und Buschmesser. Was allerdings daran primäres Interesse und was Übernahme von Lehren der Missionare war, ist nicht mehr auseinander zu halten.

Kapitel 7 : Erste Kontakte

Text 6

Auch diesen Text schrieb Ngaroyana-Paulus (siehe Texte 3 und 4) 1976 auf Pidgin in das Notizheft, das ich ihm gegeben hatte. Er erscheint bei ihm unter der Überschrift "Taim bilong wait sigin ikamap", also "Als die Weißen kamen". Die Erzählung scheint von allen aufgenommenen zeitlich am weitesten zurückzugehen. Sie beginnt mit Darstellungen, die jedenfalls nicht von den Wampar stammen können, sondern von europäischer Seite -

vermutlich Missionaren - vermittelt sein müssen (über Pflanzer in Butaweng und die Entdeckung und Benennung des Markham River).

Auch der folgende Abschnitt von Weißen mit Pferden ist in keinem der anderen Berichte enthalten. Zehn Europäer allerdings, wie hier beschrieben, sind zu keiner Zeit in das Wampar-Gebiet gekommen. Entweder also handelt es sich um eine der häufigen vagen Zahlenangaben oder um eine eher mythische Vervielfältigung tatsächlicher Zahlen. Oder aber - und die verschiedenen Möglichkeiten können alle kombiniert sein - man unterschied die Weißen nicht von ihren einheimischen Begleitern. Allerdings dürften die kaum beritten gewesen sein. Die Angaben könnten bei aller Verzerrung der Überlieferung noch am ehesten auf Dammköhler zutreffen. 1908-1909 (siehe oben, Kap.1) haben Dammköhler und Oldörp offenbar erstmalig Pferde als Tragtiere mitgenommen. Völlig unwahrscheinlich ist allerdings die Behauptung, einer der Weißen habe Wampar gesprochen. Wenn nicht das Ereignis ganz falsch, also viel zu früh eingeordnet ist, dürfte hier eher die Tendenz deutlich werden, die Weißen - in Anlehnung an die vorher behandelten Prophezeihungen - als zurückgekehrte Totengeister zu verstehen. Aber selbst wenn es sich um eine der Unternehmungen Dammköhlers gehandelt haben sollte, wäre dies nicht der erste Kontakt der Wampar mit Weißen gewesen. Der Tod der Frau Engkraf und der Name Engke in Gabsongkeg geben keine zeitlichen Hinweise.

Die als zweite geschilderte Begegnung könnte diesen ersten Kontakt sehr viel wahrscheinlicher darstellen. So wie von Ngaroyana geschildert, kam ein Beamter mit Kanus der Labu flußauf und es kam zum Kampf. Über den Ort wird nichts genaueres ausgesagt. Die einzige spezifischere Einzelheit ist die Verletzung des Mannes Ofo durch einen Schuß in die Schulter. Sie wird in anderen Texten aufgegriffen. Da die Kugel in Gabantsidz aufbewahrt worden sein soll, muß der Kontakt mit Gruppen von der Südseite des Markham stattgefunden haben.

Der dritte geschilderte Kontakt schließlich läßt sich örtlich wie zeitlich genauer einordnen. Wieder kam ein Beamter mit Polizisten und den Kanus der Labu. An einem Ort namens Masing (ein alter Siedlungsplatz der Munun-Bevölkerung auf der Südseite des Markham) bauten sie Zelte auf. Unter Führung eines Mannes namens Mapu wurden sie von Wampar überfallen und bis auf einen Polizisten alle niedergemacht. Ein Wampar starb. Ohne Zweifel wird hier der Überfall auf die Strafexpedition von 1905 beschrieben (siehe dort). Der Ausgang und die Zahlen der Verluste auf beiden Seiten allerdings haben wohl mit der Wirklichkeit wenig zu tun.

Was dann folgt, sind mit ziemlicher Sicherheit Darstellungen der Missionsgeschichte, wie sie - vermutlich bei der Lehrerausbildung - von Seiten der Mission vermittelt wurden. Schon die genaue Jahresangabe 1909 und der Name Lehner deuten darauf hin. Beschrieben wird das Anbinden von Geschenken an einen Baum durch die Missionare Lehner, Keysser und Mailänder und Richard Neuhauss im April 1909 (siehe dort). Eine Einzelheit, die allerdings nicht von der weißen Seite berichtet werden konnte, ist die Angabe, eine Gruppe von Männern sei gerade beim Fischen gewesen, als sie die Geschenke entdeckte.

Nach einigen weiteren sozusagen "offiziellen" Daten werden wieder - und dieses Mal in großer Zahl - die Personen aufgezählt, von denen Ngaroyana seine Informationen hat. Eine ganze Anzahl von ihnen ist mir noch persönlich bekannt gewesen, etwa Wateg, Ongkor, Ferea oder Dziru. Keiner von ihnen war aber alt genug, um die Ereignisse noch selbst erlebt zu haben. Die meisten sind erst um 1910 geboren.

"Zu der Zeit als Pflanzer[1] nach Butaweng, Finschhafen, kamen um Kaffee anzubauen, entdeckte einer den Fluß Wantsef. Und er nannte ihn Markham. Er ging zurück und dann kamen zehn Weiße. Sie ritten auf Pferden und folgten dem Markham. Sie trafen auf einige Dörfer, wo alle Leute Angst hatten und davonliefen, denn sie schossen mit Gewehren herum. Als sie an den Ort Ngasabangka[2] kamen, liefen Männer und Frauen davon. Sie schossen, die Kugel traf eine alte Frau namens Engkraf und sie starb. Sie ritten weiter und kamen schließlich zum Leron-Fluß. Sie folgten dem Leron abwärts und kamen nach Yadzub.[3] Nahe beim Dorf banden sie ihre Pferde an und schliefen in der Grasfläche.

Am Morgen wieherten die Pferde, und ein Mann hörte sie und ging nachsehen. Als er die Weißen sah, rannte er weg ins Dorf und sagte allen Leuten Bescheid. Er sagte zu ihnen: 'Laßt uns gehen und die Leute sehen, deren Haut weiß ist, ich glaube das sind die Leute, von denen der Netzsack gesprochen hat.[4] Sie haben riesige Hunde.' Er hielt die Pferde, die er gesehen hatte, für große Hunde. Viele Männer gingen hin und sahen die Weißen, da bekamen sie Angst und rannten weg. Die Weißen aber streckten die Hände aus, da gingen sie zurück. Als sie zurückkamen, ergriffen sie ihre Hände und schüttelten sie. Sie kamen nahe heran, und die Weißen hielten einen Anführer am Arm

---

[1] Im Originaltext steht mehrfach "*kampani* ", was "Händler", "Pflanzer", "Goldsucher", "Arbeiteranwerber" bedeuten kann, alle Weißen, die nicht Beamte und nicht Missionare sind.

[2] Am Oberlauf des Ngasawapum Creek, nahe Munun.

[3] Bei Dzifasing.

[4] Es handelt sich um die Prophezeihungen aus dem Netzsack, siehe Kapitel 6.

fest, da rannten alle wieder weg. Der Mann schrie und schrie, aber die Weißen gaben ihm Spiegel und gaben ihm Salz zu essen und Streichhölzer, ein kleines Messer und viele andere Dinge. Als sie es ihm gegeben hatten, schickten sie ihn weg. Die Männer, die weggelaufen waren, gingen ins Dorf und schmückten sich zum Kampf und kamen zurück um zu kämpfen, und sie brachten ihre Freunde mit. Aber sie fanden ihren Verwandten auf dem Weg. Er zeigte all die Dinge, die die Weißen ihm gegeben hatten. Sie aßen von dem Salz und sahen in den Spiegel und entzündeten die Streichhölzer. Sie freuten sich und sagten, das seien gute Männer. Sie legten den Kriegsschmuck ab und rannten wieder zu den Weißen und befreundeten sich mit ihnen. Die Weißen verteilten Sachen an alle und alle freuten sich. Sie brachten die Weißen ins Dorf und gaben ihnen Kokosnüsse zu trinken. Einige Leute sahen die Pferde und nahmen ihren Kot und vermischten ihn mit reifen Bananen. Das gaben sie den Hunden zu fressen, damit sie viele Wildschweine erlegen sollten. Nachdem sie beieinander gesessen hatten, stiegen die Weißen auf ihre Pferde und ritten zurück.

Einer der Weißen sagte auf Wampar: 'Wir gehen jetzt und geben Engke Kokosnüsse in Gabsongkeg und trinken und gehen.' Als die Wampar ihre Sprache hörten, sagten sie: 'Das sind wohl unsere Leute, die früher gestorben sind, und ihre Totengeister sind zu uns zurückgekommen. Früher hat der Netzsack das gesagt.' Die zehn Weißen verließen das Dorf Yadzub und ritten nach Gabsongkeg. Sie nahmen ihre Gewehre und schossen Kokosnüsse des alten Engke und tranken sie. Als ein Mann kam, erschossen sie ihn und dann gingen sie weg. Sie gingen nach Finschhafen.

Das zweite Mal kam ein Beamter mit Polizisten und den Labu. Sie kamen in Kanus und suchten die Wampar. Sie kämpften mit den Wampar, und der Beamte schoß auf einen Mann namens Ofo. Der Beamte schoß ihn in die Schulter. Als die Wampar das sahen, rannten sie weg. Ofo starb aber nicht, sie holten die Kugel heraus und er überlebte. Die Kugel hoben sie in Gabantsidz auf. Der Beamte ging zurück.

Das dritte Mal kam der Beamte wieder mit Polizisten und den Labu. Sie kamen zum Ort Masing, dort bauten sie Zelte auf für den Beamten, und die Polizisten bewachten sie. Sie sahen alle den Anführer Mapu nicht, der sich versteckte und sie alle zählte. Als er sie gezählt hatte, ging er ins Dorf und holte seine Leute, mit denen er in der Nacht zurückkam. Er verteilte seine Leute auf die Polizisten und er selbst ging zum Beamten. Er warf seinen Speer auf den Beamten im Zelt und der Beamte schrie und die Polizisten schrien auch alle. Die Wampar töteten sie alle, nur ein Polizist blieb übrig und er schoß herum und erschoß einen Wampar. Die Polizisten rannten weg, ebenso die Labu, die rannten weg in der Nacht.

1909 wurden dann die Wampar und die Labu gute Freunde. Zuerst brachten die Labu Missionar Lehner, der hängte Tücher und anderes auf. Die Wampar fischten gerade mit

Netzen und fanden alles und brachten es ins Dorf und verteilten es an alle. Als sie dann zurückkamen, wurden sie gute Freunde.
1910 kamen die Missionare Panzer und Oertel zu den Wampar, und sie besuchten alle Dörfer. Dann gingen beide zurück nach Lae. 1911 kamen Panzer und Oertel wieder und errichteten die Missionsstation Gabmadzung. Oertel und Panzer besuchten alle Dörfer der Wampar und holten die jungen Burschen, die bei den beiden blieben. Auch die großen Männer brachten sie zusammen, die lebten nun friedlich. Einige ließen sich in Gogampats nieder, das wir jetzt Munun nennen, in Ngasawapum am Bach Ngasawapum, andere siedelten in Gabsongkeg. Die Missionare ließen sich 1911 in Gabmadzung nieder. Die Kriege der Wampar wurden 1912 beendet. Missionar Oertel blieb acht Jahre in Gabmadzung. 1918 ging er nach Kaiapit.

Namen der Männer in dieser Geschichte :

Gowan I	Ngkonongkon	Dagin
Atsuts	Petrus	Dzifasing
Reron	Titus	Dzifasing
Ere	Misak	Dzifasing
Dzentsep	Moses	Ngasawapum
Antseg	Samuel	Ngasawapum
Nimaran	Josef	Ngasawpaum
Ngereng	Hiob	Ngasawpaum
Ferea	Benjamin	Ngasawapum
Dziru	Martin	Ngasawpaum
Erets	Jona	Gabsongkeg
Ongkor	Krispus	Gabsongkeg
Wateg	Laban	Gabsongkeg
Wao I	Lazarus	Munun
Boneng	Theofilus	Munun
Wadzob	Nehemia	Munun"

Bei Ngaroyana besteht die Möglichkeit, daß er ältere Aufzeichnungen hatte oder kannte, Aufzeichnungen, die von Männern und vor allem Schülern in der Anfangszeit der Mission auf Aufforderung der Missionare niedergeschrieben wurden. Schon Karl Panzer hatte solche Aufsätze verwendet für seine gedruckten schmalen Bändchen, die zum Gebrauch in der Schule gedacht waren. Diese Texte, gewöhnlich auf Wampar, wurden zur Geschichte, zu alten Sitten, über Mythen und Märchen erstellt. Und sie wurden dann teilweise in das Yabim - die Verkehrssprache der Neuendettelsauer

Mission - übersetzt. Texte aus verschiedenen Gebieten wurden wiederum zu Lesebüchern zusammengestellt. Gottfried Schmutterer, der frühere Missionar in Lae, hat 1957, als er schon im Ruhestand in Neuendettelsau lebte, aus mehreren solcher Sammlungen die Abschnitte über die Laewomba für mich aus dem Yabim übersetzt (neben eigenen Erinnerungen und einem Manuskript über die Geschichte der Station Lae). Hier ein Abschnitt aus dem "Lesebuch" von Herrlinger[1] über die ersten Kontakte der Wampar mit den Weißen. Ein Originaltext wird nicht abgedruckt, deshalb erhält dieser Text auch keine eigene Nummer:

"Als die ersten Weißen nach Laewamba kamen, und die Leute noch nichts von ihnen wußten, fürchteten sie sich nicht, bis sie sahen, daß ihre Gewehre Menschen fraßen. Die Laboleute brachten zuerst Leute zu uns herein und die schossen unsere Leute vom Dorf Masing. Die Labo und diese Weißen kamen, und die Laewamba griffen sie an, und die Weißen stellten sich als Schutz vor die Labo und schossen dann die Leute von Masing tot. Der alte Ofo wurde in die Schulter getroffen. Er fiel auf die Erde. Dann wälzte er sich weg und lag am Markhamwasser. Dann sprang er aber auf und lief in den Wald. Seine Leute sahen das und sprangen ihm nach, und die Labo fuhren mit den Weißen wieder zur See hinaus."

Auch in diesem Abschnitt werden der Ort Masing und der Mann Ofo genannt, der in die Schulter geschossen wurde. Beide Angaben werden in mehreren Texten gemacht.

Text 7

Diese Geschichte wurde mir am 21.8.1971 in Gabsongkeg von Kupik (siehe Text 5) erzählt, der sagte, er hätte sie von seinem verstorbenen Bruder Nofo gehört. Kupik stammt aus Munun. Dies ist das am weitesten östlich,

[1] Dieses "Lesebuch" Herrlingers wurde nie gedruckt. Das Manuskript befindet sich "in unbrauchbarem Zustand" unter der Nummer Jab 73 im Archiv des Missionswerkes der Evangelisch-Lutherischen Kirche in Bayern, Neuendettelsau. Für zeitaufwendige Nachforschungen im Frühjahr 1991 danke ich Herrn Manfred Keitel, für ergänzende Informationen J. F. Streicher und Frau Sibylle Bayer. Jakob Herrlinger war von 1930 bis 1938 Leiter der Mittelschule Wasutieng. Hier sammelte er Texte von Schülern, die aus verschiedenen Gebieten stammten. Herrlinger starb 1942. Nach dem zweiten Weltkrieg wurden die Texte in Neuguinea sprachlich überarbeitet (Jabim war auch für die meisten Schüler eine Fremdsprache) und dann vereint mit anderen Texten in zwei Lesebüchern herausgegeben: Buku Sêsamnga I und II, Madang 1953 und 1955 (Jab 51 und 52 des Archivs).

am nächsten zur Küste hin liegende Dorf der Wampar. Es waren deshalb die Bewohner Mununs, die die ersten Kontakte mit den Weißen haben mußten. Diese ersten Kontakte fanden auch nach Kupiks Darstellung in Masing statt, einem früheren Siedlungsplatz der heutigen Munun-Bevölkerung südlich (auf der rechten Seite) des Markham. Nicht unwichtig ist wohl für den Erzählenden auch, daß der erste Mann, der hier genannt wird, Ropes hieß, denn das ist ein zweiter Name des Informanten. Die Labu waren zu der Zeit nicht nur die nächsten Nachbarn im Südosten, sondern auch die traditionellen Feinde und schließlich diejenigen, die die ersten Europäer den Markham hinauf in das Gebiet der Wampar brachten.

"Die Leute lebten in Masing. Eines Tages erlegten sie ein Krokodil im Fluß. Sie trugen es weg und kochten es in Blättern, da ein Mann gestorben war. Sie aßen, und ein Mann kam mit seiner Frau ins Feld, um es abzubrennen. Sein Name war Ropes. Sein neuer Name Matius. Er war mit seiner Frau Wagog zusammen. Als sie kamen, ging die Frau zwischen die dicht rankenden Yamsblätter. Die Frau setzte sich wegen der Sonne zwischen sie, und ihr Mann brannte das Feld. So sahen sie nicht die Begleiter eines Weißen. Die hatten den Rauch gesehen und kamen. Sie schlichen von allen Seiten an ihn heran. Während er sein Feld brannte, sah er einen Mann, der ein rotes Tuch um die Stirn gebunden hatte. Er sah ihn, hielt ihn für einen Labu und rannte weg. Er lief durch das Feuer, hin zum Dorf und gab Bescheid. Seine Frau war im Feld geblieben. Diese Männer brachen Zuckerrohr und kauten es, die Boys des Weißen brachen Zuckerrohr und kauten es, dabei sahen sie die Frau nicht, die da saß.
Der Mann rannte und warnte das Dorf: 'Die Labu kommen!' Da griffen sie ihre Speere, und auch ein Mann nahm seinen Speer und kam. Dessen Name war Sowe. Sie kamen dahin, wo die Burschen mit dem gebrochenen Zuckerrohr zum Ufer hinunter gegangen waren, am Ufer des Markham saßen und kauten. Da ging er hin und speerte einen der Burschen. Er tötete einen Mann von Buka. Er ging auf ihn los und tötete ihn. Die Burschen sprangen auf und liefen davon. Sie griffen ihre Gewehre und rannten auseinander. Er lief zurück in den Wald und sie schossen in die Luft, sie schossen mit den Gewehren in die Luft.
Sie blieben eine Weile weg, dann holten die Burschen den einen, der getötet worden war, und durchquerten einen Nebenfluß. Er heißt Umi. In einem Waldstück gingen sie schlafen und am nächsten Tage kamen sie zurück, um den Mann zu rächen. Rache für den Burschen. Sie schossen auf einen Mann aus dem Dorf namens Forof, der da saß und einen Speer schnitzte. Andere Leute saßen mitten im Dorf. Als er sie sah, rief er. Er rief: 'Die Sumpfleute kommen!' Sie griffen alle ihre Speere, und er nahm seinen Speer und lief aus dem Dorf. Da schossen die Männer. Sie schossen und trafen ihn in die Wade. Er schrie und lief davon. Und die anderen liefen auch davon. Denn sie sahen,

daß er getroffen wurde. Sie liefen in den Wald, und als sie zurückkamen, waren die Männer wieder auf die andere Seite zurückgegangen.
Sie schickten Nachricht nach Gabantsidz. Zwei junge Männer schickten sie nach Gabantsidz. Sie holten die Gabantsidz-Leute, die kamen in der Nacht zurück. Sie trafen zusammen mit den Leuten vom Markham-Unterlauf und die sagten zu ihnen: 'Ein großer Mann nimmt sich eine Gruppe und schwimmt flußauf.' Und sie sagten zu den Gabantsidz-Leuten: 'Wenn ihr seht, daß sie in ihre Bambusröhren blasen, wenn ihr seht, daß Rauch aufsteigt und ihr es knallen hört, dann werft euch alle auf die Erde. Bleibt nicht stehen!' Und so machten sie es. Die Gabantsidz-Leute gingen alle zum Ufer und die Burschen schossen. Da warfen sie sich alle in den Sand. Dann standen sie auf. Als sie sahen, daß der Rauch dieser Dinger aufstieg, liefen sie alle ins Wasser. Sie schwammen weg. Sie hatten keine Angst vor den Gewehren. Sie schwammen weg. Wenn die Dinger knallten, tauchten sie alle unter Wasser. Sie schwammen weg.
Als sie wegschwammen, erwischten die Gewehre einen Mann, sein Name war Ofo. Sie trafen ihn in der Schulter. Als sie das gesehen hatten, wußten sie über Gewehre Bescheid: 'Oh, wir dachten, die Dinger sind nicht gefährlich, aber sie sind gefährllch!' Da rannten alle zurück in den Wald. Einen Hügel. Die Weißen machten sich fertig und gingen zurück mit ihren Boys. Sie gingen zurück nach Lae.
Sie blieben da eine Weile, dann kamen zwei Weiße mit einem ihrer großen Männer, den sie *Wokman* nannten. Die jungen Burschen liefen am Markham entlang und hielten Wache. Wenn sie die Labu kommen sähen, wollten sie allen Männern Bescheid geben, die dann alle ihre Speere und Keulen holen würden. Als sie am Strand entlang gingen, sahen sie, daß viele Kanus kamen. Viele Kanus kamen und so liefen sie und sagten den Männern im Dorf: 'Viele Kanus der Labu kommen!' Sie kamen und die großen Männer nahmen ihre Speere und Keulen, sie blieben am Ufer und beobachteten die Kanus. Die Kanus kamen flußauf, sie übernachteten zwischen Ngarasa und Ngarokapoa. Als sie dort schliefen, war da ein großer Mann namens Sowe. Der schickte einige Männer: 'Geht und sagt Yafon und seinen Leuten Bescheid. Sie sollen den Fluß durchqueren und herkommen, dann werden wir jene Leute erschlagen.'
Die Männer in Masing wollten nicht, da sagte er: 'O, bleibt ihr, ich werde gehen.' Und er allein ging. Er schwamm und fand sie, als sie in Meab saßen. Und er sagte zu ihnen: 'Die Leute mit den Männern mit weißer Haut sind gekommen und sitzen dort drüben. Am Strand. Wir warten auf die Dunkelheit, dann gehen wir sie erschlagen.' So machten sie es. Als es Nacht wurde, durchquerten sie alle den Fluß zum Strand. Die Weißen schliefen im Haus (Zelt) und hatten Wachen aufgestellt. Die standen dort. Als sie kamen, teilten sie einen Mann als Wachtposten ein. Sie teilten einen anderen Mann ein. Und sie teilten noch einen Mann als Wachtposten ein. Dann kamen sie näher. Es war so weit.

Der Mann namens Sowe sagte: 'Bleibt stehen, ich werde hingehen und jenen Mann erschlagen. Wenn ihr ihn schreien hört, schlagt alle los!' Er ging los und tötete den Weißen, den sie *Wokman* nannten. Er tötete ihn und als alle anderen hörten, wie der Weiße schrie, da töteten sie die Wachen. Ein Mann namens Duwi sprang ins Wasser, denn ein Weißer mit einem Polizisten schlief im Kanu. Er durchbohrte den Schenkel des Weißen, und der Speer brach ab. Der Weiße griff das Gewehr des Polizisten und schoß. Er schoß und traf einen Mann namens Regereg. Er schoß wieder und tötete einen Mann namens Buri. Er zerschmetterte ihm den Armknochen. Sie schrien und töteten jenen Mann.
Gemeinsam, die beiden Weißen mit den Labu, fuhren sie zurück. Und der Weiße hatte einen Mann erschossen namens Goangkus. Er hatte ihn totgeschossen. Die Labu sagten zu den Weißen: 'Wir nehmen diesen Wampar mit, damit unsere Leute ihn sehen.' Sie logen, denn sie nahmen diesen Mann mit, um ihn aufzufressen. Dieser junge Mann war ein schöner Mann. So nahmen sie den Mann mit und den bewußtlosen Weißen, den der Speer getroffen hatte. Sie gingen zurück nach Madang und zogen ihn heraus in Madang. Das war es."

Der Text erzählt mehrere aufeinander folgende Ereignisse: Erste Kontakte mit Weißen, die von Labu in Kanus den Markham aufwärts gebracht wurden. Sie überraschten den Mann Ropes mit seiner Frau Wagog im Feld. Ein Mann namens Sowe tötete einen der Begleiter der oder des Weißen, der als "Buka" bezeichnet wird. Das bedeutet zunächst, es war kein Labu, sondern ein Fremder, der möglicherweise tatsächlich von Buka oder Bougainville kam. Wahrscheinlicher war er einfach deutlich dunkelhäutiger als die Wampar und Nachbarn, denn "Buka" ist die Bezeichnung für jemanden mit sehr dunkler Hautfarbe. Immerhin spricht das dafür, daß es sich nicht um den ersten Kontakt mit Missionaren handelte, sondern um Goldsucher oder Kolonialbeamte. Leute von Buka oder Bougainville wurden besonders gern als Polizisten oder Träger angestellt. Die Weißen selbst werden übrigens gar nicht erwähnt. Aber sehr wohl erste Erfahrungen mit Gewehren. Zwei Männer namens Forof und Ofo wurden verwundet. Bei letzterem findet sich wieder die Angabe der Verwundung an der Schulter. Die Beziehungen der Munun-Leute übrigens waren offenbar zu Gabantsidz, dem großen Dorf südlich des Flusses, enger als zu den anderen Dörfern auf der Nordseite.

Der Text berichtet dann von einem zweiten Kontakt, der später stattfand. Nun kamen zwei Europäer, von denen einer ein bedeutender Mann namens "Wokman" gewesen sei. "Wokman" heißt auf Pidgin eigentlich "Arbeiter", hier ist aber wohl ein Name oder eher noch eine Bezeichnung wie "Bezirksamtmann" gemeint. Nach sicherlich späteren Informationen (denn während dieses Kampfes fragte man wohl kaum nach dem Namen) ist eine Angabe wohl verballhornt worden. Wenn man bedenkt, daß die Pidgin-Bezeichnung "Didiman" für "Landwirtschaftsexperte" von dem Namen des ersten deutschen Landwirtschaftsexperten "Dr. Bredemann" kommt, kann da alles mögliche geschehen sein. Dieser Kontakt nun ist das mehrfach erzählte Ereignis, das auch auf europäische Berichte zu beziehen ist: Es handelt sich um den Überfall auf die Strafexpedition von 1905 (s.o.), bei dem zwei Weiße (unter ihnen Bezirksamtmann Stuckardt) verwundet wurden. Als Ort wird "Zwischen Ngarasa und Ngarokapoa" angegeben. Angeblich tötete ein Mann namens Sowe den Führer der Weißen; ein anderer Mann namens Duwi durchbohrte den Schenkel des anderen mit einem Speer. Zwei Männer namens Regereg und Buri wurden verwundet, Goangkus getötet. Diese Angaben sind nicht immer eindeutig, da die Formulierungen auf Wampar nicht klarstellen, ob jemand nur "angeschossen" oder "erschossen" wurde, ob er "in Ohmacht fiel" oder "starb". Interessant sind noch zwei Bemerkungen: Daß die Labu einen der getöteten Wampar verspeisten und daß der Speer aus dem Bein des Weißen in Madang herausgezogen wurde. Beides kann nur auf spätere Informationen, auf Erzählungen wiederum von außen zurückgehen. Der Text besteht also keinesfalls nur aus Erlebnissen und Erinnerungen der Wampar selbst.

Text 8

Text 8 wurde von einem Mann namens Epof aus und in Munun am 29.3.1976 erzählt. Da ich Munun nicht wie Gabsongkeg intensiv untersucht habe und bei der Gelegenheit nur zu einem Besuch kurz dort war, habe ich nichts weiter zu dieser Aufnahme notiert, die ich auch erst später, nach der Feldforschung, übertrug und übersetzte. Ich habe deshalb keine ergänzenden Informationen zu diesem Text, der aber zum einen aus demselben Dorf stammt wie der vorige und zum anderen auch dieselben Ereignisse erzählt. Er geht nach der Darstellung des ersten Kontaktes in Masing (die Namen Ropes und Forof werden wieder genannt) und des Überfalls auf die Strafexpedition wieder um die Hinterlassung von Geschenken an einem Baum durch die Missionare und Richard Neuhauss bei ihrem ersten Besuch der Wampar.

"Früher kannten wir keinen einzigen Weißen. Wir dachten, es gäbe nur Schwarze. Dann kamen Weiße nach Masing, die Deutschen kamen nach Masing. Einer unserer Männer,

Ropes, brannte gerade ein neues Feld. Er sah die Burschen nicht, die kamen, um ihn festzuhalten. Ihn festzuhalten, um Freundschaft zu schließen. Als er sie sah, lief er davon, warf das Feuer weg und rannte. Er rannte in das Dorf Masing. Seine Frau blieb im Feld. Er sagte zu den Leuten: 'Kommt, laßt uns gehen, die Leute wollen meine Frau erschlagen!' Und sie griffen ihre Speere und kamen. Sie nahmen ihre Speere mit, um einen der Burschen zu töten, wenn sie ihn trafen, da schossen sie auf meinen Vater. Sie schlugen und die schossen auf meinen Vater. Sie töteten meinen Vater nicht. Vater ging voran, dann holten sie die Frau des Ropes und gingen mit ihr ins Dorf.

Sie blieben im Dorf nur kurz, einen Tag, sie schliefen, am nächsten Tag kamen die Weißen wieder. Sie kamen und näherten sich dem Dorf, da sah sie die Frau von Forof, namens Ndong. Sie rief: 'Forof, weshalb sitzt ihr da noch? Männer kommen auf unser Dorf zu!' Forof nahm seinen Speer, stellte sich auf den Weg und warf. Er speerte sie. Sie schossen und schossen Forof durch das Bein, da schrie er auf: 'Ji! Lauft weg, diese Dinger sind scharf!' Die Männer liefen davon. Sie liefen in den Wald und die Weißen blieben im Dorf, dann gingen sie zurück. Sie gingen wieder in den Ort Lae. Sie kamen nicht zurück.

Nach einiger Zeit kamen sie wieder. Sie umgingen Masing und kamen nach Ngintsibampes hier. Sie schliefen in Ngintsibampes, und mein Vater lief voran und sagte zu den Leuten, die in Meab wohnten: 'Auf, Leute kommen!' Sie machten sich bereit, und zwei Burschen stiegen auf einen Baum, die schauten flußauf und flußab und sagten: 'Dort lagern sie!' Nachts, bei Mondlicht, kamen sie. Sie kamen und standen dort. Sie stellten einen Burschen als Wache auf, sie stellten Wachen aus, ein Bursche, der Wache stand. Sie sagten: 'Kommt, laßt uns kämpfen. Hört, wir überfallen dieses große Haus, ihr kommt. Kämpft.'

Sie gingen gleichzeitig los und hörten, wie sie das große Haus an einer anderen Stelle überfielen. Sie riefen. Und gemeinsam fielen sie über die Wache her. Sie schlugen einen Weißen, zwei Weiße, ich weiß es nicht, sie sagen, daß sie einen getötet haben. Zwei getötet haben. Und einen gespeert haben. Der brach den Speer ab und ging nach Madang. Der Arzt brachte ihn nach Madang und zog den Speer heraus. Er war schwer herauszuziehen. Da schnitt der Arzt und holte den Speer heraus. Er holte den Speer heraus, und sie kamen nicht wieder zurück. Sie waren weg.

Wir lebten hier in Murawi. Da kamen viele Leute hin, um ihre Kokosnüsse zu holen und Arecanüsse, um Betel zu kauen. Sie holten sie und brachten sie dorthin. Sie gingen mit Netzen im Fluß fischen, und während die Männer die Netze hielten, stellten sie einen Mann ans Flußufer, der ging voraus. Er paßte auf. Er war ihre Wache. Sie fischten mit Netzen im Fluß, da sah die Wache etwas, das war an einen Baum gehängt, rote Tücher und viele andere Sachen. Er hielt die anderen an und sagte: 'Hört auf mit dem Fischen und kommt her. Wir haben da etwas gesehen.' Sie nahmen alle ihre Netze aus dem Wasser und gingen hin zu ihren beiden Wächtern und schauten. Als sie es sahen, sagten sie: 'Das kam gestern. Sie haben es gestern hingehängt.' Die Burschen gingen und stellten sich da hin und kletterten hoch. Sie banden die vielen Sachen los, die Tücher und Streichhölzer, Salz, und ihre Anführer[1] verteilten alles gleichmäßig. Saur und Buri. Sie stellten sich hin und verteilten es an die Burschen. Sie sagten zu ihnen: 'Geht ins Dorf und verratet es nicht. Geht und verbergt es zunächst im Dunkeln.' Sie kamen ins Dorf und sagten nichts, niemand wußte davon.

Nach einiger Zeit gingen sie wieder zurück und sagten: 'Kommt, laßt uns gehen und nachsehen, ob da wieder etwas für uns ist!' Sie gingen zurück. Da waren die Labu gekommen, und sie gingen hin. Und die Labu schickten ihren Anführer, Musara, der schaute auf den Weg und ging voran. Er kam, und als die Wampar ihn sahen, sagten sie: 'Laßt uns hinsetzen denn da kommt ein Mann.' Sie setzten sich, aber Empep setzte sich nicht richtig. Er und Mpufafang. Als er näher kam, da warfen sie ihre Speere. Sie speerten Musara. Der schrie vor Schmerz laut und sprang ins Wasser, und Buri schlug sich einen Sagowedel und tauchte, und die Labu kamen. Sie kamen rufend und zogen ihn auf ein Kanu. Und sie brachten ihn auf die andere Seite.

Die Labu winkten mit einem Stück Tuch. Sie winkten mit dem Tuch am Strand. Und die Markhamleute sagten: 'Oh, laßt uns Freunde werden. Die Burschen wollen nicht kämpfen.' Sie beendeten es und setzten sich. Zwei Burschen, Kukir und Enta. Kukir ging voran und Enta unterstützte ihn, und zwei Labu kamen. Sie kamen und hielten ein Tuch hin, Kukir griff nach dem Tuch, da hielten sie die Hand Kukirs mit dem Tuch. Sie umarmten sich und riefen alle gleichzeitig. Die Wampar gingen hin und die Labu kamen und sie brachten es in Ordnung. Sie gaben ihnen Salz, das leckten sie. Sie entzündeten Streichhölzer und sie sahen es. 'Kommt zu dieser Sache, sie ist gut!' Gemeinsam setzten sie sich und sagten: 'Macht keinen Krach. Schluß mit dem Krach!' Und die Labu beteten."

Epof nennt in seinem Text noch die Frau des Forof mit Namen (Ndong). Er nennt auch einen anderen Ortsnamen für den Überfall auf die Strafexpedition: Ngintsibampes. Das zusätzliche, von ihm erzählte Ereignis handelt in Murawi, einem anderen Siedlungsplatz der heutigen Bevölkerung von Munun, der nördlich des jetzigen Dorfes liegt. Von dort aus gingen Männer im Markham fischen und fanden an den Baum gehängt die Geschenke der Missionare und Richard Neuhauss'. Damit ist der genaue Zeitpunkt festzulegen: April 1909. Während in den Texten von Neuhauss und Lehner Stoff, Eberzahn, Tabak, Perlen und Hundezähne genannt wer-

---

[1] Die Bezeichnung *pesman*, Pidgin vom Englischen "face man" für einen Anführer ist singulär.

den, nennt dieser Text Tücher, Streichhölzer und Salz. Der Unterschied kann wichtig sein. Lehner glaubte, der Eberzahn sei das "größte Wertstück der Papua", die Wampar nennen Streichhölzer und Salz, die gar nicht hinterlassen wurden, die ihnen aber vermutlich (aber wohl später) viel wichtiger waren.

Schließlich wird als weiteres Ereignis der erste direkte friedliche Kontakt mit den Labu erzählt, bei dem allerdings zunächst zwei Wampar (Empep und Mpufafang) einen Labu (Musara) speerten. Nach dieser Darstellung blieben die Labu dennoch bei ihren Friedensbemühungen, ein geradezu übermenschliches Verhalten. Sie winkten mit einem Tuch (und deuteten damit die Vorteile für die Wampar an) und schließlich verlockte eben das zwei Wampar (Kukir und Enta) dazu, den Kontakt aufzunehmen. Wieder werden auch Salz und Streichhölzer als die Lockmittel beschrieben. Der letzte Satz des Textes, wonach die Labu dann beteten, drückt aus, daß sie bereits aus christlicher Überzeugung handelten. Weiße werden nicht erwähnt, und es könnte sich um die Darstellung des Friedensschlusses vom Mai 1909 handeln. Allerdings wird nichts von den anderen Stämmen und nichts von einer Vereinbarung mit Terminsetzung erzählt.

Text 9

Dieser Text stammt wieder von Kupik-Emonteng (siehe Text 7) und ist in gewisser Weise ein Fortsetzung des von ihm zuerst erzählten. Er wurde aber getrennt davon einige Tage später, am 24.8.1971, in Gabsongkeg aufgenommen. Er beginnt mit der Darstellung der von Neuhauss und den Missionaren hinterlassenen Geschenke (April 1909) und beschreibt als zweites die Terminabsprache für das Friedenstreffen (Mai 1909). Hier werden noch ein Diebstahl während dieses Treffens und nochmals eine Tötung durch die Labu dargestellt. Situationen, die deutlich machen, wie zerbrechlich der neue Frieden noch war und wie auch zunächst alte Rechnungen noch beglichen wurden. Der Anfang beschreibt, wie viele *dzob a tir*, "Kriegsgeschichten", die ständigen Verlegungen der Siedlungsorte als Folge der dauernden Kriege. Die Aufzählungen von Orten und Gruppen sind in mehrfacher Hinsicht verwirrend und schwer verständlich, wenn man die geographischen und sozialen Verhältnisse nicht sehr genau kennt. Die Namen von Orten (Munun, Ngasawapum, Dzifasing, etc.) werden auch für Gruppen, also für die Bevölkerungen, verwendet, auch wenn sie gerade an einem anderen Platz siedeln. Andererseits werden auch Klan-Namen (Orog wangin, Montar) gebraucht, die zu den Angaben über Dörfer gerade quer liegen (Dörfer bestanden aus Angehörigen verschiedener Klans). Die hier genannten Ortsbezeichnungen (Ngaronguris, Watong) liegen in der Nähe des heutigen Ngasawapum.

"Unsere Leute siedelten alle in Masing, dann verließen sie es und lebten in Ngaronguris. Dann kamen die Dzifasing und Gabantsidz-Leute, schlugen sie in Ngaronguris, und sie liefen davon. Sie sammelten sich in Munun. Von Munun gingen sie weiter zu einem Berg namens Watong. Und einige Leute siedelten dort. Die Ngasawapum-Leute siedelten in Watong. Die Orog wangin mit den Montar, die waren unterhalb, in Moamu. Die Munun-Leute lebten in Murawi. Dort lebten sie. Als sie in Murawi waren, gingen sie im Markham fischen. Sie gingen zurück nach Ngaromukum. Sie holten Netze, einige Männer trugen Speere; sie tauchten die Netze ins Wasser und die anderen passten auf die Labu auf. Einige folgten mit den Netzen im Wasser. Die Leute mit den Netzen tauchten sie ins Wasser und kamen hinterher und die Männer mit den Speeren schauten aus und gingen voraus. Sie waren flußab, mitten im Wasser, da sahen sie die Labu, die sahen nicht die Männer am Markham unterhalb, und sie befestigten Tücher. Rote Tücher. Spiegel, Taschen mit Hundezähnen, Perlen der Weißen, Schweinezähne, Angelhaken und vieles andere. Einige Tücher. Die hängten sie an einen Baum und fuhren zurück in ihr Dorf.
Während die Munun-Leute weiterfischten, sahen das die Männer, die zum Aufpassen vorausgegangen waren. Sie liefen zurück und sagten zu ihnen: 'He, kommt und seht die Sachen dort an dem Baum.' Sie hielten es für Blüten einer Liane. Sie hielten es für die roten *dero*-Blüten. Aber sie sahen rotes Tuch und andere Sachen. Und sie hörten auf im Wasser und gingen hin. Diejenigen, die voraus gegangen waren, sahen menschliche Fußspuren und meinten, daß die Sachen erst an diesem Tage gebracht und hingehängt worden waren. Oder man hatte sie am Vortage hingehängt. Sie schauten nach jenen Sachen und kletterten hoch. Sie kletterten hoch, lösten sie ab und brachten sie. Sie gaben die Eberhauer einem großen Mann namens Sowe. Und sie gaben die mit Hundezähnen besetzte Netztasche einem anderen großen Mann namens Buri, und die roten Tücher und anderen Tücher verteilten sie. Sie zerrissen sie und banden sie sich um die Köpfe. Sie brachten sie mit ins Dorf.
Die Labu kamen nach den Sachen sehen und fanden sie nicht mehr. Sie sahen, daß sie abgemacht worden waren. Die Wampar hatten sie abgemacht. Sie fuhren zurück und sagten es ihren Evangelisten aus Bukaua, die bei ihnen lebten. Sie sagten es ihren Evangelisten, und sie setzten ihn[1] in ein Kanu und viele Labu kamen. Und die Leute

[1] Ein häufig zu beobachtender Wechsel zwischen Plural und Singular in den Texten.

von Munun gingen dorthin zurück. Da sahen sie sie kommen. Sie sahen sie kommen und sagten: 'Die Labu kommen.' Sie gingen hin. Die Wampar schickten zwei ihrer Männer. Und die Labu schickten zwei ihrer Männer. Von den Wampar ging einer zuerst, der andere folgte. Die Namen dieser Leute waren Kukir und Aos. Die Namen der Labu-Männer weiß ich nicht.

Ein Labu-Mann hielt ein Tuch, zeigte es und kam voraus. Und der andere folgte. Die Wampar machten es ebenso. Der eine watete zuerst durch, der andere watete danach durch den Fluß. Und die Labu kamen ebenso auf die andere Seite. Sie taten das, aber da war ein Mann von den Wampar namens Empep. Der speerte einen großen Labu-Mann namens Musara. Er speerte ihn und der trieb mit dem Speer im Leib flußab. Als er hochkam, wollten ihn die Labu rächen, aber Musara sagte: 'Nein, tut das nicht! Ich selbst lag mit dem Speer im Sand.' Und einige Labu nahmen die Tücher, durchwateten den Fluß, die beiden Wampar-Männer durchwateten ihn, ergriffen die Tücher, hielten die Hand eines Labu-Mannes, und die ebenso mit den Wampar. Sie umarmten sich. Danach gingen alle Männer; alle Wampar gingen und alle Labu kamen, und sie umarmten sich. Sie wurden Freunde. Sie machten einen Termin aus. Für diesen Termin schlangen sie Knoten in eine Liane. 'Zu diesem Zeitpunkt ist es. Wenn ihr einen Tag geschlafen habt, löst (einen Knoten) auf. Wenn wir einen Tag geschlafen haben, lösen wir einen auf. Wenn nur einer geblieben ist, dann kommt ihr, und wir kommen auch.' Die Wampar machten das so, und die Labu machten das ebenso. Sie blieben in ihren Dörfern. Die Wampar blieben in ihren Dörfern und als die Zeit gekommen war, gingen sie zurück.

Sie gingen zurück, die anderen kamen, sie gingen hin, um zu handeln. Sie handelten Eisenbeile ein und Buschmesser und Sicheln, und als sie handelten, griff sich ein Mann eine Sichel der Labu und rannte weg damit. Sein Name war Duwi. Als der Labu-Mann sah, daß der seine Sichel genommen hatte und damit weglief, da stellte er sich dort hin und der Mann sagte: 'Bring das zurück!' Aber der war wütend und hielt den Speer, um den Labu-Mann zu durchbohren. Sie hatten zu Ende gehandelt, und die Labu gingen zurück, und sie selbst kamen auch zurück.

Sie blieben einige Zeit, dann kamen einige Labu in das Dorf auf der anderen Seite dort, nach Gabantsidz. Als sie kamen, schlugen die Leute sie, die im Dorf Mare wohnten. Sie erschlugen einen ihrer Männer. Und sie verbargen es. Sie sagten, daß sie miteinander Freunde seien. Sie schlugen sie. Später kamen die Munun-Leute zu ihnen und sagten: 'Wir waren es nicht! Nein, es waren die Leute von Ngarogemo.' Nach einiger Zeit gingen die Gabantsidz-Leute die Labu besuchen und mit ihnen war ein Sab mit Namen Adzen. Sie sahen, daß die Labu ihn erkannten. Sie sagten: 'Ein Mann von Ngarogemo dort. Erschlagen wir ihn und rächen wir unseren Mann!' Die Gabantsidz-Leute sagten: 'Nein, das ist kein Ngarogemo-Mann, es ist ein Gabantsidz-Mann.' Aber sie beharrten darauf: 'Nein, das ist ein Mann von Ngarogemo, wir haben ihn erkannt.' Sie nahmen ein Beil und erschlugen diesen Mann Adzen. Sie schlugen ihn tot. Sie blieben nur kurz, dann gingen die Munun wieder hin und sie schlossen wieder Freundschaft. Sie sagten: 'Wir waren es nicht, sondern die Leute auf der anderen Seite dort, die Leute von Ngarogemo. Die haben euch geschlagen.' Und sie schlossen wieder Freundschaft. Sie kamen zurück, legten ihr Dorf Murawi an, da kam als erster Missionar Lehner nach Murawi. Er kam als erster nach Murawi und ging zurück. Er ging zurück und blieb in Bukaua, danach schickte er Evangelisten, die kamen nach Murawi. Ende."

Während die Vorfahren der heutigen Munun-Bevölkerung in Murawi lebten, fand also das erzählte Ereignis statt. Was da an dem Baum befestigt sich vorfand, ist nun noch vielfältiger als in der Darstellung von Epof (und der Beschreibung Neuhauss' und Lehners): Tücher, Spiegel, Hundezahntaschen, Perlen, Schweinezähne, Angelhaken und anderes. Sehr fraglich ist allerdings, ob das historisch wirklich so war, oder ob nicht einfach alles aufgezählt wird, was man zu Beginn der Kontakte mit den Weißen von ihren Gütern kennenlernte.

Das erste Treffen mit den Labu wird dann ähnlich beschrieben wie von Epof. Allerdings war danach Stephan Lehner dabei, obgleich im Text weiter von ihm nicht die Rede ist. Empep speerte Musara. Dieser selbst aber verhinderte die Rache mit der Begründung, er hätte so etwas selbst beabsichtigt. Dann wird deutlich, daß dieses Treffen dem Friedensschluß vom Mai 1909 vorausging. Es wird beschrieben, wie ein Termin abgemacht wird und die Tage durch Knoten in einer Liane festgelegt werden. Das oft als "Friedensfest" in den Berichten der Missionare beschriebene Ereignis war nach dieser Darstellung eher ein großer Markt, bei dem gehandelt und getauscht wurde. Den Wampar ging es um europäische Güter, vor allem Äxte und Messer, der Frieden war eine Voraussetzung dafür.

Auch nach dem Friedensschluß kam es noch zu Tötungen, hier beschrieben zwischen den Labu und den Bewohnern von Mare, den am weitesten im Südwesten wohnenden Wampar. Nach Murawi kamen auch noch die ersten, von Stephan Lehner aus Bukaua geschickten, einheimischen Evangelisten.

Text 10

Bei einem Besuch im Dorf Gabantsidz, an der Straße nach Wau, südlich des Markham, kam ein Mann von sich aus zu mir und wollte mir auch eine

Geschichte erzählen. Sein Name war Ampuwano (christlich: Petrus). Die Aufnahme ist vom 9.8.1976. Die Erzählung ist kurz und enthält vier der Motive aus vorhergehenden Texten: Die ersten Kontakte in Masing - die an den Baum gehängten Geschenke - die Festlegung des endgültigen Friedensschlusses - schließlich erstmals die Erwähnung von Geiselaustausch zwischen Labu und Wampar. Alles allerdings sehr viel weniger ausführlich als in den vorhergehenden Texten.

"Sie wohnten am Fluß Gorogeas. Sie lebten da, und immer wieder gingen sie nach den Küstenleuten sehen.[1] Den Labu. Sie kämpften mit ihnen. Dieser Krieg war sehr heftig. Bei den Labu. Sie kämpften miteinander, und die Gabantsidz-Leute nahmen eine Frau der Labu mit. Ihr Name war Ngarogano. Sie wurde verheiratet. Man gab sie der Verwandtschaftsgruppe in Gabantsidz. Das war ganz früher. Mit den Labu kämpfte man und führte Krieg.
Da kamen die Weißen. Die Deutschen. Und sie kamen nach Masing. Sie waren in Masing, und sie kamen einzeln ins Dorf gelaufen. Sie schossen einen Mann in die Schulter. Er lief mit der Kugel herum. Und man nannte das Ding *ram a poak*, 'das Ding das kracht'.[2] Sie kannten es nicht. Die gingen dann zurück. Den Labu gaben die Weißen Salz und Streichhölzer, Tücher und Perlen, das gaben sie ihnen. Sie gaben es ihnen, die brachten es, und sie errichteten einen Baum in Gorantoran.[3] Bei dem Berg dort. Das reicht bis zur Markham-Brücke. Sie blieben dort einige Zeit, dann kamen die Labu zu ihnen. Und sie gaben ihnen Salz. Damit sie es leckten. Dann steckten sie es in den Mund. Sie sahen, daß die Wampar ihre Waffen zusammenholten. Da blieben sie nicht, sondern gingen wieder zurück und versteckten sich erst wieder.
Die Wampar kosteten das Salz. Sie (die Labu) hatten darüber gebetet. Damit, wenn sie es kosteten, ihre Kriegslust beendet würde. Und die Wampar kosteten das Salz. Sie kosteten das Salz, und es schmeckte ihnen, und so sagten sie zueinander: 'Kommt, kostet diese Sache, die ist wohlschmeckend!' Und es schmeckte sehr gut. Als sie gekostet hatten, zogen sie die Perlen hervor und die glänzten. Sie zeigten sie sich gegenseitig. Einige gingen wieder hin und holten die Tücher vom Baum, an dem sie hingen. Sie zerrisssen die roten Tücher und verteilten sie. Sie banden sie um die Arme. Sie steckten sie in die Haare. Und banden sie an ihre Gürtel. So ging das einige Zeit, dann kamen sie und andere sahen sie. Sie holten sie und gingen zurück. Sie gingen und

[1] *Ngaeng a mpo*, "Leute vom Wasser" oder "Küstenleute" wird hier mit *Rabu* oder *Labu* gleichgesetzt.

[2] Gemeint ist hier das Gewehr. Der Ort dieser ersten Kontakte heißt seitdem ebenfalls *Ram a poak*.

[3] In anderen Texten *Masing*.

Sachen und verteilten sie unter sich. Dann gingen sie zurück und umarmten die Küstenleute.
Die Labu, die Küstenleute, nahmen einige von ihnen mit. Die blieben bei ihnen. Und die Wampar nahmen einige Labu, die bei ihnen blieben. Denn es sollte so sein: Wenn die Labu die Wampar überfielen, dann würden die die Labu totschlagen. Sie blieben so, aber sie kannten keinen Kalender. So knüpften sie Knoten in eine Schnur als Zeitmesser. Mit ihren Händen näherten sie sich dem Zeitpunkt, da nahmen sie einen Mann mit hin. Und die brachten die Wampar mit. Sie kamen zusammen und schüttelten sich die Hände, aber sie hielten die Hände nicht wie wir. Nein, sie fassten sich unter den Achseln. Nach einiger Zeit kamen viele Weiße in den Ort Lae, sie blieben in Lae. Das war es."

Der Text beschreibt zunächst die Siedlung am Fluß Gorogeas, an dem Gabantsidz noch heute liegt, und die Feindschaft mit den Labu. Die ersten Kontakte fanden in Masing statt, ein durch Gewehr in der Schulter Verwundeter (nach vorhergehenden Texten Ofo) wird erwähnt und die Bezeichnung der Gewehre als *ram a poak*, "Ding das knallt" oder "Knallding". Wie in vorhergehenden Texten werden Salz, Streichhölzer, Perlen und Tücher erwähnt, die bei einem Baum hinterlassen wurden. Die Ortsangabe lautet hier Gorantoran. Neu ist die Vermutung, die Labu hätten über dem Salz gebetet, das sie den Wampar gaben, damit diese friedlich würden. Die Festlegung eines Zeitpunktes für den Friedensschluß und die Knotenschnur werden erwähnt. Der Austausch von Geiseln beim Friedensschluß wird etwas vage dargestellt, wie an diesem Text insgesamt auffällt, daß keine Personennamen genannt werden.

Text 11

Der nächste Text stammt von Dziru (siehe Text 3). Am 4. und 5.10.1965 las er ihn mir aus einem Schulheft vor, in das er sich Aufzeichnungen gemacht hatte. Wie sich erst während der Aufnahmen herausstellte, hatte er schon vor unserer Bekanntschaft Mythen, historische Texte und Erinnerungen an die alte Kultur der Wampar niedergeschrieben. Nach der Aufnahme erlaubte er mir auch, die Texte zu fotografieren und sprach danach noch zwei Tage lang Übersetzungen auf das Band. Der hier wiedergegebene Abschnitt beschäftigt sich eher anekdotisch mit einigen Aspekten der ersten Kontakte zwischen Weißen und Wampar: Dem Erschrecken vor Pferden und Eseln - der Bezeichnung *ram a poak* für Gewehre - dem Überfall auf die Strafexpedition 1905 - dem Weisen des Hinterteils gegen die Weißen - dem Nachdenken nach dem Tod eines Mannes.

"Die Wampar hatten keine Angst vor den Gewehren der Weißen, sie sagten: 'Die spielen und blasen das Knallding auf uns. Wartet nur, wir werden sie erschlagen.' Als sie sahen, daß sie auf Pferden saßen und Esel Lasten trugen, sagten sie: 'Sie kommen mit ihren Müttern und Großmüttern.' So zogen sie los, um sie zu erschlagen, gingen heran und umstellten sie, um auf sie zu springen und sie zu erschlagen. Sie kamen nahe heran, da fraßen die Esel Gras und bewegten die Köpfe, so daß die Glocken läuteten, und sie liefen auseinander und davon. Sie sagten: 'Die Mutter hat uns gesehen und hat es ihrern Kindern gesagt.' Sie gingen wieder auf die Weißen los, da schossen die Weißen auf sie, und sie fielen hin und lagen auf der Erde. Dann standen sie auf und schrien gegen die Weißen und liefen davon. Sie sagten: 'Ha, blast diese Dinger, sie sollen auf unsere Hintern knallen!' So machten sie es immer mit den Weißen.
Eines Tages brachten die Labu zwei Weiße, die kamen an Land in *Ram a poak* und bauten zwei Zelte auf für die Weißen am Ufer. Die beiden Weißen schliefen in dem einen und ihre Leute schliefen in dem anderen. Als die Wampar das sahen, sagten sie es einander, kamen heran und setzten sich abseits nieder; sie stiegen auf Bäume und betrachteten die Dinger zum Schlafen und zum Sitzen. Als sie sahen, daß ein Mann ein Gewehr nahm und Wache hielt, stiegen sie herab und sagten zueinander: 'Laßt uns nachts hingehen und zuerst den Wächter erschlagen, dann töten wir die anderen im Zelt.'
Nachts dachten die Labu an die Sitten der Wampar, und während die beiden Weißen im Zelt schliefen, machten sie die Kanus los, stießen einen Pfahl in die Mitte des Flusses und dort schliefen sie (in den Kanus). Die Wampar warteten eine Weile, und als sie die Geräusche hörten, sagten sie: 'Laßt uns warten, bis sie ganz eingeschlafen sind, dann gehen wir hin, umstellen das Zelt und töten sie.' Sie warteten bis Mitternacht, dann gingen sie heran, speerten einen der Weißen und töteten ihn, und Patromayus speerte den anderen durch den Arm. Der ergriff seine Pistole, sprang ins Wasser, schwamm zu den Kanus der Labu in der Mitte des Flusses und schoß auf die Männer mit einer Hand. Die liefen weg, und er fuhr mit den Labu nachts zurück zum Meer.
Eines Tages kamen wieder einige Weiße, und alle gingen los, um auch sie zu erschlagen. Die Frauen gingen mit den Männern, und die Weißen schossen, und sie sagten: 'Laßt sie uns erschlagen!' Die Weißen schossen auf sie, und sie liefen weg und versteckten sich hinter Baumstämmen. Als die Weißen gingen, da sprangen sie auf die Weißen los. Die Weißen schossen auf sie, und sie fielen hin, dann standen sie auf und schrien sie an. Sie wiesen ihnen die Hinterteile und riefen: 'He, knallt uns auf den Hintern!', und sie liefen wieder weg.

So war es immer, bis sie einen großen Mann erschossen. Der Name dieses Mannes war Engkraf. Das Gewehr tötete ihn und, als sie das sahen, da kauten sie ihre Finger (dachten nach), und sie erschraken sehr und sagten: 'Laßt uns dieses Ding ansehen, das Menschen tötet.' Sie trugen ihn weg und begruben ihn. Sie sagten zueinander: 'Das Knallding da ist schlecht. Wenn es auf einen Menschen knallt, dann ist er tot.' Und sie hatten Angst und fürchteten die Weißen.

Die Leute von Munun lebten in Munun und Murawi, die Ngasawapum lebten in Moamu und Ngasabangka und Tsururukeran. Sie lebten da, bis die Missionare Panzer und Oertel die Munun und Murawi nach Aomampo holten. Sie holten die Ngasawapum weg von Moamu und Tsururukeran und Ngasabangka, und sie siedelten sie in Ngasawapum an. Die Deutschen kamen nach Munun und ernannten einen Mann zum Luluai, und sie befahlen ihnen, eine Kokospalmenreihe in Sisintson zu pflanzen. Die Kokospalmen stehen noch, die Yalu siedeln unterhalb. Die Yalu kamen nicht schnell nach Yalu zurück, nein, mit den Kangkumu siedelten sie zuerst gemeinsam, bis mein Großvater Dzentsep und Ngowang sie zurück nach Yalu riefen. Sie besprachen sich und holten sie, und sie ließen sich in Yalu nieder. Die Yalu-Leute schlachteten zwei Schweine für sie und sie aßen, und sie holten sie zurück, und sie siedelten wieder in Yalu.

Der letzte Abschnitt des Textes ist wieder im Stil der *dzob a tir*, der Kriegsgeschichten. Die Yalu sind die direkten östlichen Nachbarn der Wampar. Sie waren im Laufe der kriegerischen Ereignisse vor dem Kommen der Weißen weit nach Nordosten abgedrängt worden und, wie hier erzählt wird, wurden sie dann erst wieder zurückgeholt.

Text 12

Gufose (getauft: Imanuel, genannt meist Manuel) ist nach eigener Angabe 1935 in Mare geboren. Er gehört dem Klan Owang rompon an und lebte von den sechziger Jahren bis etwa 1989 in Gabmadzung. Dort war er zunächst Lehrer an der Bibelschule, die hier an der Stelle der früheren Missionsstation stand, später Sekretär der Kirchenverwaltung. Gufose hat einen verkrüppelten Arm und ein verkrüppeltes Bein und kann sich nur mühsam an einem Stock bewegen. Er ist unverheiratet und gewöhnlich kümmerte sich eine Schwester oder Nichte um ihn. Manuel war ab 1965 mein wichtigster Sprachinformant, mit dem ich Lexikon und grammatische Formen durchging und Texte übertrug und übersetzte. Da er sonst keine Möglichkeit zum Geldverdienst hatte, war er auch der einzige Wampar, der direkt von mir für seine Arbeit bezahlt wurde. 1990 war er nach Beendigung seiner Tätigkeit für die Kirche in sein Heimatdorf Mare (bzw. Montam renan) zurückgegangen. Manuel hat selbst nicht viele Texte gesprochen. Soweit er "Geschichten" kannte, hat er sein Wissen teils von seinem Vater Dzanam, der selbst ein bekannter Mann und Geschichtenerzähler war, teils von seiner Großmutter (MM) Engar. Er selbst war nicht nur tätig für die Kirche, sondern auch sehr christlich eingestellt, woraus sich die besonders kirchlichen und missionarischen Formulierungen erklären. 1988 bat er mich direkt, den folgenden Text aufzunehmen. Das immer geringere Interesse in seiner Umgebung an der Kirche spielte hier wohl eine Rolle. Dazu sagte Manuel mir noch, er habe diese Geschichte von Epof in Munun gehört (siehe Text 8), dessen Vater der große, vor dem Kommen der Weißen verstorbene, Buri gewesen sei. Der vorliegende Text bringt nichts Neues, er erwähnt die Hinterlassung der Geschenke an einem Baum - die Verletzung des bedeutenden Labu-Mannes, der hier Mposara (in anderen Texten Musara) heißt und die Umarmung der Labu und Wampar. Wichtig ist die Angabe, Manuel habe den Text von Epof gehört, weil auf diese Weise Vorbild und Nacherzählung verglichen werden können. Aufnahme am 6.7.1988 in Gabmadzung.

"Früher kannten die Wampar Gottes Wort nicht. Und sie hatten ganz andere Sitten. Sie wußten von nichts. Sie lebten, als wenn sie etwas wüßten und führten immer nur Krieg. Tag für Tag töteten sie Menschen und befolgten viele Sitten, mit denen sie viel zerstörten und gegen Gottes Wort handelten. Gott wußte das und kein Mensch sollte ohne sein Wort bleiben und es hören. Und sie würden Christen werden. Und er bereitete einen Weg vor, damit Gottes Wort zu den Wampar käme. Eines Tages kamen die Missionare mit den Labu in Kanus flußauf, um mit den Wampar Frieden zu schließen. Sie kamen in Kanus, gingen an Land und fällten einen Baum, schlugen seine Äste ab und hängten viele Sachen daran. Porzellanschnecken und neue Sachen, die sie mitbrachten und an den Baum hängten. Als sie sie hingehängt hatten, fuhren sie zurück nach Lae.
Eines Tages nahmen die Munun-Leute ihre Netze und gingen damit zum Markham, um zu fischen. Als sie fischten, kamen sie bis Masing. Da sahen sie diese Sachen und sagten: 'Was ist das dort? Wie heißt das, was da auf dem Baum ist?' Sie sahen lange hin und sagten: 'Irgendeine Sache, he?' Sie standen alle zusammen und da war ein großer Mann. Der ging vorsichtig hin, um es sich anzusehen. Er ging hin. Er ging und hielt dabei seinen Speer und seinen Schild und ging vorsichtig hin, um es sich anzusehen. Vorsichtig ging er näher bis zum Baum und schaute und schaute, ob jemand käme, und sagte dann zu seinen Leuten: 'Kommt, kommt es ist niemand hier!' Sie gingen also hin, kletterten hoch und banden die Sachen los, die da hingen. Sie banden sie los und nah-

men sie, und sie freuten sich, als sie sie ansahen, und dann nahmen sie sie mit in ihr Dorf.
Sie zeigten sie keinem Menschen. Sie verteilten alles in ihren Häusern und lebten wie immer. Später kamen sie wieder dorthin zurück, um herauszufinden, was damit war. Welche Leute diese Sachen dort hingehängt hatten. Als sie zu einem bestimmten Zeitpunkt wieder kamen und gespannt waren auf diese Sachen, da kamen die Labu mit ihren Kanus wieder dorthin. Die Labu kamen mit den Kanus bis zur Brücke dort. Ein großer Mann namens Mposara kam dorthin. Mposara kam näher. Ein Mann von Munun stach ihn in den Schenkel mit einem Speer, und er sprang damit ins Wasser. Er näherte sich seinen Leuten in den Kanus, und er sagte: 'Schneidet den Speer aus meinem Bein.' Sie schnitten den Speer aus seinem Bein, und er sagte zu ihnen: 'Ich werde mich dort ins Kanu legen. Ihr geht hin und versucht, Frieden mit den Wampar zu machen.'
Sie stellten sich auf einer Seite des Markham hin, die Wampar stellten sich auf die andere. Sie riefen hin und her. Die Wampar riefen den Labu zu: 'Kommt!' Und die Labu riefen: 'Nein, kommt ihr!' Schließlich kamen die Labu her, die Wampar gingen hin, und sie trafen sich im Wasser, umarmten sich, schüttelten sich die Hände, tanzten und setzten sich ans Ufer."

Kapitel 8 : Arbeiteranwerber

Text 13

Dieser Text wurde als Fortsetzung von Text 8, jedoch von einem anderen Mann erzählt. Kingasa-Isaya saß in Munun dabei, als Epof seine Geschichte erzählte und wollte auch einen Text auf Band sprechen (29.3.1976). Er stammt mütterlicherseits von den Ono wante (Henggali oder Enggali) ab, einer der von den Wampar aus dem Tal des Markham vertriebenen Gruppen, die später die Bevölkerung von Lae bildeten. Die Mutter seiner Mutter war in früheren Kriegen von den Wampar geraubt worden. Er erklärte damit sein Interesse an der Geschichte und den frühen Kontakten zwischen den Wampar und anderen Stämmen. Sein Text berichtet zunächst von der Verabredung des Friedensschlusses, der Verwendung der Knotenschnur, dem Tauschhandel, dem Austausch von Geiseln und dem Kommen des Missionars Stephan Lehner und der ersten Evangelisten. Dann aber erzählt er von einem der ersten Arbeiteranwerber und den ersten Wampar, die sich zur Arbeit auf Plantagen anwerben ließen.

"Sie machten mit ihnen einen Termin aus. Dazu knüpften sie Knoten in eine Schnur. Und sie zählten bis fünf. Sie sagten ihnen: 'Wenn du alle geöffnet hast, dann kommst du. Und ich komme auch.' Die Labu machten die Knoten regelmäßig (täglich) auf. Und die Leute von Murawi und von Ngasawapum taten das ebenfalls. Sie knoteten auf, und als sie fertig waren und nur einer von fünfen noch blieb, sagten sie: 'Los!' Sie brachen auf und gingen. Und die Labu kamen mit den Kanus flußauf. Sie kamen zur Insel Kiontseng, unterhalb von Gorantoran.[1] Als sie sahen, daß die Kanus kamen, sagten sie: 'Sie sind gekommen.' Sie standen auf einer Seite. Und die Labu standen auf der anderen Seite. 'Kommt herüber!' Sie gingen hinüber. Sie gingen hinüber und umarmten sich und gaben sich Sachen. Sie bekamen viele Bananen, die Sorten *mayamas* und *oreats*, verschiedene Bananen. Sie bekamen sie. Dazu bekamen sie Perlmuscheln und kleine Schnecken und einige gebratene Fische. Das tauschten sie mit ihnen.
Als sie das beendet hatten, fragten sie: 'Bekomme ich einige von deinen Leuten?', und er sagte: 'Ja, du bekommst einige von mir, und ich bekomme einige von dir.'[2] Sie bekamen die Wampar Ngaroterat, Tsom, Antso und Ginug, das waren vier.[3] Die Küstenleute waren: Sum und Ngkwatala, Lasa, Uruku. Das waren auch vier. Die Labu nahmen ihre und gingen. Und die Wampar nahmen ihre und kamen. Dann machten sie wieder einen Tag aus. 'An dem ausgemachten Tag, nach fünf Tagen, kommst du. Und ich werde auch kommen.' Sie blieben bei den ihren, und die anderen blieben mit den ihren in Murawi. Sie machten die Knoten auf, bis die fünf Tage herum waren. Da kamen sie mit ihren Kanus flußauf. Die anderen brachen von Murawi auf. Sie (die Labu) brachten den Weißen Lehner mit sich. Er kam mit ihnen. Sie brachten ihn im Kanu mit und kamen flußauf, bis sie zu den Wampar kamen an unserem Landstück Tsaran. Sie legten die Sachen der Weißen hin, und die Schwarzen tauschten. Als sie damit fertig waren, da kam der Weiße Lehner zum Vorschein. Er stellte sich hin und als ihn die Leute von Murawi und Ngasawapum sahen, sagten sie: 'He, ein Geist, laßt uns weglaufen.' - 'Bleibt sitzen.' - 'Laßt uns weglaufen. Seine Haut ist von einer anderen Art.' Aber die Küstenleute sagten: 'Nein, bleibt!' Sie hielten sie, so daß sie sitzen blieben bis Lehner kam und den Leuten von Murawi und Ngasawapum die Hände schüttelte und den Leuten von Wantsa. Sie hielten ihre Hände hin. Danach gingen die Küstenleute zurück. Und auch unsere Leute gingen zurück nach Murawi. Dort blieben sie zunächst.

---

[1] Eine Insel im Markham und ein Ort in der Nähe der heutigen Markham-Brücke.
[2] Es ist nicht ersichtlich, wieso der Erzähler hier wie vorher schon im Singular spricht.
[3] Ngaroterat: Klan Montar, von Munun; Tsom: Klan Orog renan, von Ngasawapum; Antso: Klan Boarom rompon, von Munun; Ginug: Klan Feref, von Munun.

Sie blieben da, dann gingen sie zurück und kamen wieder. Sie brachten Evangelisten.[1] Sie brachten Evangelisten der Bukaua. Der Name des einen war Waga, der Name des anderen Aigalu. Leute von Butibam, von Yalu und von Henggali. Sie kamen mit ihnen. Mein Großvater brachte Gada mit. Er kam mit ihm. Sie kamen schließlich nach Murawi und sagten: 'He, du! Kommt! Wir gehen selbst zurück. Aber wir haben eure Evangelisten gebracht.' Sie sagten: 'Geht zur Frau Mri [2] dort.' Und sie sagten: 'Seht die Evangelisten dort. Sie werden bei euch bleiben.' - 'O, ja, die zwei da. Und der Bursche wird übersetzen, der Dolmetscher, der Sohn von Wangkan: Der jüngere Mu wante (Gada) dort. Ja.' Die Frau Mri sagte: 'Ja, das geht. Ich werde für sie sorgen.' Sie blieben mit den Evangelisten zusammen und lebten in Murawi.

Sie machten ihnen ein Essen. Sie kochten und machten Spaß. Mein Vater Parag stand auf und pißte auf sie; auch auf die Evangelisten pißte er. Sie sprangen auf und liefen weg vom Essen, und die Wampar dachten, diese Männer wären Leute, die Spaß verstehen, aber die Evangelisten sagten zueinander: 'Wenn sie so einen Spaß machen, dann werden sie uns auch erschlagen.' Deshalb liefen sie nachts davon. Sie liefen weg. Der Sohn von Gada hatte mit ihnen zusammen geschlafen. Als er am Morgen aufstand und sie nicht fand, sagte er: 'Die Evangelisten sind weggelaufen, weil ihr auf sie gepißt habt!' Und meine Mutter sagte: 'Ja, laßt es sein, sie sind weggelaufen. So bleiben nur wir beide hier.' Und Gada blieb da mit seiner Frau Mri.

Eines Tages kam ein Arbeiteranwerber,[3] ein Deutscher. Er kam, um junge Leute anzuwerben. So kam er nach Murawi. Als die Leute ihn sahen, sagten sie: 'He, ein Weißer!' Er kam, und sie versammelten sich um ihn. Er sagte: 'Ich bin gekommen, um einige eurer jungen Leute anzuwerben.' So warb er Burschen von Murawi an: Pungumping, Empep, Mangko und Eremias.[4] Von Wantsa waren es Foareng, Eraf, Pupuafin, Orab und Mome.[5] Die waren von Wantsa. Von Ngasawapum waren es Dzemor und Foareng.[6] Die beiden. Sie waren von Ngasawapum. Mit ihnen ging Gada,[7] der war noch sehr jung, und meine Mutter sagte: 'O, geh mit den anderen. Geh zu meinem Vater.' Und er ging mit ihnen. Er ging nach Lae und als mein Großvater ihn sah, da sagte er: 'Oh, bringt mir den Burschen. Ja, den mit dir.' - 'Den mit mir?' - 'Ja, geh mit ihnen auf das Boot!'

---

1 *misinare* wird hier sowohl für die europäischen Missionare, wie für einheimische Evangelisten gebraucht.

2 Zu *Mri* und dem im folgenden genannten *Wangkan* siehe oben, Kapitel 2, "Wogang".

3 Im Originaltext *kompani* .

4 Als Klanzugehörigkeiten der vier werden Boarom rompon, Dzeag a ntson Orog renan und Montar angegeben.

5 Bis auf den erstgenannten (von Feref) waren alle von Orog wangin.

6 Von Dzeag a ntson bzw. Feref.

7 Der "jüngere Gada" war der Sohn einer von den Henggali geraubten Frau.

Und sie aßen Nahrung der Weißen. Mein Großvater sagte: 'Ihr Leute von Enggali, holt reifen Taro und Sago und andere Nahrungsmittel. Und gebt sie dem kleinen Gada, der soll sie auf das Boot bringen für die Wampar, damit sie es in Rabaul essen.' Sie aßen ihre Nahrungsmittel auf dem Boot, bis sie nach Rabaul kamen. Als sie in Rabaul ankamen, sagte der große Weiße: 'Die mögen Reis nicht essen. Sie essen nur ihre eigenen Nahrungsmittel. Oh, wir bringen sie nach Toma.' Er brachte sie nach Toma, und sie arbeiteten in Toma. Sie arbeiteten da lange Zeit bis ihre Kontrakte beendet waren, dann brachen sie auf und kamen. Sie kamen nach Lae zu Wangkan. Der sagte zu ihnen: 'Geht, die Munun, die Ngasawapum, die Wantsa sind gekommen und haben die jungen Burschen gebracht, die ihre Kontrakte beendet haben.' Er brachte sie nach Hause. Aber der junge Gada war nicht dabei. Er blieb zunächst zurück. Als er seinen Kontrakt in Kokopo beendet hatte, wurde er Polizist und blieb noch einige Zeit dort, bis er groß war, dann lebte er wieder im Dorf. Das war's."

Stephan Lehner wurde nach dieser Darstellung zunächst für einen Geist gehalten, eine Einschätzung von Weißen, die aus früheren Texten schon bekannt ist. Der Bericht zeichnet sich insgesamt durch große Sorgfalt im Nennen von Namen aus. Die Erzählung über das Verhalten gegenüber den ersten Evangelisten von Bukaua erscheint zunächst etwas unverständlich. Aber diese Art von "praktischen Witzen" war offenbar bei den Wampar früher ganz üblich, und man scheint sich darüber amüsiert zu haben. Jedenfalls gibt es (oder gab es bis in die siebziger Jahre) eine Kategorie von Erzählungen, die ähnliches beschreiben. Eine Art von Schwänken, verbunden mit bestimmten Personen, etwa "Feog". Ein leichter Spott über die Fremden, die solche Angst vor den Wampar hatten, schimmert in dem Abschnitt allerdings auch durch. Der Bericht über den Arbeiteranwerber und die Anwerbung macht schließlich deutlich, daß der Erzähler von seiner eigenen Verwandtschaft berichtet. Trotz des Raubes der Großmutter wußte ihre Verwandtschaft ("Großvater" kann hier der Urgroßvater oder ein Großonkel des Erzählers gewesen sein) unter den Henggali (Enggali) noch über sie und ihren Sohn Bescheid. Diese verwandtschaftlichen Beziehungen wurden in der üblichen Weise durch Bringen von Nahrungsmitteln gleich an alle Wampar anerkannt. Als Besonderheit wird dabei erwähnt, daß die Wampar die Nahrung (Reis) der Weißen nicht mochten.

Text 14

An den vorigen Bericht schließt nun wieder der Erzähler von Text 8 an, der das Thema der Arbeiteranwerbung aufgreift. Epof in Munun erzählt davon (29.3.1976), daß drei Wampar von der Arbeit in Toma bei Rabaul davonliefen und von den Baining (einem früher berüchtigten "wilden" Stamm südlich Rabaul) getötet wurden. Die anderen wurden nach Hause zurückgeschickt, wo man die ersten Vertreter der Kolonialverwaltung, Luluais und Tultuls, einsetzte. Wer "Fibi" war, ist nicht zu eruieren. Die Angabe, er sei aus Deutschland gewesen, muß nicht zutreffen.

"Ein Weißer aus Deutschland. Fibi.[1] Der kam nach Sisintson, übernachtete in Sisintson, und am nächsten Tage ging er nach Dzifasing. Er schlief in Dzifasing. Und er brachte junge Männer aus Dzifasing mit. Er holte Fawante, Mangas, Dowed und Muru.[2] Es waren vier. Er kam und übernachtete in Munun, kam nach Ngasawapum und nahm Ngasangao mit und Gwoi aus Ngasawapum.[3] Er kam wieder nach Munun und holte Kati.[4] Er brachte sie nach Rabaul. Er ließ sie in Rabaul, aber sie aßen keinen Reis, und so brachte er sie nach Toma. Sie blieben in Toma, und von dort liefen sie davon, und die Baining erschlugen sie. Muru und Ngasangao und Gwoi. Als die Weißen das entdeckten, sagten sie: 'Laßt sie uns zurückschicken.' Sie schickten sie und machten Kati und Fawante zu Dorfvertretern.[5] Sie schickten sie zurück und sagten: 'Ihr seid Tultul dort, geht voraus, ich komme nach und werde den Luluai einsetzen.' Sie kamen, und Fibi folgte ihnen, er machte Ngaroterat[6] zum Luluai in Sisintson und sagte: 'Pflanzt Kokospalmen!' Sie pflanzten Kokospalmen in Sisintson. Sie siedelten dort. Er kam wieder und ernannte Vertreter bei den Dzifasing. Er machte Nub[7] zum Luluai und machte Fawante zunächst zum Tultul. Machte ihn dann zum Luluai und ging zurück.

---

[1] Im Original heißt es ausdrücklich *ges eama*, "sie kamen", also im Plural. Gemeint sind vermutlich der Weiße und seine einheimischen Begleiter.

[2] Die genannten vier waren von den Klans Dzeag a ntson, Orog wangin, Orog a dzog und Tsab a mpes.

[3] Von Montar bzw. Dzeag a ntson.

[4] Alter Name Mapoa, von Dzeag a ntson.

[5] Im Original heißt es, in Lehnübersetzung aus dem Pidgin: "sie gaben ihnen einen Hut". Gemeint ist die offizielle Mütze von Luluai oder Tultul.

[6] Von Montar.

[7] Owang rompon.

Text 15

Die folgenden drei Texte beschäftigen sich alle mit demselben Ereignis, bzw. mit Stadien dieses Ereignisses. Es ist die Arbeiteranwerbung bei den Azera durch einen Mr. Turner im Jahre 1916, in deren Verlauf Begleiter aus Gabsongkeg und Dzifasing einige Menschen heimlich töteten. Darauf erfolgte die Festnahme durch einen australischen Beamten und die Tötung mehrerer Wampar. Der erste Text hierzu (Aufnahme 29.12.1971 in Gabsongkeg) stammt von Yadzu (christlicher Name Timoteus) vom Klan Orog wangin aus Gabsongkeg. Yadzu ist etwa 1912 geboren, er berichtet eigene Erlebnisse, sehr wahrscheinlich ergänzt durch die Erzählungen anderer. Yadzu war wohl schon immer ein eigenartiger, etwas aufgeregter, erregter und manchmal auch wirrer Mann, der auch diesen Text mit großer Vehemenz sprach. Ich sah ihn zuletzt 1988, da war er trotz seines Alters recht munter. 1990 sah ich ihn nicht, er war schwer krank.[1]

"Zwei Anwerber[2] kamen aus Lae. Sie kamen nach Gabsongkeg. Viele unserer großen Männer trugen seine[3] Lasten. Sie gingen mit ihm und übernachteten am Wawin. Er nahm viele Dzifasing-Männer mit. Männer von Tararan, Männer von Dzifasing kamen und trugen seine Lasten zusammen mit vielen Männern aus Gabsongkeg. Sie gingen und gingen bis hin zu den Adzera. Als sie bei den Adzera angekommen waren, da erschlugen sie viele Adzera, sie jagten und erschlugen sie. Sie jagten und erschlugen und erschlugen sie. Die Männer von Dzifasing erschlugen welche, die Männer von Tararan und die Männer von Gabsongkeg, sie erledigten die Adzera. Aber da war einer ihrer Missionare. Seine Name war Oertel.[4] Die Sache wurde ihm bekannt, er hörte davon. Er schrieb einen Brief und schickte ihn her. Er kam nach Gabmadzung zu Panzer,[5] und der schickte ihn nach Morobe. Er ging nach Morobe zum Beamten und der las ihn.[6] Er las ihn und schickte Nachricht an einen[7] anderen Beamten, der nahm viele Polizisten mit sich und kam mit ihnen.

---

1 Zu Yadzu und seiner Familie siehe Fischer 1975: 350, 386.

2 Die Pidgin-Formulierung *kompani* im Original bedeutet eigentlich, daß es sich um Weiße handelte, die keine Missionare oder Beamten waren, sondern Händler, Pflanzer oder eben Anwerber.

3 Daß es sich um *zwei* Weiße gehandelt haben soll, wird nur im ersten Satz behauptet. Danach ist immer nur von einem Weißen im Singular die Rede.

4 Im Originaltext wird der Missionar, wie allgemein auf Wampar, "*Ride* " genannt.

5 Der Missionar Karl Panzer wird durchgehend "*Bantser* " genannt.

6 Im Originaltext *irungum* , "er hörte", obwohl es ein Verb für "lesen" gibt.

7 Wörtlich steht im Originaltext *kiap fun*, was eigentlich "mehrere Beamte" heißt. Es wird aber weiterhin nur von einem gesprochen.

Sie stiegen auf Kanus und kamen nach Gabsongkeg. Sie kamen zu unserem Missionar Panzer, bei dem schliefen sie. Sie übernachteten in Gabmadzung. Nachts, wir wohnten mit unseren Vätern und Großvätern in unserem Weiler, da hörten wir nachts davon, und alle Männer und Frauen und Kinder liefen weg in den Busch. Sie versteckten sich, als sie hörten, daß der Beamte gekommen war, um die Männer festzunehmen, weil sie die Adzera erschlagen hatten. Am nächsten Morgen ging der Beamte mit vielen Polizisten in den Wald und suchte uns mit Vätern und Müttern, es war schrecklich. Ich war ein Kind, ich lief nackt, ich trug eine Axt, die warf ich in einen Bach und der trug sie davon. Die Polizisten prügelten, sie schlugen unsere großen Männer. Sie stießen sie mit Gewehrkolben, daß sie hinfielen.[1] Ich sah das und hielt einen Polizisten am Bein fest. Es war ein großer Polizist, den ich am Bein festhielt, und dann rannte ich in den Busch und folgte meiner Mutter. Mit meiner Mutter versteckte ich mich im Busch, mitten im Rotang-Dickicht.

Die Polizisten suchten die Männer, fingen sie, fesselten ihnen die Hände und brachten sie. Sie fingen einen anderen, nahmen ihn fest, fesselten seine Beine und Arme und brachten ihn. Dann kamen sie und machten unsere Frauen kaputt, sie vergewaltigten einige unserer Frauen, und sie vernichteten unsere Bananen, vernichteten sie völlig, nahmen Buschmesser und zerstörten die Häuser, vernichteten unsere Sachen, und sie nahmen Frauen und vergewaltigten sie auf dem Weg und nahmen sie mit. Sie kamen, holten Männer und Frauen, und kamen nach Gabmadzung zu unserem Missionar Panzer. Sie steckten sie ins Haus, in unsere Kirche in Gabmadzung. Und sie hielten sie gefangen.

Sie blieben in diesem Haus, und die Polizisten bewachten sie. Wenn diese Männer weglaufen wollten, schossen sie. Sie blieben also in dem Haus. Man gab ihnen zu essen, aber sie blieben weiterhin im Haus. Sie blieben da bis zu einem Gottesdienst,[2] als die Missionare Panzer und Oertel einen Gottesdienst abhielten. Sie sangen und erklärten das Wort Gottes, und die Festgenommenen saßen dabei. Sie machten keinen Lärm und saßen ganz ruhig da. Der Gottesdienst ging zu Ende und das Lied zum Hinausgehen wurde gesungen. Da rannten die Gefangenen alle auf einmal los. Sie liefen und durchbrachen das Haus. Sie kamen und sprangen und sprangen und sprangen, sie liefen los und liefen zur Tür, sie schlugen die Polizisten, schlugen auf die Gewehre. Einer lief los und ein Polizist schoß ihn in die Brust, es zerriß seine Schulter. Er fiel um.

---

[1] Polizisten gegenüber besteht noch heute eine sehr zwiespältige Einstellung der Bewunderung und Angst. Über das häufig brutale, gewalttätige und willkürliche Verhalten einheimischer Polizisten, von dem Beamte oft gar nichts wußten, schreibt Kituai 1988; s. besonders 160, 166.

[2] Das im Text hier gebrauchte, aus dem Deutschen stammende Wort *sontag* (Sonntag) kann den Sonntag oder einen Feiertag, aber auch "Gottesdienst" oder morgendliche und abendliche Andacht bedeuten.

Ein anderer lief davon, man schoß hinterher, und er fiel um. Er fiel bei der Weide für die Rinder. Noch einem, der davon lief, wurde hinterhergeschossen, und er fiel um. Einer kam bis zur Straße, sie schossen, und er fiel auf die Straße. Ein anderer kam und kämpfte mit den Polizisten, sie schlugen sich, und man hielt ihn fest und sie kämpften und kämpften, und sie erschlugen ihn, und er fiel um. Einige kamen davon und erreichten uns. Einige unserer Mütter und Väter versteckten sich im Busch. Das war am Ufer des Markham. Im Wald. Und sie erzählten uns: 'Diese Leute hielten Andacht, die Missionare hielten Andacht, und dann sangen sie zur Andacht und sangen das Lied zum Hinausgehen, da kamen sie mit den Missionaren und erschossen sie, schlugen sie, ein großer Kampf, und keiner blieb übrig. Sie sind alle weg, es ist leer.' Da waren wir sehr traurig, wir blieben in jenem Wald.

Wir hatten großen Hunger, wir hatten nichts, ich weinte vor Hunger. Als das mein Vater sah, als meine Väter das sahen, waren sie verzweifelt, und sie suchten trockene Kokosnüsse im Wald. Sie holten trockene Kokosnüsse, schlugen sie für mich auf, und ich aß sie vor Hunger. Als ich aufwachte, holten sie Sago und brachten Sago-Rinde. Sie holten ihn mit Rinde. Sie machten Feuer und brieten ihn. Brachen ihn in kleine Stücke und legten ihn auf das Feuer in Blätter gewickelt wie Sago. Und sie wendeten alles um und um. Eine Frau namens Warang zeigte es den Frauen von Gabsongkeg und sagte: 'Macht es so!' Und sie machten es ihr nach. Sie entzündeten ein großes Feuer und legten es auf das Feuer. Das Feuer verbrannte es, und sie schabten es ab. Das Feuer brannte es hart, und sie schabten und schabten und gaben es uns. Sie legten es zusammen und gaben es uns und wir weinten und aßen es.[1] Wir aßen und waren satt, tranken Wasser und blieben da.

Da war ein Mann namens Noa, der hatte zwei große Hunde, die erlegten viele Schweine. Die brachten sie uns, und wir zerlegten sie und aßen sie mit dem Sago. Wir lebten da und sprachen darüber, daß jene Leute kommen würden. Sie würden mit dem Beamten kommen und uns gefangennehmen, und die Frauen und Männer würden hingehen und essen, weil die Kinder vor Hunger starben. Nach einiger Zeit schickte Panzer einen Burschen namens Dangir. Der ging da hin, zum Ort namens Ngarobaser. Ein anderer Name ist Turuguf. Und er brachte uns eine Nachricht. Er holte die Väter, sie gingen alle an diesem Tage und schwammen den Markham abwärts. Wir blieben mit den Müttern allein zurück, und nur einzelne Männer blieben dabei. Sie näherten sich Gabmadzung und sahen wieder die Polizisten an der Seite stehen, und sie bekamen Angst, und die großen Männer, viele von ihnen, die rannten wieder zurück, denn sie hatten Angst vor dem Beamten und den Polizisten, und sie rannten wieder zurück und

[1] Die Beschreibung ist nicht ganz klar. Sago ist an sich schon eine unbeliebte Notnahrung. Hier scheint das Sagomark aus der Rinde herausgeschlagen und ohne weitere Bearbeitung auf offenem Feuer gebraten worden zu sein.

kamen zu uns nach Sangkea. Als wir sie sahen, da waren Frauen und Männer verzweifelt, daß sie wieder zurückkamen, weil man sie sonst gefangengenommen hätte und sie gestorben wären.
Sie hatten großen Hunger, waren fast gestorben vor Hunger. So blieben wir wieder einige Zeit, dann kam Dangir wieder zurück und sprach zu ihnen und holte sie. Er holte sie, und alle gemeinsam bauten ein Floß am Markham, alle verließen den Wald. Sie kamen nach Gabmadzung, der Beamte sah sie, und viele Polizisten standen da, umzingelten uns und brachten uns ins Dorf, und wir setzten uns. Ein Mann namens Pupuafin, er war unser Tultul, der sagte zu den Leuten: 'Lauft nicht umher, geht nicht hierhin und dorthin. Bleibt sitzen, denn wenn ihr herumlauft, schießen sie. Wenn sie denken, daß ihr fortlaufen wollt, werden sie schießen.' So blieben wir mit unseren Vätern sitzen. Wir saßen und saßen, es wurde Nacht, und wir schliefen. Wir schliefen bis es Tag wurde, dann sagte der Beamte zu den Vätern: 'Heute ruht ihr euch aus. Übermorgen werde ich mit euch losgehen. Eure Frauen sollen Essen machen und zusammenpacken für ihre Männer. Sie nehmen es mit.' Sie machten es fertig.
Am Morgen als es hell wurde, bildeten alle eine lange Reihe, sie stellten sich hintereinander auf. Der Beamte kam und sah es, er rief einen Namen, derjenige kam; er rief einen anderen Namen, rief einen anderen Namen. Er nahm sie alle mit, und nur die Mütter blieben sitzen im Dorf, und sie weinten sehr. Sie weinten sehr darüber. Im Ort der Missionare.[1] Sie weinten, weinten, und die Väter gingen mit dem Beamten zu den vielen Kanus der Labu. Sie setzten sich gemeinsam hinein. Und sie fuhren flußab nach Lae. Sie kamen nach Lae, und am nächsten Tag kam ein Boot und brachte sie nach Morobe. Sie kamen nach Morobe und arbeiteten in Morobe. Sie waren Gefangene in Morobe. Eine kurze Geschichte, eine wahre Geschichte."

Text 16

Der zweite Text zum "Fall Mr. Turner" stammt von Moaru (christlicher Name Efron) vom Klan Montar aus Gabsongkeg. Moaru ist um 1915 in Munun geboren. Er starb in Gabsongkeg 1972. Dieser, als ich ihn kennenlernte schon alte, kleine freundliche Mann war eine Fundgrube für Geschichten. Er erzählte sie gern und jederzeit und nicht nur auf Wampar oder Pidgin, sondern auch satzweise abwechselnd in den beiden Sprachen (was zu Anfang meiner Forschungen, als ich noch nicht Wampar verstand, sehr hilfreich war). Er war auch jederzeit bereit, Texte anderer zu übertragen und zu übersetzen und wollte dann häufig seine Version auch noch

---

[1] Auf der Missionsstation Gabmadzung.

erzählen. Fragen und Bitten um Erläuterungen allerdings begriff er meist nicht und begann die ganze Geschichte gleich mit der selben Freundlichkeit und sogar Begeisterung noch einmal zu erzählen. Moaru war kein "bedeutender" oder einflußreicher Mann in seinem Dorf, sondern eher der etwas belächelte, komische, Witzchen erzählende alte Junggeselle. Er war seit langer Zeit Witwer und nicht wieder verheiratet (zu der Zeit noch ziemlich ungewöhnlich) und hatte keine Kinder. Aber eigentlich akzeptierten ihn alle, und er wurde jedenfalls nicht verspottet. Er liebte es, mir die Geschichten über "*Feog*" zu erzählen, die Figur eines geilen älteren Junggesellen, in dem er vielleicht eine gewisse Ähnlichkeit mit sich selbst sah.

Nach seinen eigenen Angaben hatte er die meisten Geschichten, die er kannte, von seinem Vater gehört. Und wie sich bei wiederholt erzählten Texten zeigte, waren seine Geschichten jeweils inhaltlich wie formal sehr stabil und gleichbleibend.[1] Moarus Begeisterung für Geschichten drückt sich allerdings auch in der Länge aus, die nicht immer in einem guten Verhältnis zum Inhalt steht. Der vorliegende Text ist zumindest teilweise Eigenerfahrung. Ergänzend zu den anderen Texten wird die Tötung des Tultul von Dzifasing durch die Polizisten erzählt. Wie in den Formulierungen der Missionare werden auch hier die "positiven" Auswirkungen der Festnahmen und Erschießungen auf Kirchenbesuch und Einstellung zur Mission erwähnt. Aufnahme in Gabsongkeg am 15.8.1971:

"Ein Weißer kam und nahm die großen Männer des Dorfes (als Träger) mit. Er nahm nicht viele mit, nur die ganz großen: Noa und Furif, Etsep und Natan, die nahm er mit. Sie gingen nach Dzifasing. Und er nahm die großen Männer von Dzifasing auch mit. Ich weiß nicht, wer die Männer waren, die mitgingen, ich weiß nur den Namen von einem: Dzeag oron. Der ging mit den anderen. Alle von Dzifasing, nur die großen Männer. Sie gingen zu den Adzera. Der Weiße sagte zu ihnen: 'Also, ich bleibe hier und ihr geht in die Dörfer, und wenn ihr einen Burschen findet, fragt ihn und bringt ihn zu mir. Ich werbe sie dann zur Arbeit an.'

Sie gingen also los. Aber sie holten keine Arbeitsjungen, sie zogen nur zum Kämpfen los. Sie erschlugen die Leute. Als sie zurückkamen, fragte der Weiße: 'Wo sind die Männer?' - 'Ach, wir sind losgegangen, aber die Leute hatten Angst und sind weggelaufen.' So logen sie zu dem Weißen. Sie hatten aber mit den Adzera gekämpft. Am nächsten Tag war es dasselbe. Sie brachten einige an und logen, daß der Weiße sie sehen wollte. Sie kamen zu dem Weißen, und der sah sie. Sie schwindelten sie an, sie sollten Feuerholz sammeln. Es war starker Wind, und sie dachten, daß der Weiße es nicht sähe.

[1] Zu Moaru siehe Fischer 1975: 26, 341, 400.

Einige holten Feuerholz, und sie erschlugen sie dabei. Aber der Weiße sah es. Sie taten so, aber der Weiße sah es und war wütend. Er war wütend auf sie, denn er hatte es gesehen. Und sie hatten keine Arbeitsjungen mitgebracht. Sie kamen ohne sie.

Als er wieder weg war, da verriet ein Bursche, der bei Missionar Panzer arbeitete, diesem, was geschehen war. Ach, er verriet es nicht Panzer, sondern Oertel! Als Oertel das hörte, war er sehr böse auf seine Leute. Er schrieb einen Brief an Panzer. Wieso dessen Leute gekommen seien und seine Leute getötet hätten. 'Ich habe das gehört und bin verzweifelt. Was soll ich tun. Ich werde einen Brief nach Morobe schreiben, daß ein Beamter mit Polizisten kommt und sie alle festnimmt.' Aber Panzer wußte auch nichts von diesem Weißen, er dachte an seine Leute. Er überlegte und überlegte und schließlich entschloß er sich. Er informierte also Oertel, und Oertel schickte einen Brief nach Morobe. Und der Beamte von Morobe kam. Er brachte viele Polizisten mit, und sie kamen ins Dorf.

Als sie ins Dorf kamen, sagte Panzer: 'Erschießt sie nicht. Wenn ihr die Männer findet, die getötet haben, dann nehmt sie fest, aber die großen Männer, die Frauen und Kinder laßt in Ruhe!' Aber einige Burschen, die bei Panzer arbeiteten, die schwindelten zu den anderen: 'Die kommen und wollen euch erschießen.' Da liefen alle weg und blieben nicht im Dorf. Als alle weggelaufen waren, da blieb nur ein Mann, der Schwager von Pupuafin, der blieb bei den Polizisten. Der Weiße blieb bei dem Missionar auf der Station, und sie gingen unsere Leute suchen. Sie kamen also an diesen Ort nahe bei Nadzab und holten mich, zusammen mit meinem Vater. Ich kam mit. Ich kam mit, und mein Vater sagte zum älteren Bruder: 'Was ist los?' Und der Bruder sagte: 'Ich werde etwas unternehmen.' Die beiden sprachen darüber, diesen Polizisten zu töten. Und der Bruder sagte: 'In Ordnung.' Und Vater sagte: 'In Ordnung, los!' Er sprach davon, ihn zu töten, aber dieser Mann, Marieki, der sagte: 'Nein, das können wir zwei nicht tun. Wenn wir beide ihn töten, dann werden sie uns erledigen. Lassen wir ihn lieber am Leben.' So ging sein Schwager also voran, und uns beide nahm der Polizist mit und brachte uns in die Kirche.

Ich war da also bei den Eltern und allen Leuten, den großen Männern nur, die sie in die Kirche gebracht hatten. Darin blieben wir einige Zeit und sie brachten alle. Brachten sie in die Kirche. Am Abend kamen alle zur Andacht. Sie kamen in die Kirche und hielten Andacht. Als sie das Lied zum Abschluß sangen, da sprangen die Männer, die großen Männer, alle gleichzeitig auf. Einige rannten zur Mission und hinunter zum Markham. Andere liefen in die Grasfläche, die hatten die Rinder so abgefressen, daß es wie ein leerer Platz war. Und weil heller Mond schien, erschossen sie diesen Mann, Duwi. Duwi und seinen Bruder Sanas. Ein anderer sprang auf und lief ihnen nach, namens Panis. Den erschossen sie auch. Drei Männer. Sie erschossen drei Männer. Einer wollte durch das Fenster springen, sie schossen auf ihn, und er fiel zurück in die Kirche. Sein Name war Waga. Dort blieb er.

Der Weiße holte Fesseln, und sie fesselten sie und brachten sie nach Morobe. Sie schickten sie nach Morobe. Am nächsten Tage sagte der Missionar, Panzer, zu den Leuten, sie sollten Gräber ausheben und sie begraben. Sie hatten einen Mann auch bei dem Weiler hier erschossen, Yaning. Nur den einen. Den begruben sie. Nachdem sie sie begraben hatten, saßen wir und aßen nichts. Wir aßen nur ein kleines bißchen. Als uns Missionar Panzer sah, war er wütend und sagte zu dem Beamten: 'Was ist nun eigentlich?' Er sagte, sie sollten die Frauen und Kinder hinausschicken, damit sie essen konnten. Nur die großen Männer sollten bleiben. Der Beamte stimmte dem zu. Er rief das seinen Polizisten zu. Die sagten es uns, und ich ging mit den Müttern. Wir gingen hinaus, und unsere Väter blieben drinnen.

Dann kam ein Kanu der Labu. Nein, es waren zwei Kanus, die holten sie ab nach Dzifasing. Sie landeten in Dzifasing, aber die Dzifasing-Leute waren nicht da, nur die Frauen, nicht ein einziger sonst. Sie waren alle in den Busch gegangen. Nur die großen Männer waren im Dorf. Da war der Tultul aus der deutschen Zeit, der hatte so getan, als hätte er den Posten. Der eine ging also den Weg, um den Weißen zu suchen und ihn ins Dorf zu bringen. Aber der Weiße war nicht vorangegangen, der war noch am Wasser. Die Polizisten gingen schon los. Die traf er auf dem Weg. Und er fragte sie nach dem Weißen. Der Weiße kam wohl hinterher. Die Polizisten sagten: 'Geh du schon voraus ins Dorf.' Der Tultul ging also voraus. Ein Polizist hinterher. Und ein anderer kam ganz hinten. Da nahm der eine sein Gewehr und erschoß ihn. Er erschoß den Tultul. Der starb am Weg, und sie beeilten sich mit ihm, damit der Weiße ihn nicht sehen sollte. Sie nahmen seine Mütze und warfen sie weg, dieser Mann warf sie ganz weit weg. Dann ging er voraus ins Dorf. Die großen Männer, die im Dorf waren, schickten einige auf einen Baum. Die schauten aus. Sie sagten: 'Sie sind jetzt nahe.' Sie kamen also an, und der Weiße mit anderen kam hinterher. Der Polizist verriet dem Beamten nichts über den Tultul. Das verschwieg er. Sie kamen also nach Dzifasing und da war niemand. Wirklich nicht. Bloß das leere Dorf.

Sie saßen also eine Weile, dann gingen sie zu dem Weiler. Zu dem Weiler an den Bergen. Dort versammelten sie sich alle. Sie erwarteten den Weißen nicht mit seinen Polizisten. Und sie schickten einen Burschen: 'Steig auf den Baum und schau nach dem Weg. Wenn sie kommen, sag Bescheid.' Er schaute also aus, und die anderen saßen da. Sie fragten: 'Kommen sie?' Aber der Mann auf dem Baum sagte: 'Nein, sie kommen nicht. Sie sind da noch.' Das sagte er, aber er paßte nicht auf, und sie kamen heran. Als er wieder ausschaute und dahin sah, waren sie ganz nahe. Er sah hinunter, und alle sagten: 'Jetzt sind sie ganz nahe.' Sie kamen also zum Dorf, aber sie hatten die Frauen alle in den Busch geschickt. Nur die großen Männer waren da. Sie kamen und setzten sich zusammen. Und sie wollten sie töten. Ein Mann sagte zu den großen Männern: 'Ihr schafft doch diese Polizisten. Ich selbst werde mich zu dem Weißen setzen. Und ich werde den töten.' Mit seinem Sohn setzte er sich hin. Der Weiße zündete ein Streichholz an, um zu rauchen. Dann war die Streichholzschachtel leer. Er warf sie diesem Mann zu. Der dachte, da wären Streichhölzer drin. Als er sah, das da keine waren, sagte er: 'Ah, du hast mich getäuscht.'

Der Weiße sah, daß die Männer Keulen und Speere hatten und sagte zu den Polizisten: 'Kommt nicht nahe, bleibt abseits!' Das taten sie. Da griff er den Weißen. Die Polizisten sprangen auf. Und die schossen auf sie. Sie schossen auf sie, und sie liefen weg. Nein, sie erschossen sie nicht, sie jagten sie nur. Alle rannten in den Busch. Aber sie erwischten einen Mann von Dzifasing. Den Luluai von Dzifasing. Sein Sohn arbeitete für Panzer. Sein Name war Ona. Panzer hatte ihn mitgeschickt. Er sagte den beiden, sie sollten zurückkommen zum Flußufer. Sie wollten zurückkehren. Sie kamen auch und gingen zu den Kanus, und die Labu paddelten zurück. Sie kamen und übernachteten in Gabmadzung. Am nächsten Morgen sagte Panzer zum Beamten: 'Jetzt ist es genug.' Der sprach mit den Polizisten. Sie sollten sich um die Frauen und Männer kümmern, daß alle herauskämen und äßen. Sie sollten nicht im Busch bleiben, weil sonst die Kinder hungern würden. Dann könnten sie sterben. Das sagte er, und der Beamte ging voraus. Und er sagte zu den Polizisten: 'Bleibt hier!' Und dieser Mann Pupuafin sagte: 'Ruft die Männer, sie sollen kommen. Und wenn ihr die Männer seht, die getötet haben, nehmt sie fest. Tötet sie nicht.' Panzer sagte auch zu dem Beamten: 'Nimm sie mit.' Aber er nannte keine Monate oder Jahre dafür. Sie sollten nur einen Monat gehen und dann zurückkommen. Einen Tag vielleicht nur, und zurückkommen. Er war halt ein neuer Mann. Und er hatte es nicht richtig verstanden.

Sie brachten also die Väter nach Rabaul. Sie wurden in Rabaul eingesperrt. Die Polizisten blieben noch und nahmen einige Männer fest, die getötet hatten. Sie nahmen meinen Bruder Etsep fest, Natan, Furif, und nahmen sie alle mit, auch die Dzifasing-Leute. Gemeinsam brachten sie sie weg. Schließlich kamen sie nach Morobe. Ein großes Schiff brachte sie nach Rabaul. Mitten in der Nacht kamen sie in Rabaul an, man öffnete die Tür, und sie kamen ins Gefängnis. Die Väter schliefen. In der Nacht weckte man sie. Sie standen auf, und am nächsten Tag kamen alle Väter zurück ins Dorf. Sie kamen zurück ins Dorf und blieben hier.

Nach einiger Zeit kam Panzer ins Dorf. Und er sprach zu den großen Männern. Er sagte zum Luluai Noa - Omad: 'Hast du ein kleines Haus am Ufer?' Noa sagte: 'Das habe ich.' Dann holten sie alle großen Männer. Die kamen, und er zeigte ihnen diesen Bach beim Dorf hier. Ich kam mit ihnen. Und er sagte zu ihnen: 'Baut hier ein Dorf.' So bauten sie dieses Dorf hier. Er ging selbst zurück. Als er zurückging, sagte er, wenn dieser Platz in Ordnung sei, würde er zurückgehen. Als sie ihn gerodet hatten, ging er zurück.

Unsere großen Männer gingen damals noch nicht zur Kirche, sie wußten noch nichts davon. Sie legten einen Stamm hin wie diesen. Einen neuen. Sie setzten sich darauf. Und die jungen Leute von Gabsongkeg und Sab und Gabantsidz, die kamen zur Andacht, um es ihnen vorzumachen. Sie hielten Andacht und die großen Männer saßen nur da. Sie saßen da und jetzt sangen sie. Dann kamen sie und rodeten diesen Platz hier, und der Missionar sagte: 'Jetzt laßt euch hier nieder. Später werden wir eine Kirche bauen.' - Das war's."

Text 17

Der letzte Text zu dem Fall der Azera-Morde und Erschießungen von Männern aus Gabsongkeg und Dzifasing wurde wieder von Dziru aus Ngasawapum erzählt (siehe Text 3), am 7.10.1965 in Gabmadzung. Er ist sicherlich einer der interessantesten Texte, da er aus der Sicht der Wampar etwas erklärt, was in den Angaben der Missionare wie eine standrechtliche oder einfach widerrechtliche Erschießung durch die Kolonialverwaltung aussieht (und als solche übrigens durchaus nicht negativ dargestellt wird). Der Text beschreibt nur die letzte Phase der ganzen Angelegenheit, das Verbringen der festgenommenen Männer aus Dzifasing in einem Boot nach Morobe. Auf See versuchten die Gefangenen die Polizisten zu überwältigen und wurden dabei erschossen. Einer, der entkam, machte sich auf den Weg nach Dzifasing und wurde unterwegs von einem Mann aus Ngasawapum getötet. Ein Grund dafür ist nicht angegeben, liegt aber wohl in der zu der Zeit noch bestehenden Feindschaft zwischen den Wampar-Dörfern. Dziru hat diese Geschichte als *Hiob esab a dzob*, als "Die Geschichte von Hiob" bezeichnet und erklärt, er habe sie von diesem (inzwischen verstorbenen) Hiob vom Klan Montar aus Ngasawapum selbst gehört.

"Die Weißen haben Männer von Gabsongkeg und Männer von Dzifasing erschossen. Sie nahmen einige Männer von Dzifasing mit, um sie nach Morobe ins Gefängnis zu bringen. Sie holten sie und brachten sie auf einem Boot fort. Es wurde Nacht, und sie fuhren weiter bis es Morgen wurde. Da näherten sie sich Morobe. Sie ruderten bis zum Morgen, da wurden sie müde, weil sie die ganze Nacht gerudert hatten. Sie waren müde und legten sich hin und schliefen. Als die Wampar das sahen, sagten sie: 'Wir sind gemeinsam stark genug, um sie zu überwältigen und ins Wasser zu werfen, dann fahren wir weg. Wir nehmen dieses Boot und rudern davon.' So machten sie es. Sie verabredeten es und sprachen in ihrer Sprache, als sie bei den Polizisten saßen, und die schliefen, und das taten sie.

Dann sagten sie: 'Los!' Sie riefen sich zu, die Polizisten alle zu greifen und ins Wasser zu werfen. Und sie griffen einen, weil alle Gewehre trugen, und dieser eine schlief mit seinem Gewehr. Sie griffen ihn und warfen ihn mit seinem Gewehr ins Wasser. Sie warfen ihn ins Wasser, aber die anderen schafften sie nicht. Doch dieser Polizist schwamm, er machte es wie ein Reiher, nahm sein Gewehr und schoß auf die im Boot. Er schoß und schoß und erschoß sie alle, dann kletterte er ins Boot und jagte sie, und wenn er einen schwimmen sah, dann erschoß er ihn. Da schwamm einer, und er erschoß ihn. Schließlich blieb niemand übrig außer einem Mann, der war ein guter Taucher. Der tauchte und blieb im Wasser, ganz tief im Wasser. Er tauchte und blieb bei einem Stein unten ganz lange, und als die Polizisten ins Boot gestiegen waren und lange gewartet hatten und ihn nicht mehr fanden, da fuhren sie weg. Sie ruderten das Boot nach Morobe.

Er blieb da, bis es dunkel wurde, dann ging er an Land und schlief bei Dorfleuten. Er brach sich Zuckerrohr und kaute es, und er kam. Er kam das Ufer entlang bis nach Salamaua. Er kam weiter am Ufer entlang und erreichte die Mündung des Markham. Da wurde er sehr hungrig und konnte die Markham-Mündung nicht überqueren, und er folgte dem Fluß aufwärts und erreichte Ngarasa. Er sagte sich: 'Ich bin zu einem Wampar-Dorf gekommen. Ich werde hinüberschwimmen.' Er schwamm hinüber nach Meab, wo Hiob und seine Frau im Garten waren. Er kam herübergeschwommen und kam gelaufen und verbarg sich und schaute. Er sah seine Schwester Salome, nannte sie beim Namen und sagte: 'Da ist Salome mit ihrem Mann, ich werde zu ihr gehen.' Er kam, und als Salome und ihr Mann ihn sahen, da sagten sie: 'He, die Weißen haben sie mitgenommen und jetzt kommt er her.' Die Schwester sagte: 'Komm her!' Und sein Schwager sagte: 'Komm her, deine Schwester wird Essen kochen, und du kannst essen und schlafen und dann gehen.' Er ging hin und setzte sich, sie brachen Zuckerrohr, gaben es ihm, und er kaute es. Sie röstete Mais, und er aß ihn, dann forderte er seine Frau Salome auf, Essen zu kochen.

Er holte Bananen, holte sein Beil, schärfte das Beil, holte Feuerholz und zerkleinerte es. Er zerkleinerte Feuerholz und kam dabei näher, und als er nahe war, tat er so, als wolle er Feuerholz zerkleinern, und er kam heran, wo jener Mann nach vorne gebeugt saß und Mais aß. Er kam heran als wollte er Feuerholz zerkleinern und schlug den Mann, diesen Dzifasing-Mann, auf den Hinterkopf. Er erschlug ihn. Dann nahm er Lianen und band ihn und brachte ihn zum Fluß, und er band ihn an einen Baum im Wasser. Er blieb da eine Weile und kam dann zurück, und am Morgen ging er mit seiner Frau ins Dorf. Er verriet nichts von dieser Angelegenheit und erst als der Missionar ihn taufte, beichtete er sie."

Sozusagen als Nachtrag zu den Gründen für die Tötung der Gefangenen auf dem Wege nach Morobe noch ein kurzer Text, den Gottfried Schmutterer aus dem Yabim übersetzte.[1] Er zeigt, daß der eigentliche Ablauf des Geschehens unter den Wampar schon sehr viel länger bekannt war - damit übrigens wohl auch den Missionaren. Wieder wird der Vorgang als Anlaß für die Hinwendung zum Christentum betont:

"Zu dieser Zeit führten die Laewamba immer Krieg. Sie schlugen die Azera und auch andere Stämme. Einmal, als sie von Azera zurückkamen, machten sie Kriegstänze in Gabsonkek. Das erfuhr der Polizei-Offizier an der See. Da wurde er zornig und erschoß einige Leute in Gabmadzung. Andere nahm er als Gefangene mit an die See. Da wurden sie an Bord eines großen Schiffes gebracht und nach Rabaul gebracht. Die Laewamba wollten an Bord des Schiffes die Polizeisoldaten erschlagen, und die erschossen noch welche, bis die Übrigen nachgaben. Die Laewamba erkannten, daß die Gewehre ihnen über waren, so gaben sie langsam nach und nahmen das Mêtê, das Wort Gottes an."

Kapitel 9 : Missionare

Text 18

Boyag (christlicher Name Rufus) vom Klan Warir aus dem westlichsten Wampar-Dorf Tararan, war ein angesehener älterer Verwandter einer Gruppe von Angehörigen des gleichen Klans in Gabsongkeg.[2] Ich hatte mit ihm nichts zu tun, aber seine Verwandten sprachen immer mit Achtung von ihm. Als er eines Tages zu Besuch in Gabsongkeg war, wolte er mir etwas auf Tonband erzählen (Aufnahme am 25.12.1971). Es ging um einen Vorfahr dieses Klans in Tararan, der einer der ersten und wichtigsten Informanten für Missionar Panzer gewesen sei. Boyag gibt einen kurzen Abschnitt der historischen Texte wieder, die dieser Tim dem ersten Missionar erzählt hatte. Dann berichtet er davon, daß es früher einen Wampar gegeben habe, der *Bantser* hieß, seine Frau hieß *Rao*. Man brachte die Namen mit "Panzer" und "Frau" (Panzer) zusammen. Auch diese Verbindung

[1] Siehe Kap.7; Schmutterer nach Herrlinger p.11f.

[2] Zu seiner Verwandtschaft siehe Fischer 1975: 356.

macht deutlich, daß man die Weißen für zurückgekehrte Totengeister hielt, wie das auch mit mir selbst noch sehr viel später geschah.

"Missionar Panzer kam nach Munun, und er ließ sich in Gabmadzung nieder. Noa, ein Mann von Orog a ntson und Sising fragten die Leute vergeblich nach ihm. Tim lebte in Tararan. Da fragten sie nach ihm, fragten nach Tim: 'Geht und holt diesen Mann von Orog a ntson, Tim!' Und er kam. Er kam zu Panzer. Der fragte ihn, und Tim erzählte von den großen Männern von ganz früher. Ihre Geschichte.
Er sagte: 'Wir lebten dort, lebten zuerst in Ononapoaran. Wir kamen dann nach Bora, ein Dorf namens Bora. Dann kamen wir und siedelten in Gangamaran.' Und er sagte: 'Sie gingen zurück auf die andere Fluß-Seite dort. Sie gingen nach Ngamir. Sie siedelten dort und zogen nach Gabantsidz. Sie lebten dort und gingen wieder zurück. Sie kamen und blieben da, siedelten in Gabantsidz. Dann kamen sie auf die andere Fluß-Seite. Sie nannten das Dorf Pup. Sie kamen und siedelten da. Nach einiger Zeit gingen sie dorthin zurück. Sie ließen sich in Ntsegentseg nieder. Dort blieben sie.' - Das erzählte Tim.
Er sagte: 'Sie lebten dort, als Panzer kam und sich in Gabmadzung niederließ und ihn rief.' Er kam zu ihm und erzählte. Er erzählte, und der fragte ihn. Er sagte: 'Du lebst hier in diesem Ort, da gab es einen großen Mann von uns. Sein Name war Bantser. Der lebte in diesem Ort, und seine Frau hieß Rao. Du sagst "Frao" (Frau). *Frao - Rao*. Ich weiß, daß deine Frau Rao ist. Und du, du bist Bantser, und du lebst in diesem Dorf hier.' So erzählte er die Geschichten, erzählte Panzer viele Mythen. Dann beschenkte Panzer ihn, bezahlte ihn mit vielen Dingen: Tücher, Messer und viele Sachen, und er sagte zu ihm: 'Geh und bleibe in deinem Dorf, und wenn du stirbst in deinem Dorf, wenn du stirbst, dann komm zu mir zurück. Wenn ich dich sehe, kannst du gehen.'
Das blieb so, und er sprach über Panzer zu mir und Neb, meinem Großvater. Tim breitete Palmwedel für uns hin und belehrte uns: 'Geht zu dem Missionar und arbeitet für ihn. Aber ihr dürft nichts stehlen, ihr dürft keinen Ärger mit Frauen machen und nichts kaputtmachen, das sage ich euch. Kommt und arbeitet für ihn.' So arbeiteten wir für ihn. Wir arbeiteten für Panzer. Das ist eine kurze Geschichte, Ende."

In den von Schmutterer übersetzten Texten des Lesebuches von Herrlinger[1] finden sich noch einige Bemerkungen über Panzer, die hier eingefügt werden sollen:

"Missionar Panzer fürchteten sie zuerst, weil er eine große Flinte hatte, und so blieben sie ruhig in ihren Dörfern. Nur wenige kamen am Sonntag. Da machte Panzer etwas Neues! Er und seine Jungen pflanzten eine Unmenge Ananas. Als sie reif waren, holten

[1] Siehe Kap.7, Anm.5; Schmutterer nach Herrlinger p.12.

sie sie haufenweise auf die Veranda des Hauses. Wer dann am Sonntag zum Gottesdienst kam, der bekam am Schluß von den Ananas, die die Frau Panzer austeilte. Die Laewamba hatten großen Gefallen daran und kamen nun zum Sonntag. Bald meldeten sich auch Leute zum Taufunterricht, von denen der Missionar welche auswählte."

Text 19

Panis (christlich: Patearan) ist vom Klan Orog wangin in Gabsongkeg. Er ist der jüngere Bruder (geboren etwa 1920) von Yadzu, der Text 15 gesprochen hat.[1] Aufnahme in Gabsongkeg am 28.12.1971. Panis geht es in seinem kurzen Text um die Vorfahren seines Klans (bzw. seiner Lineage), die von den ersten Missionaren nach Gabmadzung geholt wurden, wo sie zunächst unter dem Haus der Mission wohnten (es können also nicht viele gewesen sein). Interessant ist die Bemerkung über das Ausmaß des Lernens für die Taufe, das sogar zu einer Vernachlässigung der Felder führte. Panis erklärt am Ende, daß er und sein jüngerer Bruder Nofo noch lebten, erwähnt aber dabei seinen älteren Bruder Yadzu nicht, mit dem er Streit hatte.

"Unsere Väter lebten ...[2] Die Dzifasing-Leute verjagten sie, und sie lebten in Tsagi. Als sie dort siedelten, kam das Wort Gottes. Zwei Missionare, Oertel und Panzer, holten unsere Väter von Tsagi. Sie kamen herunter nach Gabmadzung. Sie (die Missionare) sagten: 'Kommt und wohnt unter unserem Haus. Und wenn Leute kommen, die gegen euch kämpfen wollen, dann sagt es uns, und wir werden diese Leute erschießen.' Sie wohnten dort also, aber die Kinder weinten, so daß die Weißen nicht schlafen konnten. Da sagten sie zu ihnen: 'Rückt ein wenig weiter und wohnt dort drüben. Und wenn Leute kommen, kommt hergelaufen und sagt es mir.'
So lebten sie da, und nach einiger Zeit merkten Panzer und Oertel die Väter für die Taufe vor. Sie wurden für die Taufe notiert. Sie erhielten Unterricht und legten keine Felder an. Jahr für Jahr.[3] Die Felder wurden zu Busch. Und sie lernten, lernten und lernten, bis schließlich Panzer den Tag festsetzte für die Taufe, und zu ihnen sagte: 'Ich werde euch taufen!' Dann taufte Panzer die Väter. Er taufte ganz am Anfang viele Leute in diesem Dorf. Sie erhielten die Taufe zuerst. Viele Leute in den Dörfern, den Dörfern der Wampar. Und er taufte sie, dann holte er uns Kinder und taufte uns nach den

---

[1] Zur Verwandtschaft siehe Fischer 1975: 350, 417.
[2] Der Informant hatte den Ort vergessen.
[3] Im Original heißt es *sontag faring*, wörtlich "großer Sonntag" = Weihnachten.

Vätern. Ich und Nofo, wir wurden mit vielen Leuten getauft, die gestorben sind, während Nofo und ich, wir zwei, noch leben."

Text 20

Erzähler ist wieder Yadzu, älterer Bruder von Panis. Er hat auch Text 15 gesprochen. Der folgende Text (Aufnahme Gabsongkeg, 29.12.1971) stimmt in Teilen mit dem vorhergehenden überein. Er berichtet von dem Beginn der Missionierung bei den Leuten vom Klan Orog wangin, die durch die Missionare aus dem Ort Tsagi (in den Bergen nordwestlich Gabsongkeg) nach Gabmadzung geholt wurden. Davor aber ist noch ein Ereignis gesetzt, das bisher noch nicht berichtet wurde: Die Tötung zweier einheimischer Begleiter von Europäern durch die nördlich benachbarten Ason und die Wegnahme von Gewehren. Weder die Angabe, es seien "Deutsche" gewesen, noch die, es seien mehrere Gewehre gewesen und die Begleiter des/der Weißen seien "erschlagen" worden, muß so zutreffen. Wahrscheinlich zutreffender ist die Angabe, junge Männer seien von der Arbeit bei Weißen in ihr Dorf zurückgekommen und hätten Gewehre gekannt. Leider ist aber auch damit ein genauer Zeitpunkt für das Ereignis nicht festzulegen. Dagegen gibt es einen indirekten Hinweis darauf aus den Berichten von der anderen Seite: Über seine Unternehmung vom September/Oktober 1911 berichtet Bezirksamtmann Berghausen ohne weitere Erläuterung, den "Wandschar" sei ein Karabiner mit Munition abgenommen worden (s.o., Kap.3).

"Die Dzifasing-Leute schlugen meine Väter dort flußauf. Da kamen sie nach Tsagi gelaufen und siedelten dort. Sie lebten da längere Zeit, dann kämpften sie wieder, als sie dort lebten, kämpften wieder und schlugen die Ason.[1] Sie erschlugen zwei Ason und machten deshalb einen Tanz in Untsig. Sie sangen Kriegsgesänge in Untsig. Kurz darauf verfolgten und schlugen die Ason die Deutschen. Sie erschlugen zwei ihrer Boys. Drei. Die lagen am Ufer des Erap. Und sie nahmen ihnen die Gewehre weg und ihre Schmucksachen. Und unsere Väter, die in Untsig lebten, hörten das, und sie gingen nachschauen. Aber der Weiße mit seinen Boys war nach Lae gegangen. Unsere Leute, unsere Väter, die gingen sich die Boys ansehen und nahmen ihnen die Gewehre weg. Sie nahmen drei Gewehre. Und sie nahmen sie mit in das Dorf Tsagi. Sie sagten, daß sie die Dinger nehmen würden, wenn Leute kämen, und damit kämpfen würden. Sie

[1] *Ngaeng Ason* ist eine andere Bezeichnung für die *ngaeng Erap* am Oberlauf des gleichnamigen Nebenflusses des Markham.

würden sie nehmen und damit schießen. Zwei Burschen, die zur Arbeit in Rabaul gewesen waren, hatten die Weißen hergeschickt. Sie sollten im Dorf bleiben, nach Neuen sehen und sie nach Rabaul schicken, um andere Burschen abzulösen, die in Rabaul arbeiteten. Sie kannten Gewehre, sie lebten im Dorf und konnten mit den Gewehren schießen. Sie nahmen die Gewehre und hielten Wache damit, falls Leute sie überfallen wollten oder uns in Untsig angreifen. Dann hätten sie geschossen.
So lebten unsere Väter eine Weile, bis die Missionare Panzer und Oertel mit ihren Helfern die Väter von Tsagi wegholten. Alle kamen zusammen, Männer und Frauen kamen zusammen. Sie kamen nach Gabmadzung. Und wir schliefen gemeinsam mit ihnen. Wir schliefen unter seinem Haus. Er schlief oben, und unsere Väter und Mütter schliefen unten. So lebten wir kurze Zeit, dann sagten Panzer und Oertel zu unseren Vätern: 'Rückt etwas nach dort: Siedelt und baut euer Dorf etwas da hinüber. Ich werde auf euch achten, und ihr achtet auf mich.' Und wir bauten ein Dorf dort wo (heute) der Friedhof ist. Ein Weißer hat (jetzt) dort einen Laden hingebaut. Es ist unser alter Dorfplatz. Unsere Väter lebten dort.
Sie lebten dort eine Weile, dann kämpften sie wieder mit den Ason, die erschlugen einen Mann namens Ngarowasar. Mein Vater, sein Name war Engka, der erschlug einen der Ason als Vergeltung. Am Nachmittag trugen sie jenen Mann her und brachten ihn in das Dorf. Sie klagten um ihn. Am nächsten Morgen gruben sie ein Grab und bestatteten ihn. Sein Name war Ngarowasar. Sie lebten in diesem Dorf und machten ein großes Essen, dann tanzten sie wegen ihres Kampfes. Sie hatten gekämpft und sie tanzten. Nachdem sie das Tanzen beendet hatten, kam kurz danach das Wort Gottes, und sie stellten Bänke her für den Gottesdienst, um unseren Herrn zu loben.
Wir Kinder bemerkten, daß einige große Männer erschraken, Frauen und Männer, die erschraken. Als sie Gottesdienst hielten, sprachen sie miteinander und überredeten sie, die alten Sitten aufzugeben. Alle alten Sitten, und sie öffneten die Ohren für das Wort Gottes. Sie glaubten das, und alle Leute kamen gemeinsam zu Gott dem Herrn und hielten Gottesdienst, lernten Gottes Wort und waren glücklich. Sie beteten zu Gott, viele waren zufrieden, sie wurden friedlich als Gottes Wort kam. Sie gingen zum Gottesdienst und wurden getauft, und die Missionare waren sehr zufrieden. Sie dankten unserem Herrgott. Seine Werke sind wahr. Ende."

Zu dem Motiv von dem Erhalt eines oder mehrerer Gewehre erzählte Kupik-Emonteng (s.Text 5) mir in einer Unterhaltung 1988, zwei Weiße seien mit Trägern die Nordseite des Markham-Tales entlang gekommen. Sie hätten in der Grasfläche von Utsuts übernachtet. Dort hätten sie Reis hinterlassen, den die Wampar für *ramid a boap*, für die Blüten einer Palmenart, gehalten hätten. Die Weißen seien weiter flußauf gezogen und später denselben Weg zurückgekommen. Am Erap, dort wo jetzt die

Brücke über diesen Fluß steht, wären die Ason über sie hergefallen und hätten sie getötet. Gewehre und Patronen blieben zurück. Es sei unklar, was mit den Getöteten passiert ist. Wampar aus dem Ort Ngarogene fanden die Gewehre. Sie konnten mit ihnen umgehen, weil einige von ihnen vorher schon in Morobe im Gefängnis gewesen seien. Yadzu, der zugehört hatte, sagte mir daraufhin bei anderer Gelegenheit, es seien drei Träger der Weißen getötet worden. Die Weißen hätten geschossen und mehrere Ason getötet. Viele Patronen seien liegen geblieben. Zu dieser Zeit sei aber noch niemand im Gefängnis gewesen. In Ngarogene schossen die Orog wangin (der Klan, der dort lebte) probeweise mit den Gewehren. Man hatte zwei und habe damit die Dzifasing-Leute erschießen wollen als Rache für Tötungen von Orog wangin. Die Missionare hätten das Schießen gehört. Hierzu Emonteng: Die Missionare seien erst später gekommen.

Diese Informationen machen zweierlei deutlich: Die teils sehr unterschiedlichen Traditionen selbst bei Männern im selben Dorf (Kupik und Yadzu waren direkte Nachbarn in Gabsongkeg) und die Existenz solcher Einzel-Überlieferungen oder Erinnerungen, die nicht zu einigermaßen standardisierten Erzählungen verdichtet sind. Dazu zwei weitere derartige Einzeldaten: Kupik erzählte von zwei Weißen mit Eseln, die vor dem Kommen der ersten Missionare zum Watut zogen. Dort wurde einer in Gomarok erschosssen, der andere kam den Markham abwärts geflößt zu Missionar Oertel nach Gabmadzung. Die Information widerspricht sich zwar in sich selbst (vor dem Kommen der Missionare - zu Oertel nach Gabmadzung), deutet aber klar auf Dammköhler und Oldörp, auch wenn diese nicht Esel, sondern Pferde hatten und Oldörp bis zur Markham-Mündung trieb. Ob das freilich einheimische Tradtion ist oder bereits Information durch die Missionare (etwa Panzer, der die Knochen der Getöteten begrub), ist sehr unsicher. Möglicherweise ebenfalls auf die beiden Goldsucher verweist eine Angabe von Gufose in Gabmadzung (ebenfalls 1988): Noch bevor die Missionare kamen, seien zwei Weiße auf der Südseite des Markham entlang gezogen. Das war zur Zeit, als sein Vater Dzanam ein junger, aber schon verheirateter Mann war. Da Gufose 1935 geboren ist und das dritte Kind seines Vaters war, klingt die Angabe wieder sehr fraglich.

Text 21

Der nächste Erzähler ist wieder Ngereng-Hiob (siehe Text 2). Aufnahme in Gabsongkeg am 11.9.1971. Der sehr kurze Text beschreibt die Einsetzung der ersten Kirchenältesten bei den Wampar und gibt eine Erläuterung für die Bezeichnung *ngaeng tsaru*, "Steinmänner" für sie. Möglicherweise ist der Text auch deshalb so kurz, weil Ngereng mir die Geschichte schon vorher erzählt hatte, und sie nun auf meine Bitte erst auf Band sprach. Da ich ja "alles schon wußte", waren ausführliche Erläuterungen wohl nicht mehr nötig. Die Missionare arbeiteten sehr stark mit bildhaften Darstellungen, mit Symbolen, die nicht immer von den Wampar so verstanden wurden, wie sie das gemeint hatten. Das Bild der zusammengebundenen Bäume für ein Ehepaar mag noch einsichtig gewesen sein. Das Bild von der Holzkohle im Innern der Kokosnuß für die "Sünden" des Menschen war wohl schon schwerer zu verstehen. Mit den Steinen hatte es nach anderen Erzählungen diese Bewandtnis: Ein Mann wurde mit einem Netzsack voller Steine geschickt, eine Palme hinaufzuklettern, was er nicht konnte. Indem man nun die Steine aus dem Netzsack nahm, machte man es ihm leichter, und er konnte hinaufklettern. Dann erläuterten die Missionare, die Steine seien die Sünden des Menschen, mit denen sie nicht in den Himmel kommen würden. Man verteilte die Steine an die neuen Kirchenältesten und machte allen deutlich, daß diese sich damit um die Sünden ihrer Gemeinde zu kümmern hätten.

Allerdings sind später die Dinge immer wieder anders, nämlich als Kraftträger verstanden worden. 1988 gab es große Probleme um die Frage, was man mit dem Stein in Gabsongkeg machen sollte. Der letzte Kirchenälteste, Yangka, hatte ihn von dem im Text zuletzt genannten Laban noch übernommen. Er war inzwischen auch gestorben und man ließ Yangkas Haus, in dem sich der Stein befand, zusammenbrechen über ihm. Man hatte Angst, den Stein zu bewegen, weil so viel gefährliche Kraft in ihm stecke. Schließlich wurde ein großes Essen veranstaltet, es wurde gebetet und eine Andacht gehalten und das Haus vom ganzen Dorf abgebrochen. Man war sich aber nicht sicher, ob man den Stein wirklich an den nächsten Kirchenältesten weitergeben sollte, der aus einem anderen Klan kam.

"Als wir Kinder waren und zur Schule gingen, kamen Lehner und Keysser mit Kote-Leuten und forderten uns auf, Steine aus dem Ngarodzeram zu holen. Wir brachten sie und sie symbolisierten damit die Dinge von früher. Sie symbolisierten viele Dinge. Sie banden Bäume zusammen wie Kanu und Ausleger. Das bedeutete Mann und Frau. Sie nahmen eine Melone und taten Holzkohle in eine Kokosnuß. Das bedeutete den Schmutz im Innern des Menschen. Und sie gaben (jemandem) jene Steine. Er trug sie, während er einen Baum hochkletterte, aber sie waren zu schwer, und er kam herunter. Sie nahmen einige (aus dem Netzsack) heraus. Er stieg wieder hinauf, aber sie waren zu schwer und sie nahmen noch einige heraus. Dann war der Netzsack leer. Er kletterte nun ohne etwas hinauf. Das bedeutete, wenn ein Mensch stirbt, wird er hinaufkommen (in den Himmel), wenn sein Inneres frei ist (von Sünden).

Das taten sie und verteilten jene Steine an die Wampar. Mugene-Petrus[1] bekam einen, Moses[2] bekam einen, Tomas[3] bekam einen, Abram[4] bekam einen, Latsarus[5] bekam einen, Mamean[6] bekam einen. Jedes Dorf der Wampar. Petrus bekam ihn und gab ihn an Noa.[7] Noa bekam ihn, er kümmerte sich um ihn, und als der Krieg vorbei war, starb er. Dann bekam ihn Josua. Als Josua starb, gab man ihn an Laban. Jetzt hat ihn Laban, da ist er. Ende."

Text 22

Es ist charakteristisch, daß dieser Text von Moaru gesprochen wurde (s.Text 16), der am liebsten etwas komische Geschichten erzählte. Er verstand auch diese Geschichte als komisch in jeder Hinsicht, sowohl den Diebstahl der Schere als auch die Aufregung des Missionars deshalb und schließlich die Erregung Duwis und das Anzünden des Hauses. Aufnahme in Gabsongkeg am 24.8.1971:

"Panzer und Oertel waren noch neu. Sie wohnten in Gabmadzung. Als sie da wohnten, holten sie Frauen von der Küste, von den Butibam-Leuten, die holten sie her. Die kochten für sie. Nach einiger Zeit nahmen sie auch Mädchen von uns, um ihnen diese Arbeit beizubringen. Einige blieben bei Panzer, andere bei Oertel. Und die arbeiteten auch alle gut. Nach einiger Zeit, da war die Schere von Frau Oertel, die auf dem Bett gelegen hatte, die war weg, als sie Stoff damit schneiden wollten. Die hatte dieses Mädchen da gestohlen, Ibringits. Ibringits hatte sie mitgenommen. Sie hatte sie ihrem Vater mitgebracht und gab sie ihm. Ihr Vater dachte, Oertel hätte sie ihr gegeben, aber nein, sie hatte sie, zusammen mit einem Löffel, gestohlen. Sie brachte sie ihm also, und die

---

[1] Aus Gabsongkeg.
[2] Aus Ngasawapum.
[3] Aus Munun.
[4] Aus Gabantsidz.
[5] Aus Dzifasing.
[6] Aus Dagin.
[7] Hier wird die Reihenfolge der Kirchenältesten von Gabsongkeg aufgezählt.

weiße Frau suchte sie, um etwas damit zu schneiden. Als sie sie nicht fand, sagte ein Mädchen aus Butibam zu der weißen Frau: 'Ich glaube die da, die hat sie genommen. Zuerst war sie hier, und ich glaube, die hat sie mitgenommen.'

Die weiße Frau sagte es ihrem Mann. Und der Mann ging hinterher. Er kam in dieses Dorf hier, wo jetzt der Laden steht.[1] Er kam und fragte ihren Vater. Aber ihr Vater, also der nahm seinen Speer und wollte den Missionar töten. Duwi! Ihr Vater war wütend, er war wütend auf diesen Missionar. Als er aufsprang und seinen Speer griff, um den Missionar zu durchbohren, da sagte ein anderer Mann, Noa - Omad, der sagte:[2] 'Sei nicht wütend auf den Missionar. Leg das hin und hol' seine Schere und den Löffel und gib sie dem Missionar, der soll sie nehmen und gehen!' Da war er etwas ruhiger. Er holte die Schere, gab sie dem Missionar und der nahm sie mit, er aber setzte sich hin. Seine Wut war noch da. Die blieb und blieb noch. Nach einiger Zeit war die Wut noch immer da, und mitten in der Nacht, er sagte niemandem Bescheid, er ganz allein! Mitten in der Nacht ging er los, als alle Leute schliefen. Er stand auf und ging im Dunkeln los. Er nahm Feuer mit. Er entzündete die Früchte des *gorgor*.[3] Entzündete sie und warf sie auf das Haus. Und er setzte sich hin und schaute zu.

Er sah, wie das Feuer entstand, und er sah, wie der Rauch hochkam. Als es dann etwas brannte, lief er zurück. Er kam in sein Dorf. Er sah hin, daß das Feuer schön loderte und das Haus von Oertel abbrannte. Niemand weckte diesen Mann, Duwi. Nein, Duwi selbst stand mitten in der Nacht auf und rief die Leute, die alle fest schliefen. Da standen alle auf und sahen, daß das Haus des Missionars brannte. Alle standen bloß und schauten. Das Feuer verbrannte alles, aber sie zogen ihr Harmonium[4] heraus. Alles, was ihnen gehörte, alles, die Kleidung, Frauenkleider, Hemden, alles verbrannte das Feuer. Oertel war aber nicht böse, nein. Ich habe das nur so gehört. Ende."

Das Ereignis - der Brand des Hauses der Missionare in Gabmadzung - läßt sich durch Berichte genau festlegen. Es war im Dezember 1914 (s. Erster Teil). Ausdrücklich wird auch dort die Rettung des Harmoniums festgehalten. Daß aber trotz aller Verdächtigungen der Wampar insgesamt die in Moarus Text genannte (und unter den Wampar heute ziemlich allgemein behauptete) Ursache für den Brand den Missionaren nicht bekannt wurde, läßt sich nicht so leicht erklären. Entweder die Wampar haben gegenüber den Missionaren viel stärker zusammengehalten und Schweigen bewahrt,

---

[1] Die Stelle an der Wegkreuzung zwischen Gabsongkeg und Gabmadzung, wo bis in die siebziger Jahre der Laden von J.O.Smith stand.

[2] *Omad*, mit christlichem Namen *Noa*.

[3] *gorgor* oder *golgol* (Pidgin), eine Alpinia sp., die in vielen Gebieten Neuguineas als Zaubermittel verwendet wird.

[4] aus der Formulierung im Pidgin-Text, *musik*, geht nicht klar hervor, um was für ein Musikinstrument es sich handelte. Der Informant beschrieb es aber zusätzlich.

als aus anderen Fällen bekannt ist. Oder - und das ist sehr viel wahrscheinlicher - aus einer Vermutung oder selbst der bloßen Möglichkeit, Duwi habe aus Wut über die Verdächtigung seiner Tochter das Haus angezündet, wurde später erst die Geschichte "gemacht".

Text 23

Der "Fall Panzer" war und ist wohl noch heute jedem Wampar bekannt. Er ist ihnen aber offenbar ebenso unangenehm wie der Mission und wird deshalb eigentlich nie ausführlich erzählt. Und ich habe auch niemals irgendwelche Kommentare dazu gehört. Das mag einer der Gründe sein, warum auch Ngereng-Hiob (siehe Text 2) ihn so knapp und kommentarlos darstellt. Aber Ngereng neigte insgesamt dazu, kurz und wenig ausführlich zu erzählen. Aufnahme Gabsongkeg, 25.12.1971:

"Panzer kam. Mit einem Mädchen von Butibam kam er, die Köchin bei ihm war. Nach einiger Zeit nahm er ein Wampar-Mädchen und das Mädchen von der Küste ging zurück. Das Wampar-Mädchen machte die Arbeit für ihn. Sie war in Gabmadzung. Er nahm sie mit nach Misantung. Er war in Misantung und kam nach Gabmadzung zurück. Er war in Gabmadzung und ging zurück nach Misantung. So war es, dann wurden die Watut missioniert, die Wampar missionierten die Watut. Sie schickten Evangelisten, die sich niederließen. Und er folgte ihnen. Er bereitete sein Haus vor, dann kam er zurück und holte dieses Mädchen. Ihr Name war Marata (Martha). Er nahm sie mit. Er ließ sich in Kayam nieder. Dort lebte er. Dann nahm er sie mit und lebte in Ngkof. Sie kamen wieder zurück. Kamen zurück nach Kayam. Das machten sie. Dann wurde seine Frau schwanger. Panzer verjagte die Evangelisten, die kamen zurück. Und er blieb am Watut.

Er lebte dort, bis seine weiße Frau einen Brief an Flierl schrieb. Und Flierl schickte einen Brief nach Morobe zum Beamten. Der Beamte, Mister Taylor, kam und ließ Oertel von Kayapit kommen, und gemeinsam gingen sie zum Watut. Er war in Kayam. So holten sie Panzer. Sie brachten ihn flußab. Er kam nach Gabmadzung. Panzer sagte zu dem Beamten: 'Ich möchte meine Leute rufen, daß sie kommen und ich sie noch einmal sehen kann.' Da kamen die Wampar zusammen und Panzer sah sie, dann brachten sie ihn weg. Die Labu brachten ihn mit Kanus nach Lae. Dann brachten sie ihn nach Morobe. Sie schickten ihn in sein Dorf in Deutschland. Seine weiße Frau ging nach Finschhafen und blieb am Sattelberg. Sie blieb dort. Ich weiß nicht, ob sie weggegangen ist. Ende."

Text 24

Mit diesem Text beginnt eine Reihe von Darstellungen der Missionstätigkeit der Wampar selbst (als Evangelisten, Missionsgehilfen) in Nachbargebieten. Emper war 1971 ein alter Witwer, der im eigenen Haus schlief, aber im Haushalt seiner Tochter in Gabsongkeg lebte. Ich hatte wenig Kontakt mit ihm, weil er dem Klan Montar angehörte, zu dem "meine Familie" (Ngerengs Familie) wiederum keine besonders guten Beziehungen hatte, ohne daß mir spezifische Gründe dafür bekannt geworden wären. Die Montar siedelten am anderen Ende des Dorfes (von "uns" aus gesehen). Geboren etwa 1908 (möglicherweise einige Jahre früher) hatte Emper, mit christlichem Namen Yodro (Jethro),[1] schon als Halbwüchsiger für die Missionare gearbeitet. Er war einer der "Jungen" auf der Station Gabmadzung gewesen, von denen die Missionare schrieben. Der Text erzählt von Besuchen Missionar Oertels bei den benachbarten Azera (Adzera), und er beschreibt auch die Reaktionen des begleitenden Wampar zu diesen ja nun noch "Wilden". Aufnahme in Gabsongkeg am 26.10.1971:

"Ich habe für Panzer gearbeitet. Nachdem ich zuerst bei Panzer war, ging ich zu den Azera. Er sagte, daß er zu den Azera gehen wollte, und ich ging mit ihm.[2] Wir gingen zu den Azera und trafen auf die Azera von Tsangang. Wir blieben in Tsangang, denn die Dzifasing-Leute hatten sich vorher schon um die Leute von Tsangang gekümmert. Als sie ein wenig vom Wort Gottes wußten, gingen wir nach Kaiapit. Wir blieben in Kaiapit, blieben da und kümmerten uns um die Leute in den Dörfern. Als wir nach Kaiapit kamen, waren da zwei Männer, Wakuk und Soro bengan. Als wir die trafen, saßen sie da an einem Schattenplatz. Sie sahen uns und liefen weg. Sie hielten uns für Geister. Da liefen sie weg und versteckten sich unter Kokospalmen. Sie versteckten sich unter Kokospalmen, fielen auf die Knie und schauten zu uns her, während wir uns bei dem Schattenplatz versammelten. Wir waren bei dem Schattenplatz, und sie schauten her, sie schauten hoch und sahen uns. Wenn sie uns sahen, duckten sie sich. Sie blickten auf uns und duckten sich wieder. Sie sagten: 'Die Geister da werden uns fressen.' Aber sie schauten weiterhin auf uns. Wenn wir hinsahen, dann duckten sie sich.

Als ich etwas abseits ging, entdeckte ich sie. Ich sah sie wirklich. Da sagte ich zu Oertel: '*Ride*, zwei Männer sind unter den Kokospalmen!' Da nahm er Glasperlen, Rasierklingen und Salz und brachte ihnen das. Er winkte sie heran, winkte und winkte,

---

[1] s. Fischer 1975: 372.

[2] Aus dem weiteren Text geht hervor, daß es sich von nun an um Missionar Oertel und nicht um Panzer handelte.

da standen sie auf. Sie standen auf und nahmen es in die Hände. Sie hielten es in den Händen und kamen; und der jüngere Bruder, Wakuk, der zog den älteren Bruder an der Hand. Die Hand des Soro bengan. Er zog ihn, aber der wollte nicht. 'Nein, gehen wir beide und sehen diese Sache[1] dort an!' Doch der sagte: 'Nein, wenn wir gehen, werden wir sterben!' Aber er sagte: 'Nein, komm, lass' uns beide gehen!' Und Soro bengan zog den Wakuk zu uns. Oertel wollte ihnen unbedingt die Hand geben, aber sie wollten nicht. Er wollte es, ging hin, er folgte ihnen nach. Er wollte sie halten, aber sie liefen weg. Schließlich hielt er ihre Hände. Er holte sie und gab ihnen Salz. Oertel nahm es in die Hand und leckte. Er leckte und kostete und dann ließ er es auf der Hand, gab es Soro bengan und der leckte. Er leckte und fand es wohlschmeckend und tanzte.

Er tanzte und sagte zu Wakuk: 'Komm lass' uns das da nehmen!' Und wieder leckten sie, es schmeckte ihnen, und sie tanzten. Sie tanzten und sagten: 'Das ist eine gute Sache!' Sie tanzten und klopften dem Weißen auf Brust und Rücken, streichelten ihn und sagten: 'Gibt es davon noch mehr?' Wir verstanden nicht, was sie sagten. Nein, wir winkten ab. 'Na, ist da noch was?' Und wir: 'Ja, viel.' Und wir holten wieder etwas, und der Weiße gab es ihnen. Oertel gab ihnen etwas, und sie leckten. Sie leckten und sagten: 'Oh!', und sie hielten uns die Hände hin. 'Bleibt hier, ich sehe nach den Leuten.' Und sie holten zwei andere Männer. Sie kamen zurück mit Idzum bengan. Sie kamen und hielten seine Hand dem Weißen hin. Er hielt seine Hand Oertel hin, und der gab auch ihm Salz, und er leckte. 'Ah, diese Sache ist gut!' Er winkte uns und fragte: 'Werdet ihr hier schlafen? Oder geht ihr weg?' Worauf wir sagten: 'Nein, wir werden gehen und in Tsangang schlafen.' - 'Nein, das geht nicht. Ich sage euch, daß ihr hier schlafen sollt, und morgen geht ihr weiter.' Aber wir[2] sagten: 'Wir nicht. Nein, wir werden gehen. Wir sind gekommen und schlafen in Tsangang.' Und wir nahmen die Messer und Äxte, wir nahmen sie und gingen weiter. Die beiden Männer saßen zuerst an ihrem Schattenplatz. Wakuk und Soro bengan saßen an ihrem Schattenplatz. Wir gingen weiter und kamen zu ihnen, da winkten sie uns zu und sagten: 'Kommt! Kommt!' Wir gingen hin und setzten uns, da sagten sie: 'Wir rufen die anderen Leute.' Und sie riefen alle Leute, die waren kriegerisch und hielten Keulen und Speere, und sie kamen heran.

Soro bengan holte seine Frau, die trug ihre Netztasche. Sie trug die Tasche ihres Mannes, um sie ihm zu geben, wenn er Betel kauen wollte, und wir setzten uns zu ihm. Wir saßen mit ihm, dann gab Oertel ihm viele Sachen, und er sagte: 'Ihr könnt (hier) schlafen.' Wir vertrauten ihm und schliefen. Wir schliefen bis zum Morgen. Aber als er uns zählte, da fehlte ein Mann, und ein Dorfmann war da. Wir zogen weiter. Oertel und wir sahen das Dorf dieses Mannes. Wir kamen nach Dzomem. Wir kamen nach Dzo-

---

[1] *ram* , "Sache", bedeutet in diesem Zusammenhang "Geist".

[2] Tatsächlich heißt es im Original *ges*, "sie". Der Erzähler wechselt zudem zwischen der ersten und dritten Person.

mem, und die Leute von Dzomem hielten uns auf. Sie hielten uns auf und sagten: 'Übernachtet hier!' Sie wollten uns überfallen, wenn wir schliefen. Sie schickten uns in ein großes Haus. Wir gingen hinein, und sie machten die Tür zu. Sie taten das, weil sie uns verbrennen wollten. Jener große Mann war wütend auf die Leute. Er folgte nach. Nachts kam er, zog das Kunaigras heraus, riß das weg, was uns einschloß. Er beseitigte es, und der große Mann setzte sich hin und schlief nicht in der Nacht. Nein, er war wütend und streifte umher. Er riß alles auf und streifte umher. Wir schliefen nicht, bis der Morgen kam. Wir hielten die Gewehre und saßen und saßen, bis es hell wurde. Wenn die Leute uns überfallen hätten, wir hätten sie damit erschossen. Aber es passierte nichts.

Wir saßen also, und als es Morgen wurde, hielt er uns auf. Der große Mann hielt uns auf: 'Schlaft!' Wir taten es aber nicht. Der Weiße sagte: 'Nein, wir werden nach Kaiapit gehen.' - 'Oh, wir dachten, ihr würdet hier schlafen und wollten ein Schwein schlachten. Bleibt, und wir schlachten ein Schwein.' Wir: 'Nein, wir werden gehen.' Und als der Weiße aufstand, gingen wir alle. Sie schlichen uns nach. Schlichen uns nach bis zum Dorf eines anderen Mannes in einem anderen Dorf. Dann gingen sie zurück, weil sie Angst hatten, daß die Leute dieses Dorfes sie schlagen könnten. Da gingen sie zurück. Wir kamen nach Kaiapit. Von Kaiapit gingen wir weiter nach Tsangang. In Tsangang sagte Oertel: 'Wir werden nach Gabmadzung gehen und mit Panzer sprechen. Wenn er es sagt, gehen wir zurück.' Wir kamen dahin, er sprach mit Panzer, und wir gingen wieder zurück.

Wir sprachen miteinander und redeten mit Soro bengan über einen Ort, an dem sich Oertel niederlassen könnte. Und der sagte: 'Einer unserer Leute namens *Ride* lebte dort in den Bergen.' Und Oertel (*Ride*) sagte: 'Oh, das ist einer eurer Leute, die gestorben sind. Ich werde hierbleiben und in seinem Dorf leben.' Und er sagte: '*Ride*, ich werde hier leben!' - 'Nein, wenn du hier lebst, dann werden wir sterben. Dann sterben wir alle. Geh du zurück in dein Dorf.'[1] Aber der Weiße sagte: 'Ich werde hierher kommen und hier leben, und wir werden uns zusammen hinsetzen und miteinander reden.' - 'Nein, wenn du diese Sache siehst, werden wir dich erschlagen. Wenn diese Sache herunterfällt, wird sie uns töten. Die Sonne und der Mond. Wir haben Angst, daß uns diese Dinge fressen.' Aber Oertel sagte: 'Nein, wir werden hier bleiben. Komm, wir bereiten dein Dorf vor.'

Wir kamen zunächst nach Gabmadzung und gingen dann wieder zurück. Wir gingen zurück, sprachen miteinander und legten eine Siedlung an. Wir legten den Ort Kaiapit an und bauten ein ganz kleines Haus. Darin schliefen wir. Wir bauten die Siedlung und

---

[1] Die Darstellung war dem Erzähler inhaltlich selbst nicht klar. Zum einen geht es um einen bereits verstorbenen Azera namens Ride, eine Name, mit dem auch Oertel belegt wurde. Zum anderen geht es um die Sonne, wie auch die folgenden Sätze deutlich machen.

blieben bei diesen Leuten, aber wir blieben nicht vier Monate, sondern nur einen, dann kamen wir zurück nach Gabmadzung. Hier blieben wir zwei Monate und gingen dann zurück. Als wir dort ankamen, waren sie friedlich. Sie kannten das Wort Gottes, stellten das Kreuz auf und hielten Andachten. Und wir bauten ein ganz großes Haus und lebten darin. Wir lebten da lange und die Leute hörten das Wort Gottes lange Zeit. Sie hielten Andachten. Und wir lehrten sie verschiedenes. Nach einiger Zeit wußten sie Bescheid, daß wir hier dauernd bleiben würden. Wir bauten ein schönes Haus, bauten dem Weißen ein großes Haus, und dann holten wir seine Frau. Sie brachten seine Frau hin, und ich blieb dauernd dort, ich kam nicht nach Gabmadzung zurück, ich blieb ganz dort. Sie kauften dann Wellblech und brachten es hin, und wir bauten dem Weißen ein Haus mit Wellblech und blieben ständig dort. Ich selbst blieb, bis Oertel starb, dann kam ich zurück ins Dorf. Das war's."

Es gibt zu dieser späten Erzählung eines Begleiters einen gedruckten Bericht Missionar Oertels selbst, der hier zum Vergleich angefügt werden soll, zumal einer der oben genannten Namen auch hier nun erscheint (*Soro bengan*, hier *Soro bingan*):

"Zwei Tagereisen weit durch die Wildnis, über brütend heiße Grasflächen, durch Sümpfe und reißende Flüsse geht's von Gabmazung, der ersten Station des Markhamtales, noch hinauf in der Talebene, bis man das Gebiet der Azera erreicht. So, weltverloren tief im Inland, lebten diese Heiden. Hatte man alle Strapazen der Reise glücklich hinter sich, standen neue Schwierigkeiten vor dem Missionar. Es war so schwer, Verbindung mit den einzelnen Dörfern zu bekommen. Nicht nur, daß ich ihre Sprache nicht verstand, alles war in die Büsche verschwunden vor dem fremden Weißen, den sie für einen Geist hielten. Einige Male hatten sich auch die bewaffneten Männer in Entfernung aufgestellt, unschlüssig, ob sie sich gegen den Eindringling aus dem Geisterreich wehren oder doch auch davonlaufen sollten. Einzelne Männer jedoch, die bald zutraulich und sozusagen meine Freunde geworden waren, halfen schnell über dieses erste Stadium hinweg, wie etwa der Nafab und der alte angesehene Soro bingan, die mich überall hinführten und einführten, wo es nicht gar zu gefährlich für sie war. Aber daß es Wilde waren, konnte ich noch vielfach spüren."[1]

Text 25

Der nächste Text unterscheidet sich von den vorhergehenden dadurch, daß der Erzähler nicht über einzelne Ereignisse berichtet, sondern sein ganzes

---

[1] Oertel 1930: 19.

Leben unter einem bestimmten Gesichtspunkt erzählt. Er ist Omot, christlicher Name Atao garafu, vom Klan Mpo renan.[1] Auch er, etwa 1905 geboren und damit 1972 schon ein alter Mann, war Witwer und lebte im Haushalt seines Sohnes Tata in dem kleinen Ort Durung bei Gabsongkeg. Er pflegte zu erzählen, daß seine Mutter ihn gleich nach der Geburt in eine Grube geworfen habe (Kindertötungen waren sehr häufig), daß aber seine Großmutter ihn herausholte, weil sie ihn sehr kräftig fand.

Wie Emper kam er schon als Kind zu den Missionaren nach Gabmadzung, arbeitete auf der Station, ging zur Schule und erhielt später in Hopoi eine Ausbildung als Lehrer. Er war schließlich bis zum Zweiten Weltkrieg Lehrer im Missionsgebiet der Wampar am unteren Watut. In seinem Text sind einige Abschnitte von besonderem Interesse: Die nochmalige Erwähnung, daß die Toten in Zusammenhang mit den Azera-Morden (s.o.) einen "heilsamen" Einfluß auf die Wampar gehabt hätten; die mehrfachen Ortswechsel Missionar Panzers, die sonst (auch von ihm selbst) nicht erwähnt werden, aber von anderen älteren Wampar bestätigt wurden; die Darstellung der Bestimmung der ersten Kirchenältesten. Aufnahme in Durung, 20.2.1972.

"Ich bin Omot. Ich werde aus meinem Leben erzählen. Von der Zeit, als ich ein Kind war. Ich verließ mein Dorf Ngarotsupung und kam arbeiten bei Panzer und Oertel in Gabmadzung. Wir waren Kinder und spielten hier. Wir arbeiteten, ich weiß nicht, wieviele Jahre wir dort waren. Die Männer sprachen noch über Krieg. Und sie machten alles falsch, als Gottes Wort mit uns und den Weißen war. Oertel und Panzer und Bayer waren in Gabmadzung. Aber Gottes Wort war nicht umsonst gekommen. Wir lebten dort und gingen zur Schule, aber wir gingen nicht bloß zur Schule. Wir gingen zwischen der Arbeit zur Schule. Ich war also in Gabmadzung, aber ich weiß nicht, wieviele Jahre ich arbeitete, ich weiß darüber nicht Bescheid. Ich blieb bei der Arbeit.
Zwei große Männer von Gabsongkeg, Mamro und Tate oder Dzangadzing, die kamen zu uns nach Gabmadzung und beaufsichtigten uns bei der Arbeit. Ein paar Männer von Lae und Bukaua, die kamen und arbeiteten mit uns. Einige Frauen von Lae kamen und kochten Essen für Panzer, andere gingen zu Oertel. Wir arbeiteten, und sie kümmerten sich um die Sachen der Weißen, wuschen, deckten den Tisch und anderes. So war es. Ich rede wieder über uns. Wir blieben da, und wir sprachen nicht umsonst zu den Dorfleuten. Doch Krieg blieb in unserer Mitte mit den Weißen. Und die Dorfleute kamen nicht zu uns, zu den Weißen, um an Andacht oder Gottesdienst teilzunehmen. Nein, nur einzelne, wie die großen Männer Mugene oder Noa, die kamen zuerst zu uns.

---

[1] Siehe Fischer 1975: 413.

Sie ließen sich nieder und sprachen mit den Weißen. Und die Weißen holten sie herauf. Noa war ein sehr friedfertiger Mann.
So hielten wir mit ihnen Gottesdienst ab, und andere Männer waren nicht bei uns. Noa und Mugene und Mae saßen bei den Weißen. Sie sprachen zuerst über Frieden. Sie waren da und sprachen zu den anderen Leuten, aber die anderen Leute kamen nicht dazu. So hatte das Gesprochene keinen Erfolg. Dann sahen die Wampar, als sie Azera getötet hatten, daß die Gewehre sie straften.[1] Der Beamte von Morobe kam und erschoß sie, und der Krieg war zu Ende, und sie hörten nun auf das Wort Gottes. So bereiteten sie sich vor und ließen sich nieder, und das Wort Gottes kam zu ihnen.
So kamen die Wampar dazu, und sie pflanzten Bäume, und sie hielten Andacht. Wir anderen von Gabmadzung ließen uns bei ihnen nieder, halfen ihnen bei der Andacht, und wir lehrten sie nicht nur unsere Lieder. Nein, wir lehrten sie auch die Lieder in deutscher Sprache. Wir hatten die Lieder der Weißen gelernt. Dabei halfen wir den Dorfleuten, den Männern und Frauen, die lernten es und wurden wie wir. Die Evangelisten lehrten sie das Wort Gottes, und sie verstanden es und wurden friedfertig. Sie sagten: 'Das ist eine gute Sache, wenn wir jetzt hierbleiben, wird die Haut kühl und wir werden müde. Und es wird keinen Krieg mehr geben und wir werden in Frieden leben.' So sprachen sie und jene beiden großen Männer, Noa und Petrus, mit Mae, die sagten: 'Wir sind den Weg nicht vorausgegangen, aber nun ist Friede.' So setzten sie sich und sangen Lieder und lobten Gott. Einige Frauen nahmen Gottes Wort auch an und lasen aus der Bibel. Gemeinsam mit einigen Männern, und sie verstanden es.
Diese Geschichte ist von den Arbeitsjungen, die zu ihnen gegangen waren und da wohnten, die sangen und ihnen beim Wort Gottes halfen und bei der Andacht halfen. Sie wußten Bescheid und wurden Männer und Frauen, die Bescheid wußten. Das war es. Ich werde wieder von den Wampar sprechen, deren Leute in allen Dörfern waren. Einige lebten in Dzifasing, andere lebten in Sab, einige in Gabantsidz, wieder andere in Ngasawapum, in Munun und Gabsongkeg. Sie brachten die Kinder zur Schule, so daß sie lesen und schreiben lernten. Doch niemand wurde müde am Wort Gottes. Sie hörten das Wort Gottes jede Nacht, und wenn es Morgen wurde, waren sie glücklich. Diese Geschichte beschreibt ihren Weg.
Als Panzer hier lebte und wir für ihn arbeiteten, verließ er Gabmadzung, und wir ließen uns in Misantung nieder. Wir hatten viel Arbeit damit, die Boote hinüberzubringen. Wir waren in Boareb und zogen die Boote, dann fuhren wir über den Wanam-See. Dann stiegen wir hinauf nach Pruk. Wir legten einen Weg an und stiegen hinauf zum Misantung. Dort bauten wir ein großes Haus. Dieses Haus hatte drei Räume. Wir bauten ein Kochhaus, ein Haus für die Frauen und ein Haus für uns. Dann kamen wir zurück und holten die Rinder, durchschwammen wieder den Markhamfluß und trieben

---

[1] Wörtlich heißt die Textstelle, "die Gewehre bissen sie".

die Rinder in die Grasfläche unterhalb Pruk. Panzer gab aber Misantung wieder auf, und wir schlugen einen Siedlungsplatz frei in Ngaropoang. Dann wohnten wir in Ngaropoang, bauten ein Haus und kamen zurück. Wir schlugen Dachbedeckung in Montam renan, die Burschen trugen das Material und brachten es hinauf nach Ngaropoang. Als wir dann in Ngaropoang lebten, brachten die Männer von Sab und ihre Frauen Essen hinauf nach Ngaropoang, dann legten wir hier ein Feld an und pflanzten Süßkartoffeln und vieles andere. Der Boden in Ngaropoang war gut. Süßkartoffeln und Kohl hatten große Früchte. Als der Weiße das sah, war er zufrieden. Wir lebten dort ein Jahr, aber ich weiß nicht, welches Jahr es war. Ich weiß nicht darüber Bescheid.

Dann kamen wir wieder zurück, lebten wieder in Gabmadzung und wir schickten viele Evangelisten, die waren in Gabmadzung und sollten den Weg öffnen. Sie brachten die Leute zur Schule. Und sie notierten die Männer, die neue Evangelisten werden sollten. Es wurden viele Kirchenälteste eingesetzt, man gab ihnen das Amt und machte sie zu Kirchenältesten. Missionar Keysser kam mit Kote, sie kamen zu Panzer und Oertel, die bezeichneten die Männer, die den Stein erhalten sollten. Sie steckten Steine in einen Netzsack, gruben einen Baumstamm in Gabsongkeg in den Boden und jemand kletterte daran hinauf. Er nahm die Steine und kletterte hinauf, kam herunter, wechselte die Steine. Wenn sie sahen, daß er stark genug war wie ein Kirchenältester, dann bekam er den Stein und alle glaubten an Gottes Wort. So erhielten einige Männer ganz zu Anfang die Steine: es waren Noa und Mugene, die bekamen den Stein in Gabsongkeg. Und in Sab, Mamean erhielt ihn in Sab. Lazaraus erhielt den Stein in Ngasawapum.[1] Und Wampon, der erhielt ihn in Ngasawapum. Dies waren die Männer, die darauf zu achten hatten, daß die Menschen zu Gottes Wort kamen, und sie hielten Gottes Wort stark in den Dörfern. So war es.

So war das, dann lebte ich hier, ich weiß nicht bis zu welchem Jahr. Ich lebte hier und heiratete eine Frau in Gabsongkeg. Ich heiratete und hatte drei Kinder in Gabsongkeg, dann schickte Stürzenhofecker mich zur Schule in Hopoi.[2] Ich war da vier Jahre, dann kam ich ins Dorf zurück. Viele Evangelisten gingen zum Watut. Es waren Mamro und Ogean, Paulus und Mois, Man, Dzanam und Ngung,[3] und Dziru,[4] die brachten Gottes Wort zu den Watut. Sie waren drei Jahre weg, dann wurden die ersten am Watut getauft. Die Watut wurden getauft wie die Wampar. Auch sie schickten wiederum Evangelisten aus.

---

1 Ein Fehler des Informanten; es muß heißen: *Dzifasing*.
2 Zur Lehrer-Ausbildung.
3 Die letzten drei von Sab.
4 Aus Munun.

Ich verließ Gabmadzung, ich arbeitete in Hopoi, so viele Jahre wie ich vorher gesagt hatte, vier, dann war es 1933, und ich kam ins Dorf zurück. Dann bekam ich die Arbeit am Watut, ich lebte da und half ihnen, ich lehrte ihre Kinder. Ich war Lehrer in Mararenan. Vier Jahre lebte ich in dem Dorf. Ich lebte dort, bis der Krieg der Weißen kam. Die Evangelisten kamen alle zurück, ich selbst blieb am Watut. Als noch Krieg war, kam ich zurück ins Dorf. Ich lebte im Dorf, und als ich zurück zu meiner Arbeit gehen wollte, starb meine Frau, und so blieb ich in Gabsongkeg. Das war im Jahr 1933.[1] Ich bin Omot. Ich habe meine Geschichte erzählt, es ist genug."

Text 26

Ngaroyana-Paulus aus Ngasawapum (siehe Texte 3, 4) hat nicht nur Texte in ein Schulheft geschrieben, das ich ihm 1976 gab. Er hatte außerdem schon 1965 Erzählungen auf Wampar in ein anderes Heft niedergeschrieben, ganz wie sein Halbbruder Dziru. Dieses Heft enthält einen Abschnitt, der überschrieben ist "*Ngaeng Erap a dzob*", etwa: "Die Geschichte von den Erap-Leuten". Der Erap (auf Karten und in Berichten auch Elap, Ilap) ist einer der großen linken Nebenflüsse des Markham, der von Norden kommend noch im Gebiet von Gabsongkeg in den Hauptstrom mündet. Am Oberlauf dieses Flusses leben Bevölkerungen, die von den Wampar allgemein als "die Erap-Leute" (*ngaeng Erap*) bezeichnet werden, und die früher traditionelle Feinde waren. Ngaroyana zählt vier Dörfer dieser Bevölkerung auf, deren Namen (Mungkip, Ngaromangki) aber deutlich machen, daß es sich um Angehörige unterschiedlicher Sprachgruppen handelt, die nur von den Wampar als eine Einheit verstanden wurden. Alle aber sind Sprecher von Papua-Sprachen. Neben den Watut im Süden wurden die Erap-Leute schon in den zwanziger Jahren Missionsgebiet der Wampar, und bis heute ist eine gewisses paternalistisches Gefühl und Gehabe ihnen gegenüber geblieben.

Ngaroyana gab an, er habe die erzählte Angelegenheit von Josef gehört, dem Evangelisten aus seinem eigenen Dorf Ngasawapum, der selbst im Text genannt wird. In einer Pidgin-Übersetzung gab Ngaroyana noch einige Erläuterungen. So zunächst die, daß keine einzelne Person das ganze begonnen habe und jedenfalls kein Name bekannt sei. Und er gab das Jahr 1933 als Zeitpunkt des Vorgangs an.

---

[1] Die Jahreszahlen sind mit Sicherheit unrichtig. Omots erste Frau Tsafra starb 1947.

"Die Erap-Leute haben vier Dörfer: Bangi wanti, Gain, Ngafir und Mungkip. Die Leute dieser vier Dörfer lästerten den lebendigen Gott, indem sie eine Holzfigur mit dem Aussehen eines Vorfahren schnitzten, ihr den Namen Satan gaben und sagten: 'Dieser Mann wird uns helfen, daß wir nicht sterben und ewig leben werden.' Er werde ihnen helfen daß die gepflanzten Yams große Knollen hätten. Sie schickten den Evangelisten weg und versammelten sich im Dorf Bangi wanti, dort stellten sie die Figur auf und tanzten um sie herum, eine große Tanzerei, Tag für Tag und Nacht für Nacht. Sie tanzten, da kam ein schweres Erdbeben und die Erde bebte.[1]

Der Evangelist Josef kam und erzählte es den Wampar und dem Missionar Stürzenhofecker, der nahm Irisa und Dziru und ein paar andere Männer und sie stiegen hinauf nach Bangi wanti, um sich die Sache anzusehen. Die Wampar gingen hin, sahen sich das an und befragten sie, und sie sagten: 'Unsere Sache hier gibt uns viel zu essen und viel Fleisch. Die Missionare sind Männer Gottes, aber sie geben uns kein Essen oder Fleisch.' Da sagten der Evangelist Josef und die Wampar zu ihnen: 'O, dann sagt eurem Gott, er soll etwas tun, das wir sehen können!' Sie holten die Figur, stellten sie bei einer Bananenstaude auf und sagten, sie würde die Staude herausziehen und die Wampar könnten es sehen. Sie selbst versuchten die Bananenstaude herauszuziehen, aber als sie so schwitzten, da lachten die Wampar sie aus und sagten zu ihnen: 'Euer Gott hat keine Kraft, ihr seid große Lügner.' Die Wampar forderten sie auf, das Ding nach Mungkip hinab zu tragen, dort tanzten sie und nachdem Missionar Stürzenhofecker und Jakob aus Ngasawapum es gesehen hatten, kamen sie zurück nach Gabmadzung und schickten viele Wampar[2] nach Mungkip, die es sich ansahen.

Die Wampar befragten sie wieder, und sie sagten: 'Unsere Sache hilft uns bei vielen Angelegenheiten.' Die Wampar beschimpften sie und holten diesen falschen Gott, stellten ihn mitten im Dorf auf, beteten zum lebendigen Gott, dann zerschlugen sie ihn, legten Feuer an ihn, und das Feuer verbrannte ihn. Als die Wampar aufbrachen, um zurückzugehen, da schlug dieses Ding einen Mann namens Puperap, tötete ihn und die Leute erschraken, als er starb. Als die Wampar zurückgegangen waren, da starben die Menschen von Mungkip, Bangi wanti, Gain und Ngafir, sie starben, und nur einzelne überlebten.[3] Einige liefen in den Wald und starben, Männer wie Frauen. Und die Hitze

---

[1] In der Übersetzung wurde ergänzt, es habe auch einen gewaltigen Regen und ein Gewitter gegeben.

[2] Es sollen Leute aus den Dörfern Munun, Ngasawapum und Gabsongkeg gewesen sein.

[3] Ergänzend wurde erläutert, die Menschen seien alle "verrückt" geworden. Tatsächlich hätte ein Mann einen anderen erschlagen; andere seien an ihrer Verrücktheit selbst gestorben.

dieser Sache brannte den Evangelisten Josef und seine Frau, und sie liefen weg,[1] und die Leute von Ngasawapum holten sie ins Dorf. Als sie wieder gesund waren, gingen sie zurück nach Mungkip. Die Menschen von Ngafir starben alle, das leere Dorf blieb übrig. Nur einer lief nach Gabsongkeg und blieb da, sein Name war Magig. Zwei liefen nach Popof und blieben da, ihre Namen waren Irias und Ereat. Alle anderen wurden vernichtet."

Die Erzählung enthält ein Motiv, das von einigem Interesse ist. Es wird gesagt, der geschnitzten Figur habe man den Namen "Satan" gegeben. Nun taucht diese Idee der Verehrung von oder der Berufung auf das Gegenbild zum christlichen Gott in der vergleichenden Literatur über Cargo-Kulte in Melanesien nur ein einziges Mal auf: In der sogenannten "Marafi-Bewegung". Und diese wiederum wird für das Markhamtal berichtet. Die Frage ist also, ob Ngaroyana hier genau diese Bewegung beschreibt. Eine kritische Durchsicht der Quellen und der Sekundär-Literatur erbringt deutliche Unschärfen der Berichterstattung.

Der früheste Bericht von europäischer (bzw. australischer) Seite ist ein Abschnitt in dem Report der australischen Verwaltung an den Völkerbund.[2] Hier wird zunächst ausdrücklich festgestellt, eine religiöse Bewegung sei (1934) untersucht worden in den Dörfern "of the Erap and Lower Lehron tributaries of the Markham River". Die Zeitangabe stimmt mit der von Ngaroyana gegebenen (1933) gut überein. Die Ortsangaben allerdings sind fraglich. Der Erap-Oberlauf ist zwar das hier interessierende Gebiet, der *untere* Lehron (Reron) aber liegt im Gebiet der Wampar. Nun sind Angaben wie "unterer" relativ und die Oberläufe der großen Markham-Nebenflüße gehen teils ineinander über. Vermutlich ging es eher um den Rumu (andere Quellen schreiben auch "Irumu") als um den Reron. Einige der genannten Dorfnamen sind identifizierbar, sie liegen nördlich des im Text genannten Munkip am Erap: Bunki, Nuria und Gafan. Schließlich heißt es am Ende, die Dörfer dreier Flüsse, des "Ega, Lehron und Indania" seien betroffen gewesen. Übereinstimmend mit dem Bericht Ngaroyanas ist die Betonung "Satans", der nach dieser Darstellung einen Mann namens Marafi besucht und ihn in die Erde zu den Toten mitgenommen haben soll. Ngaroyana gab auch auf Nachfrage an, es habe keinen prominenten Mann

---

[1] Der Evangelist sei von den Wampar geholt und auf einer Trage nach Ngasawapum gebracht worden, ergänzte Ngaroyana bei der Übersetzung. Der Missionar habe ihnen dann Medizin gegeben.

[2] Commonwealth of Australia: Report to the Council of the League of Nations on the Administration of the Territory of New Guinea. From 1st July, 1934 to 30th June, 1935. Canberra 1935 (pp.19-21).

in der von ihm beschriebenen Bewegung gegeben. Er konnte keinen Namen nennen. Hätte ein Prophet oder ein Medium eine Rolle gespielt, so wäre sein Name vermutlich erinnert worden.

Georg Eckert 1937 und 1940, Bodrogi 1951, Lommel 1953 und Stanner 1953[1] beziehen sich alle auf den genannten australischen Bericht. Guariglia 1959, Keysser 1960, Lanternari 1963, Belshaw 1965 und Worsley 1968[2] beziehen sich (soweit sie überhaupt Quellenangaben machen) ebenfalls darauf und auf einige Hinweise im "Neuendettelsauer Missionsblatt" von 1933 und 1934.[3] Die Angaben dort beziehen sich aber teils auf andere Bewegungen und auch auf Vorgänge im Azera-Gebiet. Es handelt sich bei der oben dargestellten Bewegung offenbar um eine in der Literatur nicht belegte, die aber möglicherweise mit den in der näheren Umgebung beschriebenen in einigen zentralen Ideen zusammenhing und von daher beeinflußt ist. Die räumliche wie zeitliche Nähe sind offensichtlich.

---

[1] Georg Eckert: Prophetentum in Melanesien. in: Z.f.Ethnologie 69, 1937: 139; ders.: Prophetentum und Kulturwandel in Melanesien. in: Baessler-Archiv 23, 1940: 30; Tibor Bodrogi: Colonization and Religious Movements in Melanesia. in: Acta Ethnographica Academiae Scientiarum Hungaricae, Budapest. Bd.2, 1951: 265; Andreas Lommel: Der "Cargo-Kult" in Melanesien. in: Z.f.Ethnologie 78, 1953: 32; W. E. H. Stanner: The South Seas in Transition. Sydney 1953: 59-61.

[2] Guglielmo Guariglia: Prophetismus und Heilserwartung als völkerkundliches und religionsgeschichtliches Problem. Horn - Wien 1959: 96; Christian Keysser: Lehret alle Völker. Neuendettelsau 1960: 19f.; Vittorio Lanternari: The Religions of the Oppressed. New York 1963: 207; Cyril S. Belshaw: The Significance of Modern Cults in Melanesian Development. in: W. A. Lessa und E. Z. Vogt, Reader in Comparative Religion. New York 1965: 518; Peter Worsley: The Trumpet Shall Sound. New York 1968: 102f.

[3] 15.7.1933: 53; 15.4.1934: 26f; 10.11.1934: 83f.

Abschließende Überlegungen

Veröffentlichte Berichte von Europäern über die Anfangszeit ihrer Kontakte mit einem Stamm in Neuguinea bildeten die eine Seite dieser Darstellung - Erzählungen von Wampar über dieselbe Zeit und dieselbe Situation sechzig bis achtzig Jahre danach die andere. Worum geht es dabei, worum kann es gehen? Sicherlich nicht um die Gegenüberstellung von mündlichen Traditionen mit der "Wirklichkeit". Denn auch die Berichte der Weißen sind nicht die Wirklichkeit, sondern ein Bild, ein Abbild davon. Und zeitlich größere Nähe zu den Ereignissen macht das Bild allein deshalb nicht "wirklichkeitsnäher". Beide Arten von Berichten sind von begrenztem historischem Wert. Beide sagen aber als Texte mehr aus als nur das, worüber die Erzähler berichten wollen. Die Gegenüberstellung macht das sehr deutlich. Und genau hier lag auch der Anlaß zur Publikation: In der Frage, wo denn die Unterschiede liegen im Erzählten und Weggelassenen, in der Betonung und Nichtbetonung, in deutlich werdenden Interessen und Wertungen, in Verständnis und Erklärung des Berichteten. Die Gegenüberstellung, zunächst aus einfacher wissenschaftlicher Neugier, aus persönlicher Sympathie für die eine Seite (die *andere* Seite!), aus bestimmten Einstellungen gegenüber Mission und Kolonialverwaltung und europäischen Haltungen zu Anfang des Jahrhunderts führte zur zunächst gar nicht beabsichtigten Beschäftigung damit. Führte zu Einsichten, die vor allem zum Verständnis beider Quellengattungen für ethnohistorische Untersuchungen von Bedeutung sein können.

Damit zur ersten methodischen Frage, die einleitend schon aufgegriffen wurde: *Sind Auswahl und Begrenzung der Quellen begründet und berechtigt* oder völlig willkürlich? Die europäische Seite umfaßt publizierte Berichte. Unpublizierte, von denen einige in Archiven möglicherweise noch aufzufinden gewesen wären, wurden bewußt nicht gesucht. Damit liegt ein klar abzugrenzender Korpus an Daten vor. Daß diese Daten aber nicht gleichwertig sind, ergibt sich aus den folgenden Darstellungen. - Die Berichte der Wampar begrenzen sich dadurch, daß sie mir im Laufe von etwa 30 Jahren aktiv zugetragen wurden. Zum einen also wurde nicht nach Erzählungen über bestimmte Ereignisse gefragt, zum anderen kann es durchaus noch Traditionen zum behandelten Thema geben, die mir nicht mitgeteilt wurden. Das ist angesichts der langen Vertrautheit mit den Wampar relativ wenig wahrscheinlich, zum anderen kann aber die Nicht-Mitteilung wiederum Indiz für Bedeutungen sein. Wichtig ist nur, sich bewußt zu machen, daß die Texte bereits über einige Jahrzehnte tradiert, (in einigen Fällen persönlicher Erlebnisse über diesen Zeitraum wiederholt erzählt) und in gewissem Ausmaß standardisiert sind. Ich bin der Ansicht, daß auch dieser Korpus von Texten klar abgegrenzt und vor allem nicht willkürlich und auf vorher festgelegte Ziele hin zusammengestellt wurde.

Deutlich wird aus vielen der Texte, *daß die beiden Seiten, die beiden Arten von Quellen, nicht unabhängig voneinander sind.* Schon in die frühesten Berichte von Missionaren, Beamten und Goldsuchern sind Informationen eingeflossen, die sie nicht aus erster Hand haben konnten, sondern von Einheimischen erhielten. Teils von Wampar selbst, vor allem aber von Angehörigen der Nachbargruppen - Labu und Lae in erster Linie. Derartiges zeigt sich in den Darstellungen Karl Holzknechts zum "Fall Turner", wo er ausdrücklich einmal von seinen "Informanten" schreibt. Umgekehrt finden sich in den Traditionen der Wampar Angaben, die ohne Informationen von europäischer Seite nicht an sie gelangt sein können. So in den Traditionen zum Überfall auf die Strafexpedition 1905 die Beschreibungen der Behandlung des Verletzten in Madang. Das hat zunächst zur Konsequenz, daß mit dem einen Korpus an Texten nicht der andere kontrolliert, überprüft, bestätigt werden kann.[1]

Auf der Seite der Weißen sind die Berichte der *Missionare* von einer Bedeutung, die alle anderen als relativ unwichtig erscheinen lässt. Das entspricht ihrer tatsächlichen Bedeutung für die Wampar und das weitere Feld ihres Missionsgebietes. Sie hatten den größten Einfluß, durch sie kamen die entscheidenden Veränderungen, sie bestimmten die weitere Entwicklung und das Selbstverständnis der Wampar in einem fast unvorstellbaren Ausmaß. Sie waren es schließlich auch, die sich im Lande selbst, und das für Jahrzehnte, niederließen. Ihre kleine Zahl (gewöhnlich zwei, zeitweilig nur ein Missionar mit Angehörigen im Stammesgebiet) macht ihre tatsächliche Macht und Wirkung überhaupt nicht deutlich. Im Gegensatz zu ihnen hatten einige andere Weiße im Lande kein Interesse an Berichten. Goldsucher und Arbeiteranwerber waren sogar eher daran interessiert, daß

---

[1] Zur Gegenüberstellung von Dokumenten und mündlichen Überlieferungen in Melanesien und Mikronesien siehe etwa Poyer 1985, Keesing 1986, Schieffelin und Kurita 1988; über gegenseitige Beeinflussungen Mercer 1979: 147. Daß nicht immer die schriftlichen Quellen die zuverlässigeren sind, dazu Mercer 1979: 149; Vansina 1985: 189.

möglichst wenig über sie und von ihnen nach außen drang. Die Beamten der deutschen wie später der australischen Verwaltung waren zahlenmäßig noch weniger als die Missionare. Sie waren für viel größere Gebiete zuständig und lebten damit nicht in den Stammesgebieten. Ihre Kontakte mit den Einheimischen waren um vieles weniger intensiv als die der Missionare.

Über Missionen und Missionare ist in der Ethnologie bisher erstaunlich wenig geforscht worden. Das gilt für die Missionare als ethnische Minderheit in einem fremden Land ebenso wie für ihre Überzeugungen und Wertungen, ihren Wert als Beobachter und Quellen und ihre Bedeutung als Anstoß für Innovationen oder kulturerhaltendes Element. Dabei sind die verschiedenen Konfessionen und Missionsgesellschaften außerordentlich unterschiedlich und haben sich sehr verschieden ausgewirkt. Unter den Missionaren der Neuendettelsauer Missionsgesellschaft waren keine ausgebildeten Ethnologen wie etwa unter den katholischen Missionaren von MSC oder SVD. Im Gegensatz zu diesen katholischen Priestern waren sie überwiegend auch keine Voll-Theologen und es ist wohl berechtigt festzuhalten, daß ihr allgemeiner Bildungsstand relativ niedrig war. Eine Reihe von ihnen hat unter dem Einfluß von Ethnologen ethnographische Berichte geschrieben. So Keysser, Stolz, Zahn, Lehner und Bamler in Richard Neuhauss' drittem Band seines "Deutsch-Neu-Guinea" (1911), von denen Stephan Lehner schließlich sehr selbständige eigene Arbeiten publiziert hat. Georg Vicedom und Hermann Strauß haben in Zusammenarbeit mit Herbert Tischner, Karl Holzknecht nach Anfragen von Tischner und mir selbst publiziert. Der weit überwiegende Teil aller veröffentlichten Berichte der Neuendettelsauer Missionare fällt aber in den Bereich der innerkirchlichen Meldungen und Nachrichten und populärer Missionsblättchen zur gegenseitigen Information oder der Information der Heimatgemeinden. Vieles ist wohl auch als Werbematerial zu verstehen. Wissenschaftlicher Anspruch ist von daher schon kaum zu erwarten. Davon abgesehen aber war dafür auch die Ausbildung wohl nicht ausreichend. So ist verständlich, daß es vor allem an Genauigkeit in den Darstellungen mangelt, daß Beobachtetes und Hörensagen nicht unterschieden werden, Vermutungen und Tatsachen unentwirrbar durcheinanderlaufen.

Innerhalb der Mission und unter den Missionaren wurde ganz offenbar vieles *mündlich weitergegeben*. Diese Feststellung ist angesichts der Situation der frühen Missionare nicht verwunderlich. Wenige Europäer, verteilt in einem weiten Land über viele Stationen, isoliert über jeweils lange Perioden von ihresgleichen, mußten geradezu die wenigen Gelegenheiten nutzen, um sich gegenseitig über die Ereignisse zu unterhalten. Auch Gerüchte und Klatsch waren wohl ziemlich allgemein. Andeutungsweise ist aber auch zu erkennen, daß neben mündlichen auch *schriftliche Informationen* eine Rolle spielten. Das können inzwischen verlorengegangene Briefe gewesen sein, auf den Stationen von den Vorgängern hinterlassene Aufzeichnungen und Berichte und auch Manuskripte anderer und von anderen Stationen. Beispiel hierfür sind viele der Bücher oder Büchlein von Christian Keysser, die Darstellungen Karl Holzknechts in Lae, Gottfried Schmutterers Erinnerungen, Manuskripte und Übersetzungen, der Umgang mit den von Einheimischen geschriebenen Texten, die von verschiedenen Missionaren offenbar immer wieder neu zusammengestellt unter ihrem Namen vervielfältigt verbreitet wurden.

Entscheidend für die Beurteilung der Berichte von Missionaren als Quellen ist die in diesen Darstellungen zum Ausdruck kommende *Einstellung gegenüber den Einheimischen und ihrer Kultur*. Hier werden bestimmte Tendenzen sehr deutlich. Da wird nicht nur eine unerschütterliche und von keinerlei Zweifeln geplagte Haltung von der Überlegenheit des Christentums und der europäischen Kultur und der absoluten Schlechtigkeit und Minderwertigkeit der einheimischen Kultur erkennbar. Paternalismus gegenüber den Menschen (als Verantwortung und Verpflichtung verstanden) ist sicherlich noch eine milde Formulierung. Man fühlte sich zu jeder Art von Eindringen, Eingreifen und Anwendung von Gewalt berechtigt. Darüber hinaus werden aber (sicherlich auch zeitbedingte) nationalistische und militaristische Einstellungen deutlich. Es sind vor allem teils schlicht brutale Haltungen, die sich in den Äußerungen zum "Fall Turner" (den "Erschießungen" auf See) finden und zu körperlichen Strafen (Stürzenhofecker 1928). Besonders heftig sind hier auch die Vorurteile gegenüber Frauen, die sich bei Panzer ("Dem Weib geschah recht zur Abschreckung für andere", Panzer 1914), wie bei Stürzenhofecker (1936, 1937) finden. Vicedom zeichnet sich durch besonders "energisches" Vorgehen gegen den Tanz aus (1931), wie insgesamt Tänze das rote Tuch für die Missionare waren. Das wurde gewöhnlich "moralisch" begründet. Aber die "schlechten Gedanken", die sich mit dem Tanz verbinden sollten, stammten wohl eher aus europäischen Vorstellungen vom Paartanz als aus den Tänzen der Wampar. Was immer "Vergnügen" machte und vom Christentum ablenkte, wurde - unter Berufung auf die Wünsche christlicher Vertreter der Wampar - verteufelt und bekämpft. Im

Grunde waren die Missionare wohl glücklich über jede Beseitigung alter Elemente der Kultur: "Keine Trommel, kein Speer, kein Schwert, kein Hut ist mehr zu finden", wie Stürzenhofecker 1931 glücklich schrieb. Wie er es ausdrückte, waren die alten Sitten zwar ein "Damm gegen Freiheitstaumel oder Unbotmäßigkeit der Jüngeren", aber sonst war "das Schlechte überwiegend".

Zu diesem Schlechten gehörten an erster Stelle die *Kriege*. Sie waren Anlaß für die Aufnahme von Kontakten zu den Wampar und die Kriege und (teils verborgenen) Fehden innerhalb des Stammes stellten noch für lange Zeit eines der größten Probleme der Missionare dar. Das alleinige Verdienst der Missionare für die Beendigung der Kriege ist unbestritten. Durch ihre dann doch relativ schnelle Beendigung wissen wir insgesamt sehr wenig über die Bedeutung von Krieg und Kampf in der alten Kultur. Diese Bedeutung muß sehr groß gewesen sein und sich auf alle Bereiche des Lebens bezogen und ausgewirkt haben. Die Wampar erzählen einerseits noch heute begeistert von dieser Zeit der Kriege, sie sagen also von sich selbst, daß sie kriegerisch waren. Andererseits wird deutlich, wie schnell sie auf die Friedensbemühungen von außen eingingen. Es wirkt, als seien sie geradezu erleichtert gewesen, daß jemand ihre ständigen Kämpfe beendete. Die von Natur blutrünstigen Mordbrenner, als die sie mit Vorliebe in den ersten Jahren beschrieben wurden, waren sie also keineswegs.

Die unbestreitbaren Überfälle der Wampar sind auch der Grund, warum die europäischen Beobachter bei ihnen immer wieder Charakter-Eigenschaften zu sehen glaubten, teils direkt aus ihren Gesichtszügen abzulesen meinten, bzw. warum derartige Formulierungen so im Vordergrund stehen. Dammköhler und Oldörp schienen "Tücke und Blutdurst" ihren Gesichtern aufgeprägt, Neuhauss bezeichnete sie als "Mordgesellen" und unterstellte ihnen "Mordlust und Habgier", und Berghausen beschrieb sie als "wilde, mordlustige Gesellen". Die Beurteilung stand vor dem Kontakt schon fest, man sah, was man sehen wollte. Vieles an der "Blutrünstigkeit" der Wampar ist Bestandteil der europäischen (der menschlichen) Tendenz, die Darstellung von Erfahrungen als Methode der eigenen Selbsterhöhung zu benutzen. Denn das Ausmaß an Gefahren, in dem man sich befand, machte den eigenen Mut deutlich (oder das Ausmaß der Hilfe Gottes). Deshalb sind die "Wilden" immer um einiges wilder als die Wirklichkeit. Und wenn sie sich gar nicht so blutrünstig verhalten, dann "könnten" sie es doch. So wie Gefahren übertrieben werden, so auch Entfernungen. Jede Expedition ist immer einige Meilen weiter ins Innere vorgestoßen, als das überprüfbar war. Oder man ist nicht bis zu einer bestimmten Stelle gekommen, weil sie "14 Tagesmärsche" entfernt war (in Wirklichkeit vielleicht drei oder vier). Und auch die Menschen, die man trifft, sind jeweils um einiges bedeutender, als sie selbst es wissen. Unter "Häuptlingen" tut man es nicht (in anderen Gebieten der Erde waren es dann oft sogar "Könige"), auch wenn es gar keine "Häuptlinge" in dieser Gesellschaft gibt. Aber sicherlich ist auch für niemanden mehr nachzuvollziehen, welche ungeheuren Abenteuer das tatsächlich für Menschen waren, die vorher nie aus ihrer bäuerlichen oder kleinbürgerlichen Umgebung in Franken herausgekommen waren. Auch an dieser Herkunft der Missionare wird man die Formulierungen ihrer Berichte messen müssen. Und gelegentlich kommt da auch Konkurrenz unter ihnen zum Vorschein darüber, wer als erster irgendwohin durfte, wessen Name über einem Bericht steht.

Für die frühesten Berichte ist eines der Probleme, wie die Berichtenden (Beispiel Dammköhler) eigentlich an Informationen gekommen sind, die über das Beobachtbare hinausgehen, also *Sprachkenntnisse* voraussetzten. Eine Verkehrssprache (später Pidgin oder Yabim) war im Wampargebiet noch nicht verbreitet, Dolmetscher werden gewöhnlich nicht erwähnt. Und selbst dann dürfte es sich um sehr komplexe Übersetzungs-Ketten gehandelt haben. Denn auch mit den Dolmetschern sprachen die Weißen ja keine gemeinsame Sprache, sondern wiederum nur eine Mittelssprache. Die Sicherheit, mit der dennoch bestimmte nur durch Sprache zu vermittelnde Sachverhalte behauptet werden, ist erstaunlich. Das gilt für Oldörps Erklärung, man habe den Eingeborenen "die Fürsprache bei der kaiserlichen Regierung" zugesichert. (siehe Kap. 2, 1909, Dammköhler und Oldörp). Das gilt im Extremfall sogar für längere *wörtliche* Wiedergaben von Gesprächen, wie sie Zahn oder Böttger bringen (siehe 1909, Friedensschluß, und Böttger und Mailänder). Die tatsächlich bestenfalls rudimentären Verständigungsmöglichkeiten machen verständlich, warum Neuhauss und Lehner genau gegenteilig im gleichen Fall behaupten, zwei Leute hätten sich verständigen bzw. eben nicht verständigen können (1909, Neuhauss und Lehner). Auch der Fall "Wogang" kann als Beispiel dafür dienen, daß bis auf die Tatsache, daß er als Dolmetscher tätig war, nicht geklärt werden kann, wie die tatsächlichen Beziehungen seiner Familie zu den Wampar waren.

Eine besondere Kategorie stellen *Berichte von Reisenden* dar, wie Detzner oder Dinglreiter. Im Prinzip gilt das Gesagte aber auch für Missionare, die von anderen Stationen kommend kurze Besuche in Gabmadzung machten und über die dortige Situation berichteten. Das gilt übrigens auch für die Beamten. In den beiden Fällen Detzner und Dinglreiter versuchen die Reiseberichte den Eindruck zu erwecken, als lägen dem Dargestellten eigene Erfahrungen, Kenntnisse und Erlebnisse zugrunde. Die Missionare, mit denen die Schreiber Kontakt hatten, werden zwar (wiederum als "Erlebnisse") erwähnt oder selbst beschrieben. Doch ist allein aus der Dauer des jeweiligen Aufenthaltes von wenigen Stunden oder Tagen klar, daß sämtliche Informationen von den Missionaren der Station stammen. Die allgemeinen oder gar historischen Angaben solcher Reiseschriftsteller oder Journalisten können also keine eigenen und unabhängigen Quellen darstellen. Sie wiederholen nur die Kenntnisse und Ansichten von Missionaren, die gewöhnlich schon auf andere Weise festgestellt wurden.

Wie innerhalb der Mission sowohl mündlich wie schriftlich gegenseitig informiert und tradiert wurde, so ist wahrscheinlich, daß mindestens seit den zwanziger Jahren auch *innerhalb der Wampar schriftliche Quellen und mündliche Informationen durch Weiße* eine Rolle spielten (die ihrerseits ihre Kenntnisse auch aus Büchern hatten). So ist vor allem das von dem ersten Missionar Karl Panzer zusammengestellte Lesebuch (Panzer 1917) noch immer den älteren Männern bekannt. Zwar konnte kein einziges Exemplar mehr aufgefunden werden und es wurde angegeben, daß im Krieg alle Bücher vernichtet wurden. Doch scheint man bis in die vierziger Jahre noch die Texte darin gelesen zu haben. Andererseits wurde von einzelnen Männern genau angegeben, von welchem Weißen man Informationen über die Besiedlung Neuguineas hatte. Nachweisbar allerdings für einen anderen Korpus von Texten, der sich auf die frühe Geschichte der Wampar bezieht. In ähnlicher Weise dürften direkte Informationen von Missionaren, Beamten, Arbeitgebern, in der Ausbildung von Lehrern, später auch in der High School, schließlich über Radio und Zeitung in die Erzählungen eingeflossen sein, ebenso wie Berichte und Erzählungen, die man von Angehörigen anderer Stämme und bei Besuchen bei ihnen hörte. Die Wampar sind genau in der Periode, die hier dargestellt wird, in immer intensivere Beziehungen zur Außenwelt getreten, die sich auch auf ihre täglichen Erzählungen und tradierten Texte auswirkten.

In zwei Fällen allerdings enthalten die mündlichen Traditionen der Wampar sehr wesentliche Informationen, die deutlich über die europäischen Quellen hinausgehen. Der eine Fall ist der der "Erschießungen auf hoher See" der Schuldigen an den Azera-Morden (der "Fall Turner"). Während sich die Darstellungen der Missionsseite damit zufriedengeben, die

Schuldigen seien eben erschossen worden (eine offenbar gerechte Strafe), machen die Traditionen der Wampar deutlich, daß dies gar nicht so war. Der scheinbar brutale Kolonialismus erweist sich als Versuch der Gefangenen, ihre Bewacher zu überwältigen. Daß die Polizisten schließlich fast alle erschossen, ist entweder Selbstverteidigung oder brutaler (oder verängstigter) Übergriff, jedenfalls keine standrechtliche Erschießung. - Der andere Fall ist der des Brandes des Missionarshauses in Gabmadzung. Hier liefern die Traditionen eine Erklärung, die den Missionaren nicht bekannt war. Allerdings bestehen in diesem Falle zumindest Zweifel daran, ob die Erzählungen zutreffen oder eine nachträgliche Konstruktion sind.

Bestimmte Themen finden sich jeweils nur bei der einen oder der anderen Seite, und es ist wichtig, sich dies bewußt zu machen. In den Berichten der Europäer spielen zunächst die Überfälle der Wampar auf ihre Nachbarn, damit zusammenhängend die *kriegerischen Ereignisse* aller untereinander und schließlich die kriegerische Haltung der Wampar eine große Rolle. Das ist nicht weiter verwunderlich, da eben diese Überfälle der Anlaß für erste Kontaktaufnahmen waren. Daß dafür insgesamt zunächst die Wampar verantwortlich gemacht wurden, hat aber sicherlich eher etwas mit den Kontakten der Weißen zunächst mit den von ihnen Überfallenen - also ihren Gegnern - zu tun, als damit, daß die Wampar "blutrünstiger" als andere gewesen wären. Peter Sack ("The bloodthirsty Laewomba") hat sich mit diesem Aspekt auseinandergesetzt. Auch die Missionare merkten bald, daß die Labu oder Lae nicht nur Opfer waren, sondern auch Täter. Wie dieses System aus ständigen gegenseitigen Überfällen aller gegen alle mit Ausrottung und Vertreibung, Neuorganisation und Abspaltung von Gruppen ursprünglich entstanden war, läßt sich sicherlich nicht mehr rekonstruieren. Die Versuche, eine einzige Ursache und beinahe ein bestimmtes Jahr festzuschreiben, sind sicher in fast jeder Hinsicht ein Fehler. Da werden einheimische Auffassungen von Geschichte und Entstehung übernommen, ausgehend von einem Bedürfnis nach einfachen Erklärungen.

Die Wampar selbst beschreiben ihre Geschichte der letzten Generationen bis zum Kommen der Weißen (in den "Kriegsgeschichten", *dzob a tir*) als eben dieses ständige Kriegführen mit allen Nachbarn wie innerhalb des "Stammes". Sie machen keinen Hehl aus der Bedeutung von Krieg in ihrem Leben, auch in europäischer Zeit zwar pflichtgemäß christlich verurteilend ("die Alten waren noch unwissend"), aber mit deutlicher Begeisterung und Interesse an dieser spannenden Zeit. Und geradezu mit Genuß wird auch berichtet, wie wann wer wen erschlug. Das überraschende ist, daß sie nichts, überhaupt nichts, von den Überfällen auf die Labu und Lae erzählen. Die Kämpfe mit ihnen werden zwar erwähnt, aber in einem einzigen Satz abgetan. Der Rest der Traditionen beschäftigt sich mit den Kämpfen von Klans, Dörfern und Gruppierungen innerhalb der Wampar. Kein Wort davon, daß man irgendwann dreißig oder mehr Lae an einem Sonntag erschlagen hätte. Überhaupt keine Erzählung mit irgendwelchen Einzelheiten zu diesem Thema, vergleichbar den hier vorgelegten Texten über das erste Kommen der Weißen.

Dies ist nun tatsächlich ein Problem, für das man Lösungen in mehrere Richtungen anbieten könnte. Zum ersten ist es möglich, daß diese Überfälle auf die Lae oder Labu für die Wampar tatsächlich nichts besonderes darstellten. Ähnliches geschah ständig und es gab deshalb keinen Grund, davon besonders zu erzählen. Die Wampar befanden sich Anfang des Jahrhunderts jedenfalls in einer Phase der Überlegenheit gegenüber den anderen, als sie bis zum heutigen Lae vordrangen. Zum zweiten könnte das Kommen der Weißen und der Friedensschluß eine Rolle insofern gespielt haben, als er das große, das geradezu unglaubliche Ereignis war, das die kurz davor liegenden ("üblichen") Kämpfe überschattete, unwichtig machte, völlig in den Hintergrund drängte. Ganz praktisch könnte auch die gerade nach diesen Ereignissen einsetzende Missionierung mit ihrer Verurteilung von Krieg und Gewalt eine Entstehung von (neuen) Erzählungen hierüber verhindert haben. Dies zudem genau bei den Teilgruppen (den Munun und Ngasawapum), die die historisch bedeutsamen Überfälle ausgeführt hatten.

Die Berichte der Weißen sind immer auch *ethnographische Berichte*. Sie beschreiben oder erwähnen Merkmale der Kultur der Wampar, die naturgemäß fast alle zunächst Merkmale der äußeren, der materiellen Kultur sind. Auf diese Weise sind es wertvolle Dokumente für *Stabilität oder Veränderung* der Kultur. Einige Informationen lassen sich heute nicht mehr bestätigen. So Fröhlichs Angaben über angeblich zum Verzehr gezüchtete Raupen,[1] die mehrfache Beschreibung eines "Kriegerdenkmals" in Berichten von 1910, Sprechen mit Fistelstimme, Hunde als Nahrungsmittel.[2] Andere Beschreibungen belegen Veränderungen. So die mehrfachen deutlichen Darstellungen der älteren Siedlungsweise in Weilern, die große Bedeutung der Töpferei, die Tatsache, daß Rauchen nicht bekannt war und Kokospalmen offenbar sehr viel seltener als später. Stabilität wird belegt

[1] Fröhlich 1908: 203.
[2] Ruppert 1911.

mit den häufigen Erwähnungen der sehr sauberen Dörfer, der Schattenbäume und der Bedeutung der Banane. Die etwas späteren Berichte zeigen bereits die Veränderungen durch Neues, so die Ausbreitung von Liebeszauber und zauberischen Techniken allgemein auf dem Umweg über die Arbeiter-Compounds, und die besondere Bedeutung einheimischer Polizisten.

Daß die Wampar wenig über ihre eigene Kultur - als das bekannte - erzählen, ist nicht verwunderlich. Der Eindruck wird in diesem Falle allerdings auch dadurch bestimmt, daß sich hierfür eine andere Kategorie von Geschichten, *dzob a mogeran*, "Geschichten von früher (oder: vom Alten)" entwickelt hat. Diese *dzob a mogeran* sind sicherlich nicht alt, sondern unter dem Einfluß der Missionare (Vorlagen für den Schulunterricht) unter dem Eindruck der zugrunde gehenden eigenen Kultur (als bewußte Vermittlung an die Jüngeren) entstanden. Sie wurden bereits in einer anderen Veröffentlichung vorgelegt.[1] Umgekehrt allerdings erscheinen *die Weißen* für die Wampar in den Texten als für sie von recht geringem Interesse. In den Erzählungen über die ersten Kontakten werden sie kaum in einem Satz erwähnt, nichts an ihnen wird beschrieben. Ihre Begleiter, ob Labu oder Polizisten, sind offenbar von viel größerer Bedeutung. Auch von einzelnen Europäern wird wenig erzählt, selbst über die langjährigen Missionare ist es wenig. Das scheint erstaunlich und zu erklären. Denn waren es nicht angeblich überall diese Geister- oder Götter-ähnlichen Wesen mit der hellen Hautfarbe, die größte Aufmerksamkeit, Schrecken, Ver- und Bewunderung erregten? Nun kann man vielleicht davon ausgehen, daß die aufgeregten Beschreibungen und gegenseitigen Erzählungen der ersten Stunde von den Weißen, ihrem Aussehen und Verhalten, ihrer Kleidung und Ausrüstung sich nicht zu Erzählungen verdichtet haben. Denn nach einiger Zeit wurde das alles vertraut und bekannt und es gab keinen Grund, sich dies noch zu erzählen. Wären sie nicht geblieben, sondern wieder weggegangen, gäbe es heute möglicherweise Geschichten über sie. Aber die Wampar tragen heute europäische Kleidung, besitzen Metallgeräte und vieles, wovon die damaligen Weißen nicht geträumt hätten, von Videogeräten bis zu akademischen Titeln.

---

[1] Fischer 1978.

Anhang : Originaltexte

Die Originaltexte sind weit überwiegend auf Wampar, vier (4, 6, 16, 22) sind auf Pidgin-Englisch. Die Umschriften wurden vereinheitlicht und angeglichen in den Fällen, in denen Texte schriftlich vorlagen, so in den Aufzeichnungen des Missionars Georg Stürzenhofecker bzw. den Notizen und Niederschriften der früheren Missionslehrer Dziru und Ngaroyana. Wampar-Texte wurden bereits in früheren Publikationen veröffentlicht, vor allem in Fischer 1975 und 1978. Gegenüber der Umschrift in diesen Texten und in dem vervielfältigten Lexikon von 1974 wurden inzwischen einige Veränderungen vorgenommen, die systematisch in die (als Manuskript vorliegende) sehr viel umfangreichere Neufassung des Lexikons aufgenommen wurden. Sie betreffen im wesentlichen den Ersatz von *j* durch *y*; von *(m)p*, *(n)t*, *(ng)k* durch *mp*, *nt*, *ngk*; und die durchgehende Abtrennung des Überleitungsvokals *a* vom folgenden Wort. *Jangka* wird also nun *Yangka* geschrieben; *po* (das im Lexikon unter *(m)po* aufzufinden war) ist nun *mpo*; und *Dzeag antson* wird jetzt *Dzeag a ntson* geschrieben. *J* und *L* erscheinen nur in Fremdwörtern (etwa Josef, Salome, Labu). Schwierig ist die Entscheidung über Zusammen- oder Getrenntschreiben von Wörtern (*Gab songkeg* oder *Gabsongkeg*, *Dzif a sing* oder *Dzifasing*, *mun a ntson* oder *munantson*). So weit irgend möglich, sind alle zusammengesetzten Wörter in ihre Bestandteile getrennt worden (also etwa *mun a ntson*, sein Mund), weil auf diese Weise das Verständnis und ein Auffinden im Lexikon erleichtert werden. Andererseits sind Zusammensetzungen nicht immer als solche zu erkennen und vor allem Namen bereits in offiziellen Schreibweisen vertraut, besonders Ortsnamen wie Gabsongkeg oder Dzifasing, aber auch Personennamen. Bei Ortsnamen ist durchgehend diese Schreibweise beibehalten worden. Bei Verbformen sind Zusammensetzungen ungetrennt belassen worden, wenn einem der Bestandteile das Personalpräfix fehlt. Also: *etos eama* (er kam zurück, er kam), aber *etosama* (er kam zurück).

Die Umschrift der Pidgin-Texte hält sich an die Regeln des am besten bekannten und weitest verbreiteten Wörterbuchs von Mihalic (1971). Allerdings wird der tatsächliche Gebrauch der alternativen Laute b/p, d/t, f/p, g/k, l/r, s/t, v/w; die Einfügung von Vokalen zwischen zwei Konsonanten (blu / bilu) und eventuelle Pränasalierung (buk / mbuk) ebenso wiedergegeben wie Form- und grammatische Abweichungen oder Anglicismen. Wörterbücher und Sprachanleitungen versuchen immer wieder, eher die Gemeinsamkeiten verschiedener Gebiete hervorzuheben und (im Interesse gegenseitiger Verständlichkeit) Dialektunterschiede einzuebnen. Der Wert der vorgelegten Texte liegt also auch im Beleg des tatsächlich gesprochenen Pidgin. Hier sind die Angaben des Aufnahmezeitpunktes von Bedeutung, da sich Pidgin in den letzten Jahrzehnten deutlich (zum Englischen hin) verändert hat. Alle Informationen zu den Erzählern, Ort und Datum der Aufnahme wurden den Übersetzungen vorangestellt.

Text 1

Iri waes mamafe mangke irif garagab gwangon emots a dzob, da ongan emam a riferan garagab gwangon, irif eya foa, en a ges eyasa en a garagab ges erem a med, da gea esa foa erots a dzob moatsets. Ngaeng a mareran Gone irif foa uri imudzub moatsets a sa, emam a rotseran a dzob, Nanig erots a ri: "Abang, num umudzub moatsets. Warots a dzob ban arungum, en edza ban amar edza ban arots a dzob." Da mamafe erots: "Ngao, yaga amam rotseran a dzob en ngaeng faring eraso."

Bas aron ngaeng Adzera its Nanig fono, da gea ibi potsoran irif foa erots a dzob futsun. Gea emen foa edangan derots a dzob da gea ero en a rotseran a dzob, da ngaeng Dzifasing wasif irid raun. Ges ngaeng iri afi ibi toseran gea erots: "Num oboin edza sera? Edza rene gangkan efa num rene gangkan. Ama en da ban arots a dzob futsun." Gea erots: "Madzeats ri Nub um a ban uru garafu badzin uwits a bas, bas yaga ban apotso. Da ban amam aitseran a tir burid, a tir enof. Yaga apotso a non ram wante, da apotso Ngowang. Da num urungum Gone epotso. Yaga ban apotso da yaga amam afaran num, yaga amu ngaeng a mpuf. Yaga amam gereran efa num, yaga atsif ram fun. Da ban apotso da num ban otao yaga da ban ofos yaga ram. Da ban arots a dzob ngarobingin, badzin num narom a rits ges ban edzarang ngaeng yaner a ram. Ges emam a itseran num afaringen rasen ri nafon. Num umu garafu badzin orem a med ongan wafu, yaga apotso yaga ram ngarobingin num badzin oteg en a ge iri pateg, num badzin ongef ram a mun ongan, ongan edz pateg, ongan edz a ge. Ogo ram ongan da ora orog en ram ongan. Yaga ban apotso aburi inin amots a dzob ari num, da amam a muran a gom gaen, yaga gaen ban apotso ban an. Num uri badzin oma umu yaga gom uri.

Dzob kani edza arots futsun ari num, edza ban atos aya atrep ngaeng fun ono fofon en ramum ono fofon imu faring. Atrep angop da afi nin ban eremen. Angop da ban apotso. Num ofakana domen en yaga afi domoad, yaga afi domoad ban eremen imu yaga ram. Numanim eya yaga amam a meneran. Yaga ban apotso atao yaga afi domoad da badzin num omar otao numanim." Ibi rotseran ari ngaeng a Dzifasing: "Num orem narom ari num afi bas badzin omar opotsori yaga da ban omama a remeran narom burid. Yai ban orots ngaeng ongan imu moantom da moantom erots ngaeng ongan en yai. Omam a meneran burid. Dzob uni edza arots ari num, num ongkang ari yaga badzin epotsoma da ban asomen num a mra kani. Aon ngaeng faring ongan gea dzob, da ban aya ram a ram. Apotso kau ampes da rompom ari ramum a rits apotso amoaf orots etse nin."

Text 2

Ngaeng bengan Gone emen a Gabantsidz. Iri a Med naron da Enom ges emeya Ngarokapoa. Iri idzum egere. Idzum eyar a mpi ongan. Epepe deama. Da ngaeng Yalu etao ges a dzif wason. Ngaeng Yalu iburi moadzi mog en. Epepe mpi deama. Da ngaeng Yalu epotso dits a ges. Its ngaeng serok orots. Ngaeng serok orots uri. Engop a ges fono. Ngaeng serok erenta da intsi ngaeng ongan. Gea bengan Gone. Intsi deya. Eya emen moadzi da ges maran etap en. Ngaeng etao erem a gea ro dits fono burid. Dibi boarengeran eya, etao en maran etap en, dibi ditseran fono. Eboareng eya. Etao en maran etap en, eboin erots a riran de: "Yaer aits ngaeng a mamafe kani!" Da ges itum a gea eya yadzu fon deya non.

Efanuri, da gea moanton eama gom. Eama, da sun imu mamafe. Deon a ntsots, itig ngowang yafan derem eya moadzi, moanton eama detao. Detao demen a gea gwangon inin de: "Ngaeng its a Gone!" Eya derots ari rasen Ngowang esab. Da Ngowang esab iru ngaeng fun eama disuk engadama Ngarokapoa. Eama deboasu etao ges en erentsaran detane a Gone. Deboareng a gea eya itum eya dau ofo. Efakai da ges etos eya, erots ari a ges ngaeng fun diring en.

Da afi uri gea irid eya Dzifasing. Eya dimu sun eya Dzifasing. Sun bengan a Agir. Da mamafe emen a gea. Iburi gea ono fofon imudzub. Iburi gea nae gempon imudzub. Erere de imu foa, emots foa, edangan, da ngaeng uri gea erots a dzob imudzub. Imudzub en a dzob moatsets. Erere da ngaeng ongan, gea bengan Sonampo. Gea erots de: "Obe, amam rungumeran a dzob a kai. Did erots a dzob en a mun a ntson dibi da ayatin. Imudzub efa kai da amam yatiran en." De: "Edza badzin amar ma edza badzin ama en arots a dzob en a mud a ntson." Efakai da bas inin da ngaeng eyare gea, ngaeng Adzera. Gea bengan Yangka besab. Eyare ngaeng uri fono. Da ngaeng eboareng a gea deya edzofon da emen a basabas ibi motseran foa, edangan foa burid da ngaeng a mogeran uri, Gone, epotso imudzub. Imudzub moatsets erere dengop da gea eya mana da Sonampo epotso, erots a dzob en a mun a ntson. De: "Obe, yaga uruwi. Yaga uru amar a yai abi toseran ama. Edza napotso da num otao edza." Da ngaeng renen ear raun. De: "Yai ban omam potsoran!" Da idzig fan ari bangin epotso, ngaeng etao renen ear. Emots a dzob en de: "Waits ngaeng a basabas en a bas inin yaga ban apotsoma. Apotsoma domam a itseran a tir da ompeat ataf orots, osong nerom, imu rasem fon, da umu ramum fon. Yaga apotsoma, yaga aon a ram wasif. Yaga atsif faud en a ram ongan. Ban ampom a ram a mun demam a ntaneran faud. Da ram mangke." Emen kani.

Text 3

Iri mog yaga ngaeng farifaring irungum a dzob fefen en a bumpum a ram potsoranama kani. Ges irungum a dzob a non foa. Edangan foa, da foa erots a dzob ari ges efakani: "Bas inin en a ban a tir ban empes. Ban omam eram a itseran eram burid. En ngaeng rene gangkan ongan ban epotso." Da ibi rotseran de: "Ban emam eram a ngeferan pateg da aberan a gom en." Ges erots a dzob en a paep a ban epotso. Efanuri da ram uri gea imu mun faring. "Ban oteg en pateg da ban owab a gom en a gea. Da ban omam eram a roseran a dzif. Da en ban ram ongan, ban opan a gea dipruf inin." Ges erots a dzob en a masis. Da gea erots a dzob wasif. Isir en bumpum a ram potsoranama yaer a gab. Da dzob uri emen a non foa depotso. Ngaeng wasif efaran demoaf da irungum ram uri erots a dzob eya foa. Da gea isiren a dzob wasif a mog da de bumpum epotsoma da ngaeng farifaring etao ram uri da iri dzob uri efaran. Da ngaeng farifaring ibi rungumeran a dzob wasif derots de: "Afi uri gea efa porofet ongan." Da gea isir en a dzob a mog, da dzob imu nidzin.

Mog, da epotso non foa, da imudzub inin. Imudzub en a dzob inin. Erere, Gone besab gea erots de: "Edza badzin amu mareran ayama da edza badzin amam erad mudzuberan en a dzob efakani. Edza ban ama en arots a dzob futsun." Iri uri da ngaeng dits a gea da dibi danganeran foa da gea epotso derots de: "Dzob uru edza arots i. Kani dimu nidzin edza ban arots a dzob futsun." Da gea erots an a dzob futsun en a dzob wasif, isir en ari garagab, da garagab wasif efaran dirungum.

Text 4

Wanpela man em bilong sagaseg Owang rompon, neim bilong en Gone. Em idai long ples Nangitigeran (Munun), na tewel bilongen igo long Yadzub (Dzifasing) na tokim wanpela meri long driman, em itok long meri bai wokim wanpela nupela bilum na putim sel kambang wantaim stik igo insait. Na ologeta toktok bai ikamap long dispela bilum. Meri iwokim nupela gutpela bilum na putim stik igo long sel kambang na pulimapim long bilum. Profet neim Untsi gungkung. Long nait na tewel igo insait long dispela bilum na mekim nais long sel kambang. Ol man meri ikam bung, na harim man i wisil long toktok insait long bilum (imekim nais long sel kambang olosem man ikaikai buai). Ologeta nait em isave mekim olosem wisil long toktok tasol.

Wanpela nait long gutpela mun na em imekim ken na ol man meri ikam bung na harim. Na wanpela man bilong sagaseg Owang rompon em itokim: "Yu wok long wisil tasol, na ol man bai harim tok gut olosem wonem? Yu nosave opim maus na toktok? Sopos mi dai igo mi noken wisil olosem, mi mas opim maus na toktok bai ol man iharim gut toktok. Na ino longtaim dispela man idai, na ol man plantim em. Na long nait sel kambang imekim nais na olo man meri ikam bung na harim wisil itoktok. Na wanpela man itok: "Yupela wok long wisil tasol. Na man hia taim em istap laip na em itok, sopos mi dai bai mi noken wisil tasol. Bai mi opim maus na toktok na ol man iken harim tok gut. Na em istap we, orait em iken toktok na mipela harim." Orait, man idai em imekim nais long sel kambang na ilap na opim maus long toktok nau.

Em itok: "Mipela ino dai, mipela ikam long wanpela bikpela man. Na liklik taim tasol baimbai mipela ikamap long yupela. Taim mipela kamap long yupela baimbai yupela ilukim skin bilong mipela na baimbai yupela ipret tru. Long wonem sikin bilong mipela iwet tru, na yupela bai ipret long mipela. Tasol mipela bai kamap wantaim gutpela pasin bilong helpim yupela na sidaun gut, na noken pait moa. Pait bai pinis na pren gut, na sidaun gut. Mipela bai ikamap wantaim ologeta samting bilong bel isi na sidaun gut tru. Taim mipela ikam bai yupela ilukim, bai mipela isidaun long bikpela samting olosem dok, na sampela olosem pik na igat tupela kom. Kainkain samting bai mipela bringim ikam. Yupela bai inoken istap sikin nating, yupela bai pasim samting olosem rawe (sikin diwai). Na yupela noken wok moa long pateg (hap limbung). Nogat, mipela bringim samting isap moa, na yupela bai wok longen. Na yupela bai lusim ge, na mipela bai bringim samting olosem ge na sap moa, bai yupela katim diwai longen. Na ol pikinini bilong yupela baimbai iwok long mipela na mipela baiem ol samting olosem liklik ston. Na sampela pikinini bilong yupela baimbai iharim tok bilong bigpela man. Na yupela bai salim ol igo long longwe ples. Kalim tok bilong bikpela man igo. Ol bai igo long Watut na sampela ples tu. Bihain bai lusim yu na igo sidaun long Watut."

Yes ol bikman itok olosem ologeta samting Untsi gungkung itoktok long insait long bilum. Em ologeta ikamap pinis inap long maus bilong Untsi gungkung. Yumi lukim kar, balus, ain, kako, naip, tamiok, sipun, pok, so bilong katim diwai, na nil bilong samap. Rais, bret, laplap, trasis, siot, su bilong putim na wokebaut, haus kapa na sip. Ologeta samting Untsi gungkung toktok pinis nau yumi lukim long ai bilong yumi igo stret. Ol bikman bilong Wampar itok olosem.

Man bilong stori neim bilong ol :

Reron	*Titus*	*Zifasin*
Ere	*Misak*	*Zifasin*
Atsuts	*Petrus*	*Zifasin*
Owaf		*Zifasin*
Ferea	*Benjamin*	*Nasawapum*
Wao	*Lazarus*	*Munun*
Boneng	*Theofilus*	*Munun*

Text 5

Gone gea emen a Gorogeas. Da gea iri ngaeng serok, Enom esab, Med a wang. Ges erem idzum emeya Ngarokapoa. Da ngaeng Yalu etao ges a dzif wason. Ero deama depotsori ges, its. Its Enom esab erenta da ibi itseran a Med a wang, gea enta mpo, da its Gone. Da ges eboareng eya. Intsi Gone deon eya en a ban ean. Da ges eya detao Gone maran etap en. Bid erem ero dibi itseran. Its, maran enof, ibi boarengeran deya. Eya da gea maran ibi taperan en, erots de: "A emam a muran garagab!" Ges efaring a mamafe, efaring momof. Ges erots efanuri, da etsoreng eya yadzu, yadzu fon.

Da gea emar, da eyepotsori moanton. Epotsori moanton eya gom. Imu siri depotsori moanton eya gom. Da moanton erots ari rasen Ngowang esab de: "Num emen. Atung en ram epotsori ri Gone, ngaeng a ban its Gone, ma." Efanuri da ges emen a Gorogeas demeboasu eya engadama gentet ongan okani eboasu. Efanuri depotsori Enom esab gea erenta. Erenta yadzu fon. Da ibi boasuran eya, depotsori Med a wang en a gea erenta mpo gentet. Da intsi Gone da eon eya da ges etao gu a ngkoatsangkoats en a erentsaran. Da ges etoseya, emen, da Gone ri gea moanton eremen. Da rasen faring Ngowang esab epaes en a bad emen en, da ges eboin irid eya. Eyemen a Dzifasing da imu sun eya Dzifasing. Ngaeng ongan, gea bengan Momos. Gea emen en. Bengan wafu Dan.

Da Gone ri imudzub eya gea ono waro. Da emen a gea foa. Da gea ono fofon da emen a gea foa. Eya ngaeng a Dzifasing ges efaran dirungum. Da esoror irungum da ngaeng ongan, gea bengan Sonampo besab. Gea erots de: "Nau, yai umudzub inin. Da edza badzin amar ma? Da badzin arots a dzob futsun." Efanuri gea emen da ngaeng Adzra eama dits a gea. Ngaeng Adzra ongan, gea bengan a Yangka besab. Eama, dits a gea fono. Da ges edzofon a gea, da esoror eya demoaf. En a ban irungum gea epipis. Irungum efa gea erots. Gea ban erots a dzob futsun ma? Efakani ges esoror eya, Gone gea epotso erots a dzob a mog, imudzub en a dzob inin. Da engop eya da Sonampo gea ibi potsoran. Gea epotso dekararak "hahahahaha". Erots a ngaeng Ingglis a dzob. Da ges e: "A, yaga atung en rafen uri. Rafen uri emam a muran a yaer a rafed. Mo?" Da engop ibi rotseran a yaer a dzob a gab, dzob Wampar. Erots de: "Otao!" Ititu bangin ero da gea bangin a mpuf. "Otao edza bangid!" Da ges etao. Garafu naron renen ear en a gea bangin irimpuf. Gea efa bumpum.

Etao, da gea erots efakani de: "Watao. Num badzin omar da renem gangkan fose ema da renem gangkan ban efakani. Impuf. Ban efa edzanig uni. Da ges e: "Mo!" "Ma numanim badzin efa edzanig okani. Da num a ban omam sereferan a ram. Otao, ban utsif a ram ongan efa otao edza atsif. Otao edzanig okani. Da utsif ongan en a renem gangkan. Da untu ongan en a onom waro. Da faum a mpomeran a ta ban ompom en a ram ongan, utsif faum eya dompom. Da Nub, arots ari yai iri a Madzeats i. Waits a tir uri bas eya en a yaga apotso dangop. Bas en a ban apotso iri Ngowang esab da ban omam eram a itseran a tir burid. Ban ompeat ataf orots, dompom osong narom oya ram wante. Orots rasen a rits. Da ban omam eram a itseran a tir burid. Da yaga arem tao ban amam a ntsiran en a gu efa yaer amu. Remeran en a poatse ma, ngao. Yaga ban en a ram ongan. Da imu bubung dimpuf. Da yaga adenteng en amots a ram ongan. Da adenteng en. Da dzif yaga amots a ram ongan. Da ban opan da ibururung. Ongar umu gaen en. Da ge, ge ri a pateg ema. Yaga amots a ram ongan da ban ora orog en. Imu mun. Da ogo ram en. Yaga amots a ram uri dogo ram en. Duwits a ram en, imu mun."

Erots a dzob efanuri, bas inin da dzob imu nidzin en a bumpum epotso. Da ngaeng a non a Dzifasing emetao bumpum. Etao bumpum en iburi Gabmadzung. Erots de: "Kani, nidzin epotso!" Etos isir en de: "Nidzin epotso!" Da iri dzob uri efaran. Emen kani. Da foa ri, afi gea emar da edzofon a ri a foa ri. Empes.

Text 6

Taim ol kampani ikam na plantim kofi diwai long Butaweng Finschhafen, na wanpela kampani ikam na painim wora Wantsef. Na kolim naim bolong em Markham. Em igo bek na tenpela kampani ikam. Ol isidaun long hos na ikam bihainim wora Wantsef. Ol ikam painim sampela ples na ol man ipret na lonewei na ol isut nabaut long gan. Ol ikamap long ples Ngasabangka, ol manmeri ol ilonewei na ol isut na katres ikisim wanpela lapun meri Engkraf na em idai. Na ol isidaun long hos igo igo na kamap long wora Reron. Na ol ibihainim wora Reron igo daun na kamap long ples Yadzub. Ol igo klostu long ples na ol ipasim hos na slip long kunai.

Long moning na hos ikrai na wanpela man em iholim na em igo lukim. Em ilukim wet skin na em i lonewei igo long ples na tokim ol man long ples. Em igo tokom ol man long ples: "Yumi go na lukim sampela man skin bolong ol iwetpela. Aitink ol man hia bilum itokim yumi longen. Na ol igat bikpela bikpela dok!" Em ilukim hos na itink bikpela dok. Planti man ol igo kamap na ol ilukim wetpela skin na ol ipret na lonewei. Na ol masta tromoi han long ol, na ol igo bek. Ol igo bek na holim han bolong ol yet, na skulim skulim igo. Ol igo klostu, na masta iholim han bilong nambawan man na ologeta ilonewei. Na man hia em isingaut singaut istap, na ol masta igivim gras bilong lukluk na givim sol em kaikai, na masis, liklik naif na olgeta samting. Ol igivim em pinis na salim em igo.

Na olgeta man ol ilonewei igo long ples na bilas long samting bolong pait na ikam long pait na kisim wantok bolong ol. Tasol ol ikam na painim wantok bolong ol long rot. Na em isoim olgeta samting hia ol wetskin igivim em. Ol ikaikai sol na ol ilukluk long glas, na slekim masis. Ol ihamamas na ol itok ol gutfela man hia, na ol ilusim bilas bolong pait na ol ilon igo kamap long ol wetskin na ol iplen nau. Ol wetskin itilim ol samting long ol na ol ihamamas tru. Na ol ikisim ol wetskin igo long ples, na givim kokonas ol idrink. Sampela man ilukim hos na ol ikisim pekpek bolong hos na tanim wantaim mau banana na givim dok ikaikai, bai kilim planti pik. Ol sidaun wantaim pinis na ol wetskin ikirap na goap long hos long igo bek.

Na wanpela wetskin itok ples Wampar olosem: "Yaga ban aya darem Engke mos maran eya Gabsongkeg danom daya." Ol Wampar iharim tok ples na ol itok: "Aitink ol man bilong yumi bipoa ol idai na tewel bilong ol ikam bek long yumi. Bipoa bilum itokim yumi!" Yes ol tenpela kampani ilusim ples Yadzub na isidaun long hos ikamkamap long Gabsongkeg. Na ol ikisim lapun Engke na drink istap na wanpela man ikam na ol isutim disfela man idai na ol igo pinis. Na igo ologeta long Finschhafen.

Nambatu taim kiap wantaim polis na ol man bilong Labu ikam long kanu, ol ikam painim ol Wampar na ol ipait wantaim ol Wampar na kiap isutim wanpela man neim bilong em Ofo, kiap isutim sol bilongen. Ol Wampar ilukim na ol ilonewei, na Ofo ino idai, em istap na ol igo na ol ikamautim katres longen na em istap laip, katres ol iputim istap long Gabantsidz nau. Kiap igo bek.

Na nambatri taim kiap ikam bek ken wantaim lain polis na ol man bilong Labu. Ol ikam klostu long ples Masing ol iwokim haus sel bilong kiap na ol polis iwas longen na ol ino lukim hetman Mapu em ihait istap na kauntim ol. Em ikauntim ol pinis na em igo long ples na kisim lain bilongen ikam long nait. Em ikam tilim lain bilongen inapim polis na em yet igo long kiap. Em isutim kiap long haus sel na kiap isingaut, na ol lain polis tu singaut wantaim. Ol Wampar ikilim ol idai pinis, na wanpela polis istap na em isut nabaut na isutim wanpela Wampar idai, na polis ilonewei wantaim ol Labu igo pinis long nait.

Na long 1909 ol Wampar na Labu ipren gut pastaim orait ol Labu ikisim misin Lehner ikam hanggamapim ol laplap samting, na ol Wampar ikisim umben na painim pis igo daun painim na kisim ikam sowim long ples na tilim nabaut long ol yet. Na taim ol ikam bek na pren gut nau.

Na long 1910 misioner Bantser na Oeter ikam long Wampar na laun long ples bilong Wampar na lukim. Na tupela igo bek long Lae. Na long 1911 Bantser na Oeter ikam bek na statim station Gabmadzung. Oeter na Bantser tupela ilaun long ples bilong Wampar na kisim ol yangpela bois long istap wantaim tupela. Na bungim ol bikman tu ikamap na sidaun gut. Sampela ikam sidaun long Gogampats nau yumi kolim Munun na Ngasawapum long wora Ngasawapum, na sampela ikam sidaun long Gabsongkeg. Mision ikam sidaun long Gabmadzung long 1911. Na pait bilong Wampar ipinis long 1912. Misin Oeter istap 8 yia long Gabmadzung. Na igo long Kaiapit long 1918.

Neims bilong ol man bilong stori

Gowan I	*Ngkonongkon*	*Dagin*
Atsuts	*Petrus*	*Zifasin*
Reron	*Titus*	*Zifasin*
Ere	*Misak*	*Zifasin*
Dzentsep	*Moses*	*Ngasawapum*
Antseg	*Samuel*	*Ngasawapum*
Nimaran	*Josef*	*Ngasawapum*
Ngereng	*Hiob*	*Ngasawapum*
Ferea	*Benjamin*	*Ngasawapum*
Dziru	*Martin*	*Ngasawapum*
Erets	*Jona*	*Gabsongkeg*
Ongkor	*Krispus*	*Gabsongkeg*
Wateg	*Laban*	*Gabsongkeg*
Wao i	*Lazarus*	*Munun*
Boneng	*Theofilus*	*Munun*
Wadzob	*Nehemia*	*Munun*

Man bilong raitim stori : Nariana Paul, Nasuapum, Gabmazung. Epril 8. - 4. - 1976

Text 7

Ngaeng eremoaf Masing. Da su ongan engop a foa ongan eya mpo. Deon eya da etsetseang a was en a ngaeng ongan emar. Da erem gaen, da ngaeng ongan iri moanton eama gom en a ban enang a ram. Gea bengan Roper esab, began wafu Matius. Da iri gea moanton bengan Wagog. Eama, da moanton irif eya yamis nenan dimu ododompo. Da moanton irif eya diburi en su, da sun enang a ram. Sun enang a ram, da ges emam taoran en bumpum garafu. Da ges etao gea dzif wason deama. Deama, demesof wafen a gea. Da gea enang a ram eya detao ngaeng en its a ref a wi eya ono waro. Gea etao erots ngaeng Labu en, da irid. Its a dzif futsun. Eya deyerots eya gab. Da moanton gea iriburi gom. Ngaeng itig a rif engos, bumpum a garafu itig a rif engos, da emam taoran afi uri, iriburi. Da ngaeng uri gea irid eya isir en eya gab: "Ngaeng Labu epotso!" Da ges iru aom, da ngaeng ongan, gea eon aom eama nin. Gea bengan Sowe. Eama, da garafu itig a rif eroya mpo magamag, iriburi magamag Wantsef dengos. Da gea eya, eyare garafu ongan. Eyare garafu Buka ongan. Ifrip eya dits. Da garafu uri ges ebre de edzarang. Etsapor ges taram edzarang. Da ges eyati etos eya dau, da ges egere defani weng en, efani taram efani weng en.

Eyemen a basabas, da garafu ges eon a garafu ongan uri da gea its fono, dengad eya mpo gentet ongan. Erots a gea bengan Umi. Dau gentet ongan ges eya di gea, da boanu ges etosama en a ban edz a ngaeng uri gea renge. Ges a garafu uri renge. Efani ngaeng a gab ongan, gea bengan Forof, gea iriburi, esaf aom. Da ngaeng fun eremen eya gab ofo. Da gea etao ereren e: "Ngaeng Riwafear epotso!" Ges efaran iru aom da gea etsapor aom irid demeya gab mana. Da ngaeng uri efaniya. Efaniya, defani gea fan dzampeb. Gea eyarang a mpangampang dirid eya. Da ges fun ema dedzarang. En etao en engop a gea. Edzarang deya dau da ibi toseranama, da ngaeng uri ges etoseya gentet ongan burid.

Da isit a dzob eya Gabantsidz. Isit a garafu serok eya Gabantsidz. Ges iru ngaeng Gabantsidz, ges empom ari sefo etos. Eama dimprin ngaeng a Wantsef afi, da erots ari ges: "Ngaeng faring ongan, gea eon raen ongan erese ri mpo ya." Da erots ari ngaeng a Gabantsidz: "Num a ban otao en a ges ifung a purung, ban otao wason esa, durungum en epoak, bid ofaram omosro ro a mra. Otegeran montengeran!" Da imu fanuri. Ngaeng Gabantsidz ges efaran eya mag, da garafu uri ges efani ma. Da ges efaran depoatsaran eya simis. Da ebre ma. Etao en a ram uri a wason esa da ges efaran eya mpo. Derese deya. Ges emam gantaran taram. Erese deya. Da ram uri impruf eama da ges efaran emongro deya mpo warug. Derese deya. Deya da taram eon a ngaeng ongan, gea bengan Ofo besab. Efani gea ngaomeang en. Iri uri, ges pat epotso taram etao deyatin: "O, yaer arots a ram okani gea mun ema, da gea imu mun." Efaran irid etos dau. Ganga. Da bumpum uri gea emots a ram, da iri garafu etos. Etos eya Lae.

Eya demen moangkaf a bas inin, da bumpum serok imprin a ges ngaeng faring, efaring a gea bengan a Wokman. Garafu eya da egere a mpo Wantsef, da ererep ngaeng. En a ban etao ngaeng Labu eama, bid a ges erots ari a ngaeng wasif defaran iru aom ari tir. Ges egere magamag etao madzung eama. Madzung wasif eama da ges irid eya derots ari ngaeng eya gab: "Ngaeng a Riwafear madzung mangke deama!" Eama, da ges ngaeng farifaring iru aom emen a mpo gentet. Aom ari tir, emen a mpo gentet, da etao madzung uri tse. Madzung uri eon a mpo deama, diya Ngarasa da Ngarokapoa da ofo. Iyi uri, da ngaeng faring ongan, gea bengan Sowe, Sowe besab. Gea isit ngaeng fun: "Num oya, dorots ari a Yafon esab ari garafu. Bid a ges engadama, da yaer aits ngaeng okai!"

Erere, ngaeng a moaferan Masing imu naedzintsing raun, gea erots de: "O, num eram wamen, edza ban aya. Da gearan orots eya. Eya disuk emeya, epotsori ges en eremoaf Meab. Da erots ari ges: "Ibi ngaeng ari a ngaeng a rene gangkan a mpuf uru, da ges eama deremen a kai. Iri magamag. Yaer ama en da ram esefo, daya daits." Da ges imu fa gea. Ram esefo da ges efaran dengad eya mag ofo. Da bumpum ges i erem tao da erem ges was. Da ges emonteng eya, demen efa kau. Da ges eama, erem a ngaeng ongan emonteng ari was ongan. Erem ngaeng ongan, emonteng ari ongan. Erem ngaeng ongan, emonteng ari ongan. Efanuri deya depotso. Itip etse.

Da ngaeng uri gea bengan Sowe. Gea erots de: "Num omonteng, da edza ban aya arif eya daits en ngaeng akau, durungum en eyarang, da num ofaran uwits." Efanuri, gea eya its bumpum ongan, erots a Wokman. Gea its a gea, da wasif efaran, da irungum en bumpum uri eyarang, da ges efaran its a ngaeng a was uri dempes. Da ngaeng ongan, gea bengan Duwi besab eon a mpo ro, eya, da bumpum ongan iri ri plisboi ongan i madzung. Da gea eya deyare bumpum uri gea fedz, da itig aom etse. Da bumpum uri, gea etsapor taram a non a plisboi, da efani weng en. Efani weng en eya de engop ngaeng ongan, gea bangan a Regereg. Da ibi faniran eya dengop a ngaeng ongan gea bengan a Buri. Buri besab. Edrep a gea bangi waro tse. Da ges eyarang eya da ges its ngaeng uri dempes.

Impri ri bumpum uri, da bumpum serok uri ges iri ngaeng Labu etos. Da bumpum gea efani ngaeng ongan, gea bengan Goangkus. Efani gea fono. Da ngaeng Labu erots a ri bumpum de: "Yaga ban aon ngaeng Wampar o kani daya, da yaga ngaeng etao." Ges imuam, deon ngaeng uri deya en a ban ean. Da en agarafu uri gea garafu ngarobingin. Efanuri, ngaeng uri ges eon ngaeng uri, da bumpum aom uri itigeran i, eon etos eya Madang, deye edabos eya Madang. Emen a ri kani.

Text 8

Mog a kau yaga emam yatiran en ngaeng a mpuf ongan. Erots ngaeng fose moatsets. Emen emen, da ngaeng a mpuf epotsoma Masing. Ngaeng Dzeaman, ges epotsoma Masing. Yaga ngaeng ongan, Ropes, gea enang a gom. Da emam taoran a garafu, da garafu eya en a ban efoareng a gea. Efoareng imu neron en. Da gea etao dirid, its a dzif futsun, dirid. Deya depotso gab Masing. Moanton eremen a gom. Erots ari ngaeng de: "Wama daya en ngaeng a ban its edza afi!" Da iru aom eama. Iru aom eama da ban epotso deyare garafu ongan dits, da efani abang. Demam a ngoperan abang. Abang emog, deon afi Ropes moanton, diri eya gab.

Deya demoaf a gab a basabas, nain i, boanu da bumpum ibi tsongeran. Etsongama demepotsoran a gab, da Forof esab moanton, afi Ndong, etao. De: "Forof, num omoaf umu ram sera. Ngaeng epotso yaer a gab!" Forof eon aom demonteng moadzi tsen deyare. Deyare a ges. Da efani ma, defani Forof fan futsun da eyarang a mpangampang: "Yi' ! Num wadzarang. Ram uni imu mun e!" Ngaeng efaran edzarang. Edzarang eya dau, eya, da bumpum emen a gab, detosama. Ges eama deama, deya gab eya gab Lae nin. Emam a toseran.

Emen emen emen, da ibi toseran ama. Eama desot Masing deama Ngintsib a mpes a kai. Imi Ngintsib a mpes, da abang irid a mog derots ari ngaeng a meneran a Meab a mog: "Omonteng en ngaeng eama!" Ges ebre desa orog, garafu serok erere, etao en eamama desa da ero de: "Ges i kai!" Da sefo da ngantam a tir da ges empom eama. Deama demonteng uri. Erem a garafu demonteng ari ges a was, ges erem a was, erem a was eya derem a garafu emonteng ari was diri eya. De: "Num oma a itseran a sangangin. Mo, urungum en yaga ban aits eya tao faring a kau, da num oma. Uwits." Efaran demonteng da gea irungum en a ges its eya tao faring, gab erots da befeang faring. Deyarang. Da ges ebre dits a was efaran a ri. Engef a faran a ri nin. Its bumpum ongan, bumpum serok. Da atung en erots its ongan engop fono. Serok engop fono. Da eyare ongan. Da gea itig aom etse da eon eya Madang. Tota eon emots eya Madang, ifis en aom. Edabos engkang. Da tota esaf, ifis en aom a non. Ifis en aom dengop, da ges emam etoseran burid. Ges eya teya nin.

Yaga amoaf a Murawi kai. Da ngaeng wasif eama ban iru ges a mos da dzain en a ruferan en. Da iru ges eya kai diri eya. Eya dentroang a mpo da ngaeng ipu sapu, da erem ngaeng ongan empom a weng, emog. Ererep. Ges a was. Da ges entroang a mpo, deya da was etao ram en edangan eya orog, da ref a wi da ram wasif. Deraso garafu de: "Wataeg en a mpo da osa. Yaer atao ram a kau!" Da ges efaran entsa sapu da esa da erem a ges ngaeng a was serok, de empe. Etao derots de: "Wama su ongan e." Edangan ari su ongan a kau. Da garafu eya. Deya efaran emonteng desa. Esa dekro ram wasif a ref, mases, sor, ram wasif. Asingis fun, da fun eremen. Da esomo da ges a pesman, iringi, iringi, iri efaran. Saur ari Buri besab. Ges emonteng da iringi ri garafu. Derots ari de: "Num oya gab, omam a poaran futsun. Oya en utung en min a sa." Da ges eama gab demam a rotseran, itung en.

Emen emen da ges ibi toseran de: "Oma da yaer aya datao yaer a ram uru burid." Ibi toseran eya. Deya da Labu eama da ges eya. Da Labu erem a ges a pesman, Musara, edento moadzi, demog. Deama da ngaeng Wampar etao da derots de: "Wamoaf en ngaeng eama!" Demoaf ero da Empep a gea emam buriran foson. Gea iri Pufafang inin. Eon intsigama basabas da gea eyare. Empep eyare. Eyare Musara. Eyarang a mpangampang, ifrip eya mpo da Buri besab its a montam etsen da emongro, da Labu eama. Eyarang eama, eon itum esa madzung. Eya derem eama gentet ongan.

Da Labu engef a ref da erao. Erao a ref irid a mag. Da ngaeng Wantsef erots de: "O, ban amu nerod. Garafu emam a itseran." Da ges a ban eraso ges, demoaf. Da garafu serok, Kukir da Enta, Kukir emog da Enta eyasang, da Labu serok eama. Da eama deme isinting a ref eama, Kukir erem bangin eya en, engef Kukir bangin impri ri a ref. Defaran, defoareng, da rorong edrap. Ngaeng Wampar eya da Labu eama, demotseran. Derem a sor ari deteap. Depan mases detao. "Oma en a ram o kani, imu ngarobingin!" Da efaran demoaf derots de: "Wateg a ngkag. Ngkag empes!" Da Labu eon anutu en.

Text 9

Yaga ngaeng wasif etsenon eran emoaf da etaeg en a gab Masing, emoaf a Ngaronguris. Da ngaeng a Dzifasing a ri Gabantsidz epotso dits eya Ngaronguris, da ges edzarang. Eya detsenon eran, depotso Munun. Emen Munun, da empom eya depotso momoa ongan, gea bengan Watong. Da ngaeng fun emoaf uri. Ngaeng Ngasawapum ges emoaf Watong. Da ngaeng Orog wangin iri Montar ges emen ero Moamu. Da ngaeng Munun ges emoaf a Murawi. Kani teremoaf. Ges emen a Murawi, da eya en a ban eboasu a dzi a Wantsef. Etoseya Ngaromukum. Ges iru sapu da ngaeng fun eboareng aom, eya fun ipu mpo, da fun egere, ereng a ngaeng Labu. Da fun ipu mpo detsong. Ngaeng sapu ges ipu mpo detsong da ngaeng aom ges ereng a ganga demog. Eya dengop eya mpo fi, mpo ofo, da etao en a ngaeng Labu, ges emetane ngaeng a Wantsef a fi, da edangan a ref. A ref a wi. Garas dentoran enom en, ataf dowang, da bumpum nidzin, mpi ganti waro, ro, da ram wasif. A ref fun. Edangan eya orog da etoseya ges a gab.

Ngaeng Munun ges ipu mpo deya, da ngaeng uru ges ereng a ngaeng emog i, ges etao. Irid etos eya erots a ri ges: "E, num oma dotao ram ongan a kau eremen orog a weng!" Ges erots a gu ongan a boap dero. Erots a dero boap a wi. Ma ges etao a ref a wi, da ram fun. Da ges etaeg en a mpo da eya. Da ges uri emog, edento ngaeng fan en erots a patea eon a ram uri demedangan a ri su ri. Ma ges edangan a ri su ongan. Da ges eyetao ram uri, desa. Desa dekro da iru deama, derem mpi ganti waro eyari ngaeng faring ongan, gea bengan Sowe besab. Da erem ataf dowang a ri ngaeng faring ongan, gea bengan Buri besab, da ref a wi iri a ref fun ges iringiran en, da erarap isirir eya its eya ono waro. Da iru etoseya, deyemen eya gab.

Da ngaeng Labu ges eama detao ram uri detane. Detao en a ges ekro dempes. Ngaeng Wampar ekro dempes. Eredetos eya da erots ari ges ngaeng buriran non a Bukaua demeburi ri ges. Erots a ri ges ngaeng buriran, da ges erem a ngaeng uri ges eya madzung, da ngaeng Labu wasif ges eama. Da ngaeng Munun ges etoseya. Eya da etao en a ges eama. Efanuri, ges eya da ges eama detao de: "Ngaeng a Riwafear eama." Da ges eya. Eya, ngaeng Wampar erem a ges ngaeng serok. Da ngaeng Labu erem a ges ngaeng serok. Da ngaeng Wampar uri, ongan emog, da ongan etsong. Ngaeng uri ges bengan, ongan bengan Kukir, da ongan bengan Aos. Da ngaeng Labu edza atung en a ges bengan.

Ngaeng Labu uri ongan engef a ref idzig emog. Da ongan etsong. Da ngaeng Wampar ges efanuri. Ongan erese demog, da ongan erese detsong. Da ngaeng Labu efanuri deama gentet ongan. Ges imu efanuri, da ngaeng ongan, non a Wampar, gea bengan Empep. Gea eyare ngaeng Labu faring ongan, bengan Musara. Eyari gea, iri aom impub ero. Eyesa, da ngaeng Labu ges imu en a ban edz, da Musara besab erots de: "Ngao, omam a muran! Edzarad a ban ari aom enta magamag." Da ngaeng Labu fun ges eon a ref uri, erese deama, da ngaeng Wampar serok derese deya eya de Wampar eyetsapor a ref uri, engef ngaeng Labu ongan bangin, da ges efanuri en a ngaeng Wampar. Iri efoareng eran. Tsong, ngaeng wasif eya, da ngaeng Wampar wasif eya, ngaeng Labu wasif eama, da ges efoareng eran. Imu neron. Entsa ram ari, da erem nain. Nain o kani, da ges efaro gu ntot. "Nain o kani, num oya en omen. Uwi nain ongan okoare. Yaga ya ai nain ongan dekoare. Eyengop da ongan o kani, num oma en yaga ban ama." Da ngaeng Wampar ges imu fanuri, ngaeng Labu ges imu efagea. Eyemen a ges a gab. Ngaeng Wampar emen a ges a gab, da engop nain uri, da etos.

Etoseya, ges eama, da ges eya, da erab. Erab en a ges iru aetsantson, da paep, da ngkwak, ges erab da ngaeng ongan, gea eon ngaeng Labu ngkwak, irid ari. Gea bengan a Duwi besab. Da ngaeng Labu etao gea en eon gea ngkwak irid a ri, da gea eon eya demonteng efa kau, da ngaeng e: "Yai on ngaeng a ram otos." Da gea imu garamun da engef aom en yareran ngaeng Labu ri. Da ges erab engop da ngaeng Labu etos eya, da ges etosama.

Emen emen, da ngaeng Labu fun, ges emeya gab gentet ongan a kau, Gabantsidz. Da eama da ngaeng a meneran Mare ges its. Its a ges ngaeng ongan. Da ges itung en. Derots a ngaeng uru ges imu neron en eran i. Its a ges. Da tsong ngaeng Munun epotsori ges erots de: "Emam muran yaga! Ngao, ngaeng Ngarogemo." Da de emen en, ngaeng a Gabantsidz ges esong eya Labu, da ges iri a ngaeng a Sab ongan, gea bengan Adzen. Eya da ges etao ngaeng Labu etao, defaring en. Erots de: "Ngaeng Ngarogemo kai. Yaga ban aits a gea, da aedz yaga ngaeng." Ngaeng Gabantsidz erots de: "Ngao, emam a muran ngaeng Ngarogemo, ngaeng a Gabantsidz." Da ges engkang: "Ema. Ngaeng Ngarogemo, yaga atao gea." Efanuri, ges eon aetsantson, da era ngaeng uri, Adzen. Era gea fono. Da emen a bas inin, ngaeng Munun etoseya, da ibi riran a ges emots neron burid. Erots de: " Emam a muran yaga, da ngaeng uri ges ngaeng gentet ongan a kau, ngaeng Ngarogemo. Ges its num." Da ges ibi muran neron burid.

Etosama, ememoag a ges a gab a Murawi da misinare Lena ges epotso Murawi munamun. Emenari kani. Epotso Murawi munamun, da etoseya. Etoseya deya emen eya Bukaua da tsong derem a ngaeng buriran, etosama Murawi. Emenari kani.

Text 10

Ges emoaf emen a mpo Gorogeas. Emen emen emen da ges ibi yaran deyetao a ngaeng a mpo. Ngaeng Rabu. Efanuri ges iri ges imu tir ariran. Da tir uri gea engkang faring. Eya Rabu. Ges itseran eya da ngaeng Gabantsidz eon a ngaeng Rabu afi ongan. Bengan a Ngarogano. Da eme emen en. Derem a mpan uri deremen a Gabantsidz. Da ges eya iri mun a mun a kau. Da iri ngaeng Rabu eyareran ditseran.

Efanuri, bumpum epotsoma. Ngaeng a Dzeaman. Da efanuri ges eya Masing. Emen Masing da ges iri a orots orots en eama gab. Da efani ngaeng ongan ngaomeang en. Efanuri irid ari taram nidzin. Da erots a ram uri bengan ram a poak. Ges itung en. Efanuri, ges ibi toseran. Eya, da ngaeng Rabu ges bumpum entsa wa sor, da mases, da ref, bumpum nidzin, entsa ri ges. Entsa ri ges, iru deama, da ges emeraf orog en eya Gorontoran. Momoa uri. Da mak emen ari a bris. Ges emen uri, emen, emen, da ngaeng Rabu ges emepotso ri ges. Da erem a sor ari ges en a ges a ban eteap. Da edza eya mun a ntson. Efanuri, ges etao en ngaeng Wampar esomoran ari ges a ram a tir. Da ges emam eran a meneran, ibi toseran, eyeip asa.

Ngaeng Wampar ipipis a sor. Ges eon anutu en a sor uri. Efa ges ban eteap da engop a ges a garamun fono. Da ngaeng Wampar uri ges imipipis a sor uri. Ipipis a sor uri, edaom, da emerots ariran: "Wama, dupipis a ram uri, en a ram uri ebebentseng. Da edaom faring!" Ges ipipis engop, da etsapor bumpum nidzin, da ram idzin irid ari. Imidzig a riran. Fun ibi yaran, deyego a ref a non orog uru ges edangan i. Eama dererap a ref a wi uri, da itsupringeran a puputsun en. Efaro eya bangin. Its eya ono fofon. Da imu ges a mpab en erogo. Emen, emen, ges epotso ma, ngaeng fun etao. Efanuri ibi yoneran a ges iri ibi toseran. Eya da eyepotsoya. Iru ram a rits uru deama imidzig a riran. Da ges efaran ibi toseran eya, iri ngaeng a mpo efoareng eran.

Da ngaeng Rabu, da ngaeng a mpo, ges eon a ges ngaeng fun eya. eyiri emen. Da ngaeng Wampar eon ngaeng Rabu fun imiri emen. Da ngaeng

Wampar eon ngaeng Rabu fun imiri emen. En a ban efakana. Ngaeng Rabu ban its a ngaeng Wampar uri e, da ges its a ngaeng Rabu fono. Emen, emen, da ges itung en a kalenda. Ges efaro gu ntot en a nain. Da ges bangin ari deya deyepotsoya nain uri, ges eon ngaeng uri ongan eya. Da ges eon a ngaeng Wampar eama. Demepotso riran, da eratangeran bangin, da emam a ngeferan bangin yamun efa yaer a mun. Ngao, ges engef eran ari papo fon. Emen, emen, emen, da bumpum wasif efaran epotsoma gab Rae, deon a gab Rae. Da efa kani nin.

Text 11

Ngaeng Wampar ges emam gantaran en bumpum taram, erots de: "Egere difung a ram a poak ari yaer da efats egere en badzin a its difu ram." Etao en iburi a hos da dongki ifits a ram derots de: "Ges iri renan a rits ari rompon a rits eama." Eya en a itseran ibid a ta eya dengop eyari desef en a ban ifrip en dits, eya engop eya, da dongki eya en a ram etep esa da ngkrengangkreng ekererengkerereng ibid a ges ema depoataf dirid raun. Erots de: "Renan etao yaer da erere en naron a rits." Ges engop eyari bumpum ibid bumpum efani ges ibid a ges emosro ro derentsaran a mra, bid ata ebre sa dewats rorong a ri bumpum dirid. Erots de: "Ha, wafung a ram uri ma depoak yaga rofod en." Ges emenari dimu efanuri en bumpum.

Nain ongan da ngaeng Labu eon bumpum serok deama desa Ram a poak, derem tao ser serok en bumpum eya mpo gentet. Bumpum serok i ongan da ngaeng i ongan. Ngaeng Wampar etao deya derots ariran deama demoaf gentet da esa orog detao ges a ram a iran ari ram a moaferan raun. Etao en erem ngaeng ongan dengef taram dewas, dero derots a riran de: "Ban apotsori sefo ya en aits ngaeng rerep o kau mog a sa da badzin aits fun tao ofo."

Sefo ngaeng Labu eyatin ngaeng Wampar a ram dengop, da bumpum serok i tao da ges dekro madzung eya dentan a geap en eya mpo ofo di. Ngaeng Wampar emoaf erere dirungum en a ngkag enof raun, derots de: "Wamu en iyi, wamoaf a bas da emots ai eran fono raun, ibid apotso damonteng etsen tao nin da aits." Ges emoaf sefo ofo da epotsoya, eyare bumpum ongan dits fono, da Patromayus eyare ongan bangin futsun detsapor a gea taram naron difrip eya mpo disuk eya desa ngaeng Labu madzung emen a mpo ofo da efani ngaeng en bangin orots. Ngaeng irid raun dedzarang da gea iri ngaeng Labu impub ari sefo ero detos eya ruts burid.

Nain ongan bumpun fun ibi potsoran, da ges eya en a ban its burid. Afi imprin ngaeng maro diri eya, bumpum efani ges da ges erots de: "Wayi daya da aits dengop a ram." Bumpum efani ges da ges irid eya dip eya orog fon. Bumpum eye bid a ges ifrip epotsori bumpum. Bumpum efani ges ibid a ges emosro sa, bid ebre sa dewats rorong ari, degantoya ri derots de: "Ha, wapoakama rofod uni!", dirid emog eya burid.

Emenari efanuri erere da defani ges ngaeng faring ongan fono. Ngaeng uri bingan Engkraf esab. Taram engop a gea fono, ibid ata ges patea detao dear bangin a mun deratsets faring, derots de: "Wama datao ram uru epoak a garagab fono nin." Deboareng dirid ari deon eya dedzofon. Derots a riran derots de: "Ram a poak o kai etsats, gea epoak a garagab ongan en a ban engop fono nin." Da renen ear deganta en bumpum.

Ngaeng Munun ges emoaf Munun ari Murawi, da Ngasawapum emoaf Moamu da Ngasabangka da Tsururukeran. Emoaf erere bid ata misinari Pantser ari Oertel dimiru Munun ari Murawi deama Aomampo. Diru Ngasawapum a non Moamu ri Tsururukeran da Ngasabangka, ibid a ges emoaf Ngasawapum. Ngaeng Dziaman ges epotso Munun derem hat ari ngaeng ongan, da eyantsen a ges dipu mos laen emen a gab Sisintson. Da mos idzin eremen eyaya, da ngaeng Yalu emoaf ari. Ngaeng Yalu ges emam a toseran ama Yalu sangangin, ema, ges iri ngaeng Kangkumu impri demoaf asa erere bid ata edza rompog Dzentsep esab ari Ngowang esab dingkung a ges etosama Yalu burid. Emots a dzob da diru ges deama demoaf Yalu. Ngaeng Yalu its a mpi serok en a ges dean, diru ges etosama demoaf Yalu burid.

Text 12

Waes uru ngaeng Wampar emam rungumeran anutu dzob. Da ges eremen a ngaeng mara tsamo moadzi. Ges emam yatiran en a ram ongan. Ges eremen efa ges un a fireran, da emenari dits a tir. Da ges a ri su su its a garagab, da emog moadzi wasif en egeren a ram wasif, efa ges eteap anutu dzob. Anutu gea un a fireran da garagab ongan a ban emam a meneran sangangin gea dzob fefen a ban iri garagab da irungum. Da imu gea ngaeng atro. Da gea emots moadzi ongan en ngaeng Wampar en a ban epotsori anutu dzob. Efanuri da nain ongan misinare iri ngaeng Rabu ges eon madzung esa deama en a ban imu neron en ngaeng Wampar. Ges eon madzung esa demepotsoma, da esa ditru orog ongan, itru bangibangin a mana, da iru ram a rits edangan esa. Edangan ram a rits efa ref da komokom da paep da mpi tseap da ram wasif. Krokun, ram wafu en a ges iru deama dedangan eya orog. Ges edangan engop, ges etoseya Rae.

Nain ongan da ngaeng Munun ges eon a ges a sapu deya en a ban intruang a Wantsef ero. Ges intruang a mpo difur a dzi dero deya deyepotsoya Masing. Efanuri da ges etao ram uri, da ges e: " Ram sera kau a? Ram benga sera kau teremen orog a weng e?" Ges etaotao te: "Ram ongan e?" Efanuri da ges wasif esomoran, da ngaeng faring ongan. Gea efats empom deya en a ban etao. Gea a mpomeran inin. Gea empom tengef a gea aom da edzentse gea romed da efats erere empom tetepeat eya deya en etao. Da empom efats eyaya deyepotso orog fon detao da efoig emogemog en a garagab ama ri gea raen fun uri de: "Wama, oma n ngaeng ema." Efanuri, da ges eya da ges esa dekro a ram uru edangan e. Ekro diru, da rain enof en da iru detao derere dengop iru deya ges a gab.

Emam redzigeran ari garagab ongan. Da ges iri deya tirim eya ges a tao nin da imu ges a ram inin. Erere da tsong da ibi toseran ama uri burid en a ban ema en ipipis a ram uri. Bad a ngaeng sera bag edangan a ram a rits a kai. Efakani ges eama ri nain uri teme erem ewatsots en a ram uri, da ngaeng Rabu eon madzung eama en a ban ibi toran a ram uri. Ngaeng Rabu emerem madzung eya fi bris a kau da ngaeng faring ongan gea bengan a Posara besab gea empom eama en a ban erem. Posara empom eamama demesepotsoma. Da ngaeng Munun ongan eyare gea fedz en aom, tiri efa ifrip eya mpo. Deya teyepotsoya ri gea raen uri gea madzung i, da erots a ri ges de: "Num wasaf aom ama edza faud!", da ges esaf aom a mana en a gea fan, da gea erots ari ges de: "Edza ban ai en madzung o kani. Da num uru a ram a rits uri deya da upipis en a muran nerom en a ngaeng Wampar."

Efakani da ges eya emonteng Wantsef gentet ongan, da ngaeng Wampar emonteng gentet ongan. Ingkungama ingkung eya riran. Efanuri da ngaeng Wampar ingkung eya ri Rabu de: "Wama!" Da ngaeng Rabu erots de: "Ngao, wama!" Ema, da ngaeng Rabu eama, da ngaeng Wampar eya, deya teyepotsori ran eya mpo ofo defoareng eran, deratangeran bangin, dib eram, desa deya magamag ememoaf. Dzob efanuri nin.

Erem nain ari ges. Da efaro gu ntot. Dedaso bangid ongan. Derots ari de: "Ban okore edza nain uri, bid yai oma. Da edza ama." Da Labu eyakore nain uri. Da ngaeng a Murawi ri a Ngasawapum ekore nain uri. Ekorekore teyengop eya dimu orots a faif uri, derots de: "Wabre." Da ges ebre deya. Da Labu eon madzung esa. Deama depotso yaga ram bengan ongan, Kiontseng. Gorantoran a ntaneran ero. Detao ges madzung en eama. De: "Uri engopama." Da ges emenama gentet ongan. Da Labu emen gentet ongan. "Wanga dama!" Engad eya. Engad eya da efoareng eran de erab a ges a ram. Ges iru gaen mangke, mayamas da oreats, gaen efakana. Da ges iru. Da abid iru umpu da peso, iru a dzi mpo putsing fun. Deama. Iri ges erab eran.

Da ges itung en a raberan dengop da entseng: "Edza ban aon yai ngaeng fun?", da gea erots de: "Owe', yai ban aon edzanig fun, edza aon yainim fun. Bid a ges eon ngaeng Wampar a Ngaroterat, da Tsom, Antso, Ginug, ges imu serok a serok. Da ngaeng a mpo: Sum esab, da Ngkwatala, Lasa, Uruku. Ges imu serok a serok. Bid a Labu engef a ges eya. Da ngaeng Wampar engef a gesanin uri deama. Da ibi faroran nain. "Nain ibi faran kani, nain faif, yai oma. Da edza ayi." Da ges iri ges eremen, da ges iri ges emen amama Murawi. Erere dekore deyaya deyepotso nain faif uri. Da ges eon madzung ari ges esa. Da ges ibi breran imprin. Bid a mpri ri ges iri eama. Eama de eon madzung a ri esamama, da ges emepotsori a ngaeng Wampar, eya yaga ram moangkaf uri Tsaran. Da entsa ram etse a bumpum, da ngaeng fose eratsets erab eran. Erab eran tengop da eon a ram emana en a bumpum Lena besab. Da gea emonteng efoats en, ngaeng a Murawi ri Ngasawapum etao de: "He, mamafe, ban arid." Da ngaeng a mpo erots de: "Omam a rideran. Wamoaf." - "Wama en a ban arid. En rene gangkan maran ongan." Da ges ngaeng a mpo erots de: "Ngao, wamen." Da eraso ges da ges emoaf da Lena besab ero deratang a ngaeng Murawi ri Ngasawapum bangin en iri ngaeng Wantsa, Eyatang a ges bangin en. Engop, da ngaeng a mpo egororop, etos. Da yaga egororop etosama Murawi. Edz ari kani, da ges eyemen asa.

Da ges eya teyemen da etos burid deama. Deon a misinare. Eon a misinare Bukaua. Ongan bengan Waga, da ongan bengan Aigalu. Da ngaeng a Butibam da ngaeng Yalu da ngaeng Henggali. Ges esof ari. Rompog erem Gada imprin. Diri eama. Eamama temepotso a Murawi. E: "Obe, yai. Num oma. Ma yaga atos. Aon a num misinare deama." Ges e: "Waya ri afi Mri a kau." Eama tementsaran ero, da ari ges emoaf. Derots de: "Otao misinare kai. Ban iburi ri num." - "O, owe', ges serok okai." Da garafu naron okai efa ban idzig en a dzob, mun a dzob Wangkan esab naron. Muwante isi kai. Owe', da afi Mri erots de: "Owe', efa. Edza ban atao tse." Da ges iri misinare iri emen, emoaf a Murawi.

Da ges imu ges a gaen ongan. Da eranga dimu mara gere. Da abang Parag esab, gea emonteng efoats en dinib a geseran, impri ri misinare ri inib a ges. Da ges ebre edzarang a non ram aneran, da ngaeng Wampar eyatin ngaeng uri ngaeng mara gere, da misinare serok uri erots de, ges uri tefanuri de: "Imu mara gere fakai en a ban its yaer!" Tefa da sefo da irid. Irid eya. Da Gada gea garafu naron diri i. Boanu demonteng esa detane ges derots de: "Misinare ru irid en a num unip i." Da anug erots de: "Owe`, wateg en a ges irid eya. Da ban abid amen." Da Gada iri ri afi Mri emen.

Da kompani ongan eama. Kompani Dzeaman. Eama en a ban epaem a garafu. Eama temepotso Murawi. Ngaeng etao de: "He, bumpum uri e." Eama detsenon en. Erere, de erots de: "Edza ama en a ban apaem num a garafu fun." Ges e: "O, ban epaem a garafu." Bid a ta epaem a garafu. Murawi a Pungumping, Empep, Mangko, Eremias. Da ges Wantsa, da Foareng, da Eraf, da Pupuafin, da Orab, Mome. Ges a non a Wantsa. Ngasawapum bid a Dzemor, da Foareng. Ges serok eran. Ges a non Ngasawapum. Da imprin a Gada ru gea enek aron ongan i, anug erots de: "O, yai wampri en a ges uri eya. Oya en opotsori abang." Da ges iri eya. Eya teyepotsoriya Lae, da rompog etao de: "O, iru garafu kai." - "Owe', impri ri yai." - "Owe', impri ri edza." - "Owe', ban uri ges osa madzung."

Da ges aneran bumpum gaen. Da rompog erots de: "Num ngaeng a Enggali, waon omad parats, da montam, da gaen efakana. Da ontsa ri Gada isi kai, da gea ban entsaya madzung, en a ngaeng Wampar okai en aneran yaran eya Rabaul." Da ges ean a ges gaen uri madzung, deyayaya deyepotso Rabaul. Epotso Rabaul, da bumpum faring erots de: "Ges eboin a raes en aneran. Da ges ean ges gaen moatsets. O ban antsa ges eya Toma." Entsa ges eya Toma, da ges imu gom eya Toma. Ges imu gom, imumu, tiyimu pinistaem eya uri nin, demonteng eama. Eama, eme ibi potsoranama Lae kai ri Wangkan esab. Da gea erem a dzob ama de: "Waya, da ngaeng a Munun, ngaeng Ngasawapum, ngaeng Wantsa eama, diru ges a garafu en imu pinistaem." Eya iru ges deama. Da Gada isi ru gea emam a ran. Gea eremen teremen uri nin. Ges engop a gom a Kokopo, da gea imu plisboi, da gea eremen a gea erere da dimu faring da kai gea dimiburi gab. Edz ari kani.

Text 14

Bumpum a dzeaman ongan. Fibi. Ges eama depotso Sisintson, i Sisintson, da boanu dibi mpomeran eya, eyemen eya Dzifasing. Da i Dzifasing. Da iru garafu Dzifasing eama. Deon a Fawante da Mangas da Dowed, Muru. Ges a foa. Eama dimi Munun, eama Ngasawapum da eon Ngasangao, da Gwoi, emen Ngasawapum. Ibi amaran Munun, da eon a Kati iru. Da iru ges eya Rabaul. Emen a ges eya Rabaul, da ges emam aneran raes, da eon a ges eya Toma. Eremen Toma da ges irid, da ngaeng Baining its Muru da Ngasangao da Gwoi. Da bumpum etao, erots de: "Ban asit a ges etos." Isit a ges derem hat a ri a Kati da Fawante. Isit a ges etos eama. Erots de: "Num on tultul uni a mog, da badzin atsong eya, darem luluai." Da ges eama, da Fibi etsong, derem a hat luluai ri a Ngaroterat, emen Sisintson, derots de: "Wapu mos!" Da ges ipu mos eya Sisintson. Demoaf a gea. Ibi yaran derem a hat ari Ugang a Dzifasing eya kau. Erem luluai ari Nub. Tultul emog ari Fawante. Derem a luluai da etosama.

Text 15

Kompani serok emen eya Lae deama. Emepotsoma Gabsongkeg. Da yaga ngaeng farifaring wasif eboareng a gea kago. Iri eya da i Wawin. Iru ngaeng a Dzifasing wasif. Ngaeng a Tararan, ngaeng a Dzifasing eama deboareng a gea kago imprin ngaeng a Gabsongkeg wasif uru. Iri eya deya Adzera. Eya depotsoya Adzera da its ngaeng Adzera wasif, edaro dits. Edaro ges, its, its, its. Ngaeng a Dzifasing its, da ngaeng a Tararan its, da ngaeng a Gabsongkeg its, empes ngaeng Adzera raun. Da ges misinare ongan. Gea bengan Ride. Dzob emeya ri gea, irungum. Da gea ear a pas, erem eama. Eama depotso Gabmadzung ari Bantser, da erem eya Morobe. Epotso Morobe iri a kiap, dirungum. Irungum, da gea erem a dzob ari kiap fun, da efanuri, iru a plisboi wasif da iri eama.

Iri esa madzung eama Gabsongkeg. Eama depotsori yaga misinare Bantser, diri i. I Gabmadzung. Da sefo, yaga ari abang arits ari rompog arits amen yaga gab a pik okai, darungum a dzob ari sefo, da ngaeng ari afi ri garafu wasif tsamo irid a ram a mpang raun. Ip en irungum a dzob uri en a kiap eama en a ban iru ngaeng dimu galabus en a ges uwits ngaeng Adzera. Efanuri, boanu da kiap erem plisboi wasif irif dau da edaro yaga ari abang arits ari anug arits da etsats faring. Edza garafu naron, edza rai tifi, edza aboareng aetsantson eya, atsoreng eya mpo ongan ampeat, arid ari. Aya plisboi ir its, its yaga ngaeng farifaring. Eyoto en taram rofon imururi its eramub. Edza atao da edza abantsar plisboi fedz. Plisboi faring ongan, abantsar a gea fedz da arid aya da arif a ram a mpang, atsong anug. Aya dari anug aip ram a mpang ofo, kapu ofo.

Da plisboi edaro ngaeng eya, efoareng, intsi bangin en, ego deama. Edaro ngaeng ongan eya defoareng, intsi fan ari bangin en, ego deama. Eama da egere en yaga afi, imu ger an yaga afi fun, da egere en yaga gaen, entsantsa raun da eon a paep, era tao tsetse, egeregere en yaga ram, erentsarantsaran, da ego afi eya dimu ger en moadzi diri eya. Eama deama depotso, iru ngaeng ari afi deama, depotso Gabmadzung ari yaga misinare Bantser. Da erem eya tao, yaga tao med emen a Gabmadzung. Da imu kalabus en a ges.

Da ges emen tao uri da plisboi ewas en a ges. Ngaeng uri, ges a ban irid da ban efani. Da ges eremen tao ofo nin. Da erem gaen eyari ges, imu gaen inin, da ges eremoaf tao nin. Da emen emen, engop, eyari sontag, da misinare Bantser, Ride imu sontag da imu en a ban imu sontag, erem a med, ibudzin anutu dzob, da ngaeng uru, iru ges en a kalabus i, ges eremoaf. Ngkag ema, efats eremoaf inin. Da ges imu sontag engop, da erem a med en a ban epotsoma. Da ngaeng wasif uru ges imu kalabus i, ges iri efaran inin da irid. Irid egeregere tao. Epotso ifrip, difrip, difrip, difrip, irid epotso de, irid epotso ntson, its plisboi, its en taram. Irid ifrip, plisboi efani bimpin futsun, epotso kakwak erarap kakwak. Da gea imururo. Da ongan irid eya, efani tsong, erenta. Erenta makau ram aneran gras. Ongan irid eya, efani tsong, gea erenta.

Ongan irid epotso eama moadzi, efani, erenta moadzi. Efanuri da ongan epotso, iri plisboi itseran eya raun en, itseran efoarengeran enteberan itseran, itseran, itseran, erere, da its a gea da erenta. Efanuri da fun irid esangasangangin eya depotsori yaga. Yaga anug arits, yaga abang arits fun iri ip a ram a mpang. Eya mpo bengan Wantsef gentet. Dau gentet. Da erots ari yaga: "Ngaeng uru imu sontag, misinare imu sontag, da ges imu sontag en a remeran a med, erem a med en potsoran, da ges iri impri iri misinare epotso da efani ges empes, da its a ges, da its a ges faring, da ges ongan emam a meneran. Ges empes raun epoaf. Efanuri yaga raid etsats raun, yagarad amen dau uri.

Da yaga angap en mareb faring. Yaga afu, edza aring en mareb. Edza abang etao, edza abang arits ges etao, rain etsats efanuri da eboasu mos a ngrang eya dau da iru mos a ngrang eama, dits en edza da an en mareb. Marud etapen da ges ibi yoneran montam da itig montam iru pasre. Ifis en a gea pasre. Engar a dzif diputsing. Eyanta pan naron naron da isir en eya dzif efanuri etsetseang montam i. Da erentangrentang en. Afi bengan Warang esab gea isinting afi Gabsongkeg en de: "Wamu fa kani." Da ges imu dimu efa gea bangin. Engar a dzif faring da isir en eya dzif. Da dzif ean da ewaris. Dzif ean engkang dewariswaris deon eama ri yaga. Efong efong iruma ri yaga da aringi en erad dan. An disif, anom a mpo etse en damoaf.

Da ngaeng bengan ongan, gea bengan Noa besab, gea idzum faring serok ear a mpi mangke. Da eon eama yaga asaf, an ari a montam uri. Da amoaf da ayotorad en a dzob, en a ban ngaeng uri ges a ban eama depotsoma. Ges a ban epotsoma ri kiap, imu kalabus, da afi ri ngaeng epotso dean gaen en naron arits ban emar raun en mareb. Efanuri bas inin, da Bantser isit garafu ongan, bengan Dangir. Gea epotsoya ram bengan Ngarobaser. Da bengan ongan Turuguf. Da isir en a dzob ari yaga. Da iru abang arits dempes raun ari su uri da isuk Wantsef ero. Da yagarad ari anug arits moatsets, da ngaeng orots orots erad ari amen. Eama depotsoma Gabmadzung, da ges ibi taoran plisboi en esa sait, da ges renen ear da ngaeng faring moatsets uru, wasif uru, ges ibi rideran burid etos, eganta kiap ari plisboi, da irid ibi toseran eya, epotsori yaga burid eya Sangkea. Da yaga atao ges, da afi ngaeng rain etsats raun en a ges ibi toseran en a ban epasim a ges dengap emar.

Ipu raun en mareb, emar raun en mareb. Efanuri abi meneran abas abas eya, da Dangir ibi toseran eya da ibi rotseran ari ges da iru deama nin. Iru, da wasif tsamo edz ari we eya Wantsef, defaran inin da wasif tsamo efaran dema raun dau gungkung moatsets. Ama dapotso Gabmadzung da kiap etao da plisboi wasif, esa sait etsen yaga, iru yaga entsaya gab ofo damoaf. Da ngaeng ongan, gea bengan a Pupuafin, gea yaga tultul, da gea erots en ngaeng wasif erots de: "Omam a mpomompomeran, oteg a yaran a ram ongan da ram ongan. Omoaf inin en badzin ompom da ban efani num. Ban erots yai urid da ban efani." Efanuri yaga ri abang arits amoaf inin. Amoaf, amoaf, ram esefo, da ai nin. Ai nin, boanu da kiap erots ari abang arits: "Su kani owas en. Da boanu ongan, en edza ban aya daru num daya. Da moantom arits emots gaen ebampi raun en sun arits. Eon eya ram raun. Emots raun."

Boanu ram etap en, da wasif tsamo imu raen wante da erempeangeran. Da kiap empom detao, ingkung a gea bengan eama, da ingkung a gea bengan, ingkung a gea bengan, ingkung a gea bengan. Iru dempes, ema nin deya, da anug arits moatsets emoaf ero gab uri da ges iring a ram faring. Iring a ram faring en a gea. Misinare gab uri. Iring, iring, da abang arits ges iri kiap eya ngaeng Labu ges madzung mangke. Emoaf diri efaran. Da eon a ges impub ero deya Lae. Deya depotso Lae, boanu madzung eama, eon a ges eya Morobe. Eya depotso Morobe da imu gom eya Morobe. Imu kalabus eya Morobe. Dzob a bas uri, dzob nidzin.

Text 16

Wanpela masta em ikam, na em ikisim olo bikfela man long ples. Na ino kisim planti man, em ikisim bikfela bikfela man: Noa na Furif na Etsep na Natan, ol ikisim igo. Igo long Dzifasing. Orait na ol ikisim olo bikfela man bolong Dzifasing tu. Mi nosave olo bikfela man igo wantaim, na mi save wanpela man tasol, Dzeag oron. Igo wantaim long ol. Ologeta bolong Dzifasing, olo bikfela man tasol. Orait, ol igo long nambatu Makham. Na masta itok longen: "Orait, mi stap hia, na yufala igo long ologeta ples hia na lukim boi, ihasikim, orait kisim ikam long mi, orait mi paiem long kisim sampela igo wok."

Orait na ol igo. Ol igo na ino kisim boi, nogat, ol igo fait tasol. Ol ikilim olo man tasol. Orait, ikam bek, na masta ihasikim: "Man hia, westap?" - "Nogat, mipela igo na ologeta man hia ol ifret na igo long bus." Nogat, em igiaman long masta tasol. Na ol ifait long nambatu Makham. Orait, long tomora igo olosem. Orait, ikisim sampela ikam, na em igiaman long masta ilukim finis. Ikamap long masta, masta ilukim. Na igiaman long brukim payawut. Orait, na bikfela win, iting, masta ino lukim, nogat. Orait, sampela ibrukim payawut, na ol ikilim nau long wok. Na masta ilukim finis. Orait imakim olosem na masta ilukim na ikros nau. Na ino kros long ol, nogat, em ilukim tasol. Orait na ino kisim sampela boi ikam wantaim long ol, nogat. Ol nating ikam.

Ikam na em igo na wanpela boi, ol iwok long Bantser, ol imekim kamap long Bantser. Ino mekim kamap long Bantser, ol imekim kamap long Ride. Orait na Ride hia em iharim na em ikros tumas long kanaka bolong em. Orait na em iraitim pas na igo long Bantser. "Olosem wonem olo kanaka bolong em igo na ol ikilim kanaka bolong mi na pinis. Na mi harim olosem na bel bolong mi nogut. Na baimbai mi mekim wonem longen? Mi laik salim pas igo long Morobe na wanpela kiap ikam wantaim olo plisman, ol ikisim ol igo long kalabus longen." Na Pantser tu ino save long disfela masta, nogat, em iting long kanaka bolong em. Orait, isidaun, sidaun, na bel bolongen itanim tanim olosem. Orait, tok igo long Ride, na Ride isalim pas igo long Morobe.

Orait na kiap bolong Morobe ikam. Na ikisim ologeta lain plisboi na ol ikam long ples. Ol ikam long ples, orait Bantser hia itok: "Yu noken sutim, maski, yu lukim sampela man hia ol ikilim man, orait yu kisim tasol igo, na olo bikfela man wantaim long meri na pikinini ol istap." Olosem na sampela boi hia ol iwok long Bantser na igo giaman long ol: "Nogat, em ikam baimbai sutim yupela hia." Orait ologeta ironewei nau na ino stap long ples. Orait, ologeta ironewei na wanpela man, tambu bolong Pupuafin, em wanpela tasol istap wantaim long plisboi. Na masta istap wantaim long misin istap long ples, na em ikisim plisboi na ologeta igo lukatim olo kanaka bolong mifela. Orait igo na igo long disfela, em klostu long Nadzab hia, na ikisim mi wantaim long papa. Na wanpela man, Mamro. Orait na wanpela plisboi ikisim mi wantaim long papa na mama, na mi kam wantaim. Kam wantaim na em bikfela barata hia, na papa itok longen: "Olosem wonem?" Na barata itok isei: "No, mi hia mekim olosem." Tupela itok long mbai ikilim plisboi hia. Na itok long ikam long pikinini itok olosem: "Iorait." Na papa itok isei: "Iorait, go on." Itok long kilim, na man hia, Marieki, em itok: "No, mitupela inoken. Sopos mitupela ikilim, baimbai ifinisim yumi ologeta. Maski, larim istap." Orait na, tambu bolongen ipas na tufela hia, plisboi ikisim mipela igo, na igo putim mipela istap long haus lotu.

Orait na mi stap wantaim long papa na mama, ologeta man, ol bikfela man tasol, ol iputim long nisait long haus lotu. Orait, mifela istap istap na kisim ologeta ikam. Ikam na igo long haus. Ikam igo na long nait na ol ilotu nau. Na ologeta igo long nisait, ol ilotu pinis. Orait, ol isingsing narapela singsing bolong ilaik kamap long arasait, na ologeta man hia, olo bikfela man hia, ol igirap wantaim. Orait, sampela ikalap na igo long peles bolong misin, na igo daun long wora Makham. Na sampela igo long ples kunai hia, kau ikaikai ologeta, pinisim na olosem ples klinim. Orait, na gutfela mun na em isutim disfela man hia, Duwi. Duwi wantaim barata bolongen, Sanas. Orait, wanpela ikalap gen hia ibihain long ol, nain bolongen Panis. Orait, isutim. Tripela man. Em isutim tripela man. Na wanpela ilaik kalap long windoa, na isutim na ipundaun ikam bek long insait long haus. Nain bolongen Waga. Orait na istap.

Na masta ikisim banis, orait, ol igo pasim na istap na ikisim igo long Morobe. Salim igo bek long Morobe. Orait, tomora na misin hia, Bantser, ol itok long ologeta boi na igo mekim hul long em, na im iplantim. Na sutim wanpela man bolong liklik ples hia, Yaning. Wanpela tasol. Orait, igo plantim em. Orait iplantim finis, na mifela isidaun, mifela no kaikai. Mifela ikaikai trai tasol. Orait na, misin Bantser em ilukim mifela na ikros nau, na itok long kiap: "Olosem wonem?" Im itok long baimbai salim meri wantaim long pikinini, na igo arasait na im ikaikai. Na olo bikfela man istap. Orait na, kiap itok orait. Orait, na em isingaut plisboi. Na orait, itokim mifela na mi go wantaim long olo mama. Na mifela igo long arasait na olo papa wantaim long ol, ol isindaun.

Orait na wanpela kanu bolong Labu ol ikam nau. Orait, tupela kanu, ol ikisim ol igo long antap long Dzifasing. Igo soa long Dzifasing na olo Dzifasing ologeta inogat, olo meri tasol. Wanpela ino stap long ples, nogat. Ologeta igo long bus. Na olo bikpela man tasol istap long ples. Na tultul bolong Dzeaman ol igiaman ikamap, ol ikisim hat longen. Orait, wanpela tasol igo long rot na baimbai ilukim masta na kisim ikam. Na masta ino go pas, nogat, masta istap yet long wora. Na olo plisboi ol igo pas. Orait, na igo painim long rot nau. Na hasikim ol long masta. Aitink masta ikam bihain. Na plisboi hia itok: "Orait, yu go pas long ples." Orait, disfela tultul hia em igo pas. Na wanpela plisboi em ibihain. Na wanpela ibihain tru. Orait, wanpela iputim masket long han bolongen. Orait, em isutim nau. Isutim tultul. Orait, idai long rot na ol ihariap longen nogut masta ikam baimbai ilukim nau. Orait na kisim hat na tromoi, na disfela man ikisim na itromoi tru. Na im igo long ples, igo pas long ples. Na sampela olo bikfela man hia ol istap long ples na isalim sampela igo antap long diwai. Orait na lukluk ikam. Im isei: "Em ikam klostu nau." Orait na igo kamap na masta wantaim long sampela lain ol ikam bihain. Na plisboi ino mekim kamap long kiap long tultul hia. Nogat, ol ihait tasol. Haitim tasol istap. Orait na igo kamap long Dzifasing na ologeta ino stap. Nogat tru. Ples nating istap.

Orait isidaun liklik na igo long liklik ples. Orait, igo long liklik ples long arere long monten hia. Igo na ologeta ibung wantaim istap. Ino weitim masta wantaim long plisman, lain bolongen. Na em isalim wanpela boi: "Orait, yu goap long diwai na yu lukluk long rot. Sopos ikam, orait yu tok." Orait ilukluk igo na ol sampela isidaun istap. Em ikam na disfela man istap antap long diwai tok: "Nogat, ino kam. Istap yet." Orait itok olosem na ino lukim gut, im ikam klostu nau. Orait na em ilaik lukim ken, na ilukim long hap na ikam klostu nau, na ilukluk igo daun na ol itok: "E, em ikam klostu nau." Orait, em igodaun long ples, na em igo na ologeta bikfela man meri nogat, ol isalim meri igo long bus. Olo bikpela man tasol ol istap. Orait ikam wantaim ol, na ol isindaun wantaim. Na em ilaik kilim nau. Orait na wanpela man em itok long olo bikfela man: "Plisman hia, yupela baimbai inap long plisman. Na mi, baimbai mi sidaun wantaim long masta. Orait mi kilim masta." Orait na wantaim long pikinini hia isidaun. Orait na masta islekim masis long smuk. Orait, ifinis, na masis plang hia, im inating, inogat. Orait, tromoi igo long disfela man hia. Na im itink masis tru istap. Nogat, em ilukim sei: "A, yu hia, giaman long mi hia."

Orait na masta tu ilukim ologeta man hia ol inap long hap limbung na spia, orait, itok long plisman: "Yupela ino kam klostu, igo arere arere. Orait imekim olosem. Orait na em iholim pas long masta. Na plisboi hia em igirap nau. Orait, em isutim long ol. Sutim long ol na ol iron nabaut. Ino sutim. Ol iraunim tasol na igo. Ologeta igo long bus. Orait na em ikisim wanpela man long Dzifasing. Luluai bolong Dzifasing. Pikinini bolongen iwok long Bantser. Nain bolongen Ona. Na Bantser isalim longen na igo wantaim. Orait na em itokim tupela na ikam bek long arere long wora. Ilaik kam bek nau. Orait ikam bek na igo long kanu, na olo Labu ipul ikam bek. Ikam ikam na islip long Gabmadzung. Tomora orait Bantser hia itok longen, em itok long kiap: "Orait ifinis." Na baimbai itok long plisboi. Orait im ilukatim olo meri na man, ologeta ikam long arasait, na em ikaikai. Nogut istap long bus, baimbai olo pikinini baimbai ihanggiri na baimbai idai. Orait, itok olosem na kiap hia igo pas. Na itok long plisboi. Isei: "Yu stap." Na disfela man hia, Pupuafin, em itok wantaim: "Yu singaut long ologeta man bai ol ikam, orait, yu lukim disfela man, ologeta man hia, ol ikilim man, yu kisim. Na ino kilim man, istap." Orait na Pantser tu itokim kiap: "Yu kisim igo." Na ino putim mun longen na krismas, nogat. Baimbai igo long mun tasol na ikam bek. Wandei tasol na ikam bek. Em, nupela man. Na ino harim tok gut.

Na ol ikisim olo papa, ol ikisim igo pas long Rabaul. Ol ikalabus long Rabaul. Orait na plisboi istap na ol ikisim sampela man hia ol ikilim man. Orait ol ikisim barata bolong mi, Etsep, na Natan, Furif, orait ol ikisim wantaim long olo Dzifasing. Putim wantaim na ol ikisim igo. Igo orait, ol igo kamap long Morobe. Orait, bikfela sip ikam na ikisim ol igo long Rabaul. Igo go, na em ibiknait ikamap long Rabaul, na ol igo opim doa na igo nisait long haus kalabus. Orait, igo na olo papa hia ol islip. Ol igo mekim kirap long nait. Orait ol ikirap na tomora ol istap, na ol isalim olo papa na ologeta ikam bek long ples. Ikam bek long ples na istap ologeta.

Istap, orait, isidaun liklik na Bantser hia ikam long ples. Na em itok long ologeta bikfela man. Na itokim disfela man hia, Noa, Omad, luluai: "Yu gat wanpela liklik haus istap long arere long wora?" Na Noa itok isei: "Igat." Orait na ikisim olo bikfela man ol ikam. Ikam ikam, na isubim long disfela wora hia, long ples hia. Na mi kam wantain. Orait na itok longen isei: "Orait, yufela baimbai iwokim ples long disfela." Orait, ol iwokim disfela ples hia. Orait na igo bek. Igo bek na isei, disfela ples baimbai isitret igo long ples bolongen. Orait, ol iklinim finis na igo bek.

Na olo bikfela man bolong mi ol ino lotu, nogat, ol ino save. Na ol iputim diwai tasol olosem disfela. Nufela hia. Orait ol isidaun tasol. Na olo boi bolong Gabsongkeg na Sab na Gabantsidz, ol ikam long singsing longen, baimbai isubim long ologeta bikfela man longen. Ol isingsing. Na olo bikfela man isidaun tasol. Orait, ol isidaun na ol isingsing nau. Finis, na ol ikam long klinim ples hia. Iklinim ples hia na misin hia itok: "Orait, yupela igo sidaun hia. Bihain orait baimbai iwokim haus lotu. Na em inap hia.

Text 17

Bumpum efani ngaeng Gabsongkeg iri ngaeng a Dzifasing. Da iru ngaeng a Dzifasing fun, iru deya Morobe en a muran a kalabus. Iru ges eya da eon a ges en a bot. Eon a ges en a bot, eya, da ram esefo, da eya eya, da ram etap en. Da epotso maran a ntsigintsig eran Morobe en potsoran. Da ges ewarets ari boanu, da eya, da ges maran emro raun en a wewarets madzung ari sefo. Maran emro raun da emosroya erentsarantsaran i. Da ngaeng Wampar etao fanuri derots de: "Abi yaer aban afarad ari ges en aban afofoareng a ges da aru antsantsaya mpo, da awir asuk aya. Da aon madzung a kakani da awarets asuk aya." Da ges imu fanuri. Eon efaran, da erots a dzob a gab efaran da emoaf ari plisboi di ya defaran, etsongeran ari diri efa.

Dengop, derots de: "Are!" Eyantsen eran efanuri, da efoareng a plisboi wasif uri, da iru da entsantsa deyare deya mpo raun. Da efoareng ongan en a gea wempeat a wasif empeat taram, da orots uri gea empeat a gea taram a nin di ri, da efoareng a gea da itum ari gea taram uri eya mpo.

Itum ari mpo, da wasif ifu en, ifu en raun, da plisboi orots uri da gea isuk, da imu ngayasu da eon a gea taram a nin uri defani ges en madzung a weng. Efani ges erere, ta empes a ges raun, da gea eya deyesa eya bot de irid en a ges etao ongan isuk eya bid a efani fono. Ongan isuk eya, efani fono. Erere, dempes ema, da ngaeng ongan, gea ngaeng a son a mpo. Da gea emongro. Emongro, diburi a mpo ofo, mpo warugeran. Emongro deya teyeburi a tsaru warugeran iburiburi, da plisboi ges esatos eya bot burid da esengensengen, etao esengen ngaeng erere, dema, da eya. Ipur a bot eya Morobe.

Da gea erere fa ram a ngedzeang, da esaya teye i ngaeng a gab da itig ngaeng a rif dengos da empom deama. Gea efar eamama deyepotsoma Salamaua. Defar eamama, demepotso Wantsef a ntsosero. Da gea ifu en mareb empep faring emam a faran en a ngaderan ari a Wantsef a ntsosero, da gea efar deon esama, demepotso Ngarasa. Derots de: "Edza angop ama ngaeng Wampar a gab i. Da edza ban asuk engad eya kai." Da gea isuk engad ama Meab eama, da Hiob ari moanton eremen a gom. Da gea eama teme isuk emesa empom eama teme ip gentet detao. Detao nafon Salome, defaring en da: "Abi a Salome kai tiriri a sun da edza ban apotso eyari gea." Depotsoma, da Salome ri a sun Hiob etao, derots de: "He, ayu, ges iru a bumpum iru deya i kai ta gea kai teama i." Da nafon e: "Wama kakani!" Da fats e: "Wama kakani, da nafom imu gaen dowan abid ai dzin ampes doya." Gea eyaburi ro, da itig a rif derem ari dengos, eputsing dzangkom en dean, dengop, da gea eyantsen moanton Salome depari gaen.

Da gea eon a gaen, eon aitsantson, deros aitsantson dengop, deon a ga deyanta. Deyanta ga, da iri eyamama, de engop, da imuam en yantaran a ga deama teme engopama da ngaeng uri gea eredantog dean dzangkom. Da gea eama teme etaeg en a ga da era ngaeng uri, ngaeng a Dzifasing uri ontog etse. Erara tera fono. Da engop, da eon eya teye intsi, eon a gu deya tiyintsi eya mpo, da efaro eya orog a mpo. Eremen esa deama, da ram engedzeang iri moanton etos eya gab. Da emam a rotseran a dzob uri futsun deremen inin erere, da misinare patea da efofo gea da gea derots futsun.

Text 18

Misinare Bantser gea epotsoma Munun da eama da iburi Gabmadzung. Da Noa, gea ngaeng Orog a ntson ari a Sising entseng ngaeng en, ema.

Tim esab gea eremen eya Tararan. Da ges erem a dzob en a gea, erem a dzob en Tim. De: "Waya don ngaeng Orog a ntson, Tim." Da gea eama. Eama ri Bantser. Misinare Bantser. Da entseng a gea, da Tim, gea emots a dzob en a ngaeng farifaring a mog waes. Ges a dzob.

Da erots de: "Yaga amen eya kakau, emen eya Onon a poaran da eama. Eamama en iburi Bora, gab ongan Bora. Da eamama en iburi Ganga maran. Da de: Its engad da etos efa mpo gentet ongan a kau. Eya Ngamir. Emoaf emeya, eya emen eya Gabantsidz. A demoaf etos. Eamama en emen eya kai, eama en emoaf eya Gab a ntsots. A deama en engadama gentet ongan. Erots a gab Pup en. Eama en emoaf a gea. Efakani demoaf etos eya kau. Eya en emoaf eya, eya Ntsegentseg da emoaf e gea. Emen a gea. Da Tim esab gea emots a dzob en efakani.

Erots efanuri de: Emoaf eama emen kani, da Bantser gea epotsoma iburi Gabmadzung okai, da ingkung a gea burid. Da gea ibi maran ari eama en emots a dzob. Da emots a dzob da itufung en. Erots de: "Yai uburi gab o kani, da yaga ngaeng faring ongan. Gea bengan a Bantser. Da gea iburi gab okani, da gea moanton Rao. Da yai dorots Frao. Frao - Rao. Da edza ayatin yai moanton a Rao. Da yai, yai Bantser da uburi gab okani. Efanuri da sitori en a dzob, emots a dzob mamafe wasif ari a Bantser, erere, dengop, da Bantser erem, erab a gea en ram wasif: Ref, paep, da ram wasif, da erots ari gea: Yai ban oya, oya en omen yai gab, da omar emen yai gab, omar, da otosama ri edza. Edza ban atao yai da yai badzin oya."

Da emen efakani, da Bantser ibi remeran a dzob en, edza da Neb yaga rompog, Tim esab, da gea ibi faseran gwara, da eyare yaga naed: "Num oya ri misinare kai, da umu gom ari, da num omam a waperan a ram ongan, num omam a muran a ger ongan, domam gereran en a ram ongan, edza ayare num naem. Oma umu gom ari gea." Efakani nin yaga amu gom ari gea. Amu gom ari a Bantser. Da dzob a ngkoats, da efakani nin.

Text 19

Yaer abang iburi... Ngaeng a Dzifasing etea, iburi a Tsagi. Iburi gea, bid ata anutu dzob emepotso. Da misinare serok, Ride ri Bantser, ges iru abang arits eya Tsagi. Deroma iburi Gabmadzung. Derots de: "Num oma duburi edza tao warug. Da ngaeng a ban epotso en itseran num, bid orots ari edza en edza ban afani ngaeng en." Da ges iburi erere, da naron a rits iring ari bumpum emam a iran. Da erots ari ges de: "Num moasirir a bas eya kai duburi. Da ngaeng epotsoma uridama orots ari edza." Efakani da ges iburi gea da bas inin eya, da Bantser ari Ride iru abang arits imu bengan. Imu bengan en foforan a ges. Da ges irif tao erere, da ges emam aberan a gom. Sontag faring, sontag faring. Da gom ema empang raun. Da irif, irif, irif, irif, da Bantser engop eyari ges nain ban efofo ges, da erots ari ges: "Ban afofo num." Efanuri, da Bantser efofo abang arits. Intu mpo munamun en a garagab wasif gab uni. Ges eon a mpo foforan mantsang. En a garagab wasif a gab a gab, Wampar a gab a gab. Efanuri, da efofo ges, engop, diru yaga garafu naron, defofo en abang a rits efen. Edza ri Nofo, yaga aon a mpo foforan en garagab wasif uni burid, demar raun, dema, da edza ri Nofo erad serok uni damen.

Text 20

Ngaeng a Dzifasing its edza abang arits eya raon a kau. Da irid eama da imiburi Tsagi. Da iburi gea, iburiburi, da ibi itseran, ges ibi meneran uri, ibi itseran a tir, its ngaeng Ason. Its ngaeng Ason serok, da ib a ram eya Untsig. Erem a med a tir eya Untsig. Bas inin, da ngaeng Ason ges edaro its ngaeng a Dzeaman. Da its a ges garafu serok. Serok orots. Erentsaran Erap gentet. Da iru ri taram ari a ges a ram a fogeran. Da abang arits, ges emen Untsig, irungum, da ges eya detao, da bumpum uri iri gea garafu eya depotso Lae. Da yaga ngaeng, yaga abang arits, ges eya detao garafu uri, da iru taram a non. Eon raifol serok orots. Da engef eon emeya gab Tsagi. Da erots a ges erem a ram uri en ngaeng a ban eama, its a ges, da ges eon defani en. Garafu serok ges eya dimu gom eya Rabaul, da bumpum isit a ges eama en a ban emen a gab detao garafu wafu fun, iru deya Rabaul, edz a garafu fun da iri imu gom eya Rabaul. Da eyatin taram, efanuri, da ges eremen gab uri, da ges eyatin taram faniran. Da ges iru taram dewas en ngaeng en a ban eya dits a ges ta its yaga eya Untsig da efani.

Efanuri yaga abang arits emen a basabas, da misinare Bantser ari Ride iri gea garafu eya diru abang arits eya Tsagi. Da wasif tsamo, afi da ngaeng egororop eama, diri eama. Eama depotso Gabmadzung. Da yaga ampri dari ai. Ai gea tao warug. Gea i wengeran da yaga abang arits ari anug arits i warugeran. Efanuri, yaga amen a basabas eya, da Bantser ari Ride erots en abang arits de: "Numeram wasirir a bas eya kau. Uburi omots a num a gab a bas eya kai. Da edza ban atao eya en num, da num otaoma en edza." Da yaga arem a gab eya kai, terem a matmat en i. Da bumpum uri ges erem a sitoa en. Yaga gab a pik uri. Abang a rits iburi gea.

Iburi gea, iburiburi, da ges ibi itseran ngaeng Ason burid, its ngaeng ongan, gea bengan Ngarosowar. Da edza abang, gea bengan Engka, ges its ngaeng Ason ongan, edz. Efanuri, ram engedzeang, intsi ngaeng uri eama da erem eya gab. Da iring en iri i. Boanu eraf a ntsif dedzofon a gea. Gea bengan Ngarosowar. Da ges emoaf a gab uri, da ges imu gaen faring, engop, da ges ib a ram en a ges a tir uru. Its i. Da ges ib. Ges ib eya, engop a ram a iberan, da bas inin, anutu dzob epotsoma, eraf pitig en a ban erem a med efoamu yaer garaweran.

Da yaga garafu naron atao ngaeng faring fun eratsets afi ri ngaeng wasif, eratsets raun. Da erem a med da emots a dzob eyareran naen en a ban etaeg en a ram wasif uri. Ram a mogeran wasif da ban era naen en anutu dzob. Efanuri, imu nidzin, da ngaeng efaran inin irif eya en anutu garaweran da erem a med, emots anutu dzob, da rain etsetsea, eon anutu en, imu mangke en rain enof faring en a ram riring, enof raun, da anutu dzob epotso. Efanuri, da ges irif tao, da intu anutu mpo, da misionare rain enof faring, imu dangke yaer garaweran anutu. Gea gom imu nidzin. Dzob a bas uri.

Text 21

Yaga amu garafu naron, darif tao papia, da Lena ri Kaisa ri a ngaeng Kote eama da eyantsen yaga daru tsaru ya Ngarodzeram. Ama, da edz ari a ngaeng a ram a mogeran. Edz a ram wasif. Empon orog, da imu madzung saman serok. Edz ari afi mpriran. Da imu rainago da imu budz eya mos ofo. Edz ari ngaeng gwangon maemae. Da erem tsaru kani. Ifits esa orog, ebaraben, da ero. Engwar fun emana. Ifits esa, ebaraben, engwar fun emana. Dempes ifits foa gungkung. Moatsets esa orog, edz ari garagab a ban emar, esa nin ari a gwangon a pets. Dimu fagea iringi tsaru uri ri a ngaeng Wampar. Mugene-Petrus, gea eon ongan. Moses esab gea eon ongan. Tomas esab gea eon ongan. Abram esab gea eon ongan. Latsarus esab gea eon ongan. Mamean esab gea eon ongan. Efakai, diri gab Wampar efaran, Petrus ongan, erem ari a Noa. Noa eon, gea etaotse deya, nain a tir empes, da gea emar. Da Josua eon. Eya, Josua emar, da erem ari a Laban. Patea Laban engef, eremen. Dzob abas uri.

Text 22

Bantser tupele Ride em ikam long nufela. Na em isidaun long Gabmadzung. Sidaun, na em ikisim meri bolong nambis, long Tuwit, orait, ol ikisim ol ikam. Ikam na em ikuk long em. Orait na istap liklik na ikisim bolong mifela, long baimbai isubim long wok. Orait ikisim sampela istap wantaim long Bantser. Na sampela istap wantaim long Ride. Orait, ol iwok gut, gutpela iwok, iwok igo. Igo go na sisis bolong misis hia bolong Ride, em istap long bet olosem, ilaik katim klos na wonem samting. Orait em disfela meri hia isitil. Ibringits. Orait, Ibringits ikisim na igo. Ikisim igo long papa bolongen na em igipim long papa bolongen. Na papa bolongen itink Ride igipim longen, nogat, kisim wantaim long sipun. Na igo bringim longen na misis tu em ilukatim sisis hia long katim samting longen. Inogat, na wanpela meri bolong Butibam ol itok long misis: "Em disfela man hia aitink ikisim. Pastaim istap hia na aitink disfela man hia kisim igo."

Orait na misis itok long man bolong em. Orait na man bolong em ibihain. Bihain ikam long difela ples hia, ol iputim stoa longen. Orait ikamap nau na em ihasikim papa bolong em. Na papa bolongen, olosem wonem, em ikisim sipia na im ilaik sutim disfela misin. Duwi! Orait na papa bolongen ikros na em ikros long misin hia. Na igirap na kisim spia long sutim misin hia na wanpela man, Noa, Omad, itok longen isei: "Yu no kros long misin. Yu putim samting istap na kisim sisis wantaim sipun bolongen na gipim long misin na ikisim igo. Orait na bel bolongen istap yet. Na ol ikisim sisis, orait, igipim long misin na ikisim igo bek, na em isidaun. Kros bolongen istap long bel. Istap istap, na em igo na em istap nau. Istap istap istap na kros bolongen istap long bel bolongen, orait, biknait tru na ino tokim wanpela man, nogat, em yet. Em igo long biknait, ologeta man ol islip. Na em igirap na igo long biknait nau. Orait, iksim paia na igo. Igo na putim long disfela samting, gorgor, pikinini bolong gorgor. Orait na ol iputim long em na em itromoi igo antap long haus. Na em isidaun na em ilukim.

Ilukim na paia iwinim nau, iwinim na ilukim smuk ikamap nau. Na ilait liklik na em ilon ikam. Ikam long ples bolongen. Na em ilukluk igo na em ilukim paia ilait gutpela na ikaikai haus bolong Ride. Orait na wanpela man ino mekim girap long disfela man hia, Duwi. Duwi yet em igirap long biknait, ol isingaut long ologeta man hia ol islip pinis. Orait, ologeta man hia ol igirap nau. Na im ilukluk igo long haus bolong misin hia ilait nau. Na ologeta igo sanap na ilukim tasol. Bai paia kaikai ologeta samting ipinis, na im ipulim musik bolongen igo long arasait, wantaim long meri bolongen. Na ologeta samting bolongen, wonem samting, kros na kros bolong meri na singglis bolongen na ologeta samting, paia ikaikai ologeta ifinis, inogat. Na Ride tu, ino kros. Mi harim tasol na istap. Em tasol. Em inap hia.

Text 23

Bantser eama. Iri afi Butibam eama dimu koki ari gea. Emen emen, diru afi Wampar. Da afi ruts etos. Da afi Wampar imu gom ari gea. Emen a Gabmadzung. Iru diru eya Misantung. Emen a Misantung, etosama Gabmadzung. Emen a Gabmadzung, etoseya Misantung. Efagea derere, da emots ngaeng Watut, ngaeng Wampar emots ngaeng Watut. Efakai, derem aposter deya diburi. Da gea etsong. Deya demots a gea gab dengop, da etosama deon afi ri. Gea bengan a Marata. Eon diri eya. Eya demen eya Kayam. Iburi gea. Deon diri eya demen eya Ngkof. Detosama. Etosama Kayam. Imu fagea. Erere gea moanton ewampon. Bantser edaro apostel, etos raun. Da gea eremen eya Watut.

Emen a gea erere da gea misis erem a papia eyari a Yawani. Da Yawani erem a papia deyari a Morobe ri kiap. Da kiap, masta Taylor, gea eama da ingkung Ride non Kaiapit eama, ges impriran eya depotso Watut. Emen Kayam. Efakai, da ges eya deon a Bantser. Eon de impub ero. Eama depotso Gabmadzung. Efakai da Bantser erots a ri a kiap: "Edza ban angkung edza ngaeng deama da edza atao bas." Bid a ngaeng a Wampar eama da Bantser etao engop, da eon a gea deya. Ngaeng Labu erem a gea eya madzung, deon eya Lae. Deon a gea eya Morobe. Isit a gea deya ges a gab a Dzeaman. Da gea misis eya demen eya Finschafen, emen eya Sadeber. Emen a gea. Atung en gea bad eya. Dzob efakani. Dzob amam a motseran. Dzob abas uri.

Text 24

Edza amu gom ari Bantser. Da amen ari Bantser erere da arid eya Adzera. Erots yaran Adzera da edza ri aya. Ari aya amen Adzera daya aya apotsori ngaeng Adzera eya Tsangang. Amen Tsangang en ngaeng Dzifasing wemots ngaeng a Tsangang a mog. Ges irungum anutu dzob a basabas, yaga aya amen a gea daya Kayabit. Amen Kayabit, amen a gea da amots ngaeng a gabagab. Da aya dapotso Kayabit, da ngaeng serok, Wakuk da Soro bengan. Yaga aya apotso, da ges emoaf a far efa kani. Da ges etao yaga dirid. Erots a mamafe en yaga. Irid eya dip eya mos fon. Ip eya mos fon, da itig fan da erengama en yaga da asomorad en a far. Amen a far da ges etaoma da imu bid ereng esa detao yaga. Etao bid a entsrop ero. Bid a erengama detao yaga bid a ibi ntsroperan ero. Erots de: "Ram o kani ban ewantang yaer empes." Da emen etaoma en yaga. Yaga ataoya da atao dentsrop ero.

Da edza ampom gentet daya da atroa en a ges efa kakani sa. Edza atao ges nidzin. Edza ngaeng sera ama darots ari Ride: "Ride, ngaeng serok eremen a mos fon." Da gea eon a bumpum nidzin, da resa, da sor, eon eya derem ari ges. Its bangin ari ges. Its bangin ari ges, its, its, its, da ges emonteng. Emonteng detetangeran bangin. Engef eran bangin eya potsoran da rasen enek, Wakuk, gea ego rasen faring bangin. Soro bengan bangin en. Ego da gea engkangangkang. "Ngao, abid aya atao ram a kau!" Da gea erots de: "Ngao, yaga ban aya en a ban amar." Da gead erots de: "Ngao, oma, da abid aya!" Da Soro bengan ego a Wakuk esab uri eya ri yaga. Da Ride imu en a ngkangeran ari ges bangin, da ges eboin. Imu en a ngkangeran ari, empom eya, bid ari detsong da ges erempom eya. Imu en aya ngeferan, da ges erempom eya. Erere, da engef a ges bangin en. Eon eama demonteng deon a sor. Da erem eya Ride bangin da Ride eteap. Eteap ipipis, da ibi ntangeran bangin derem ari Soro bengan da eteap. Eteap da rain enof da ib.

Ib derots ari Wakuk esab de: "Wama bid aon a ram o kai!" Da ges ibi teaperan, edaom derere, dib. Ib, erots de: "Ram o kani imu ngarobingin." Ib, da etsetseats bumpum, emots bumpum de: "Mangke eremen?" Yaga amam rungumeran a ges a dzob. Ngao, its bangi ari de. "Mo, eremen?" Da yaga: "Owe', mangke." Da yaga abi remeran da bumpum erem ari burid. Ride ibi remeran ari deteap. Eteap de: "O", eraso bangin ari yaga. "Omen kani mog, da edza aya datao ngaeng." Da ges eya detao ges ngaeng serok burid. Dibi maran Idzum bengan, ibi maran. Ibi maran dimibiya detangeran bangin en iri eya derem ari bumpum. Erem ari Ride eratang bangin en da ibi remeran a sor ibi teaperan. "A, ram o kani imu ngarobingin." Da its bangin ari yaga de: "Num a ban uwi? Ma ban oya?" Da yaga arots de: "Ngao, yaga ban aya dai Tsangang." - "Ngao, emam a faran. Edza arots a num a ban uwi a kani, da boanu bid a dzin oya." Da ges e: "Yaga, ngao. Ema, yaga ban aya. Yaga ama dai Tsangang." Da abi ruran paep ma aetsantson dabi ruran abi yaran. Da ngaeng serok uri ges iriburi far a mog. Iburi far a Wakuk da Soro bengan ges eremoaf a ges far emog. Yaga abi yaran da apotsori ges, da ges its bangin en yaga de: "Wama! Wama!" Yaga aya daburi ro uri. Derots de: "Yaga angkung ngaeng wasif." Ingkung ngaeng wasif, imu garamun en entsa tir, aom, da empom empom inin eama.

Da Soro bengan gea eon a gea moanton, ifits a gea foa naron. Ifits a sun ataf en a ban eama erem ari iruf en yaga ri emoaf. Yaga ri amoaf amoaf, da Ride entsa ram mangke ri de: "Num a ban uwi." Da yaga amin a gea dzob, dai. Ai boanu. Da isinting yaga, da ngaeng ema, da ngaeng a gab ongan a kau. Yaga abi yaran burid. Ride yaer aban atao ngaeng uri ges a gab. Yaga aya dapotso Dzomem. Yaga apotso Dzomem, da ngaeng Dzomem eraso yaga. Eraso yaga de: "Num a ban uwi." Yaga ai da imun a bad its yaga. Derem yaga aya tao faring. Yaga arif aya, da ges imu ntson etse. Imu en a bad enang a dzif etse en yaga. Da ngaeng faring uri, gea imu garamun en ngaeng. Edzarang. Da sefo eama dego a poatse, ewat ram a mpungeran a mana en yaga. Ewat, da ngaeng faring uri, gea iburi demam airan ari sefo. Ngao, ges imu garamun en ngaeng edzarang inin. Ngaeng eme ewat ibi da gea imu garamun en dedzarang. Erere, da ram etap en inin da yaga amam airan. Yaga angef taram da aburiburi, da ram etap en inin. Ngaeng a bad imu itseran yaga, yaga bad afani en a ram uri. Ema.

Yaga aburi da boanu da gea eraso yaga. Faring uri gea eraso yaga: "Num a ban uwi!" - "Yaga, ngao." Bumpum e: "Ngao, yaga ban aya Kayabit."- "O, yaga arots yai uwi, yaga aits a mpi. Uburi, da yaga aits a mpi." Yaga: "Ngao, ema. Yaga ban aya." Da bumpum emonteng yaga afarad ama. Da esof etsong. Esof etsong, etsong, etsong, eya deme edz ari ngaeng ongan a gab, gab ongan, da ges etos en eboin ngaeng a gab uri en a ban its a ges. Da ges etos. Yaga ama da apotso Kayabit. Amen Kayabit da abi maran a dzob a Bantser. Gea ban erots efakana, yaer abi toseran. Ama erots ari Bantser, yaga abi toseran burid.

Aya demots a dzob da yaga amots a dzob ari da Soro bengan en a gab en Ride en buriran. Da erots de: "Yaga ngaeng ongan, gea bengan Ride, gea iburi momoa kai." Da Ride erots de: "O, num ngaeng uri da gea emar. Da edza amen eya kau dama da ban aburi a gea gab." Da erots efanuri, erots: "Ride, edza ban aburi kai." - "Ngao, yai ban uburi kai en yaga ban amar. Ban amar raun. Da yai ban otos yai gab." Da bumpum erots de: "Edza ban ama daburi da yaer ampri damoaf damots a dzob." - "Ngao, da otao ram o kai en a ban yaga ban aits yai. Da ram o kai ban emosro its yaga dempes. En a su da ngantam. Yaga aboin a ram o kai en a ban eyar yaga dempes." Da Ride erots de: "Ema, yaga ban aburi. Waya doma, yaga amots yai gab."

Yaga ama amen a Gabmadzung da abi toseran. Atos, amots a dzobadzob ari, da yaga atseap a gab. Atseap a gab a Kayabit, da arem tao naron taet ongan. Da ai en. Da amots a gab da ari ngaeng amoaf amoaf da amam a meneran ngantam serok a serok, amen ngantam orots da atosama Gabmadzung. Amen a gea amen amen ngantam serok, da abi toseran. Ama daya fanuri ngaeng eye imu mara ngaeng. Eyatin anutu dzob, deraf orog, derem a med, da yaga pat amots tao farifaring, amoaf en. Aburi, buri, buri, buri, da ngaeng irungum anutu dzob eya dimu wante. Ges eran erem a med. Da yaga asinting en a dzob fufun ari. Erere, aya angop, da ges imu mara ngaeng, yaga amen a gea fofong. Amots tao ngarobingin, arem bumpum tao faring, deama deon moanton. Deon moanton iri eya, amen a gea, fofong, amam erad a toseran a Gabmadzung, amen a gea nin. Da epaem kapa iru deya, yaga amots bumpum tao kapa, damen a gea fofong inin. Edza kani amen amen da Ride emar da edza ama da amen a gab. Emenari kani.

Text 25

Edza Omot. Amots a dzob en edza ram. Dzob a muran a garafu naron. Ateg en edza gab Ngarotsupung, ama damu gom ari Bantser, ari Ride, emen a Gabmadzung. Yaga amu garafu naron da agere gea. Da atung en yaga yar a muran a gom, da amu nin dari aya. Da ngaeng iri imu dzob a mogeran its a tir. Da ges egeregeren, anutu dzob imprin yaga iri a ngaeng a mpuf. Ride iri Bantser ma Baya emen a Gabmadzung. Efanuri, anutu dzob emam potsoran a sangangin. Yaga aburi gea, da arif tao, amam a riferan efa dzob nidzin. Arif moangkaf fun amu gom. Efanuri agere Gabmadzung da atung en yaga yar a muran a gom, yaga amam yatiran en, da erad amen a gom uri ofo.

Efanuri, ngaeng faring serok a non a Gabsongkeg, Mamro iri Tate ma Dzangadzing. Ges eama dimprin yaga damen a Gabmadzung da etao yaga tse amu gom. Ngaeng fun a non Lae iri Bukaua ges eama imprin yaga da amu gom. Afi fun a non Lae ges eama dimu gaen iri Bantser da fun eyari Ride. Yaga amu gom, da ges etao bumpum a ram etse, edzam, da emots a ges a tebol, ram fun. Efakani. Da ibi rotseran en yaga. Amen a gea, da amam a remeran a dzob ari ngaeng a gab a sangangin. Efa tir eremen yaga ofo iri bumpum. Da ngaeng a gab uri emam a riferanama en a bumpum da remeran a med, da muran sontag. Ngao, orots orots inin, efanuri ngaeng faring orots Mugene, da Noa besab kai, ges irif emogama. Da ges iburi da erem a dzob iri bumpum. Efakani, bumpum eon a ges esa. Da Noa gea imu ngaeng a dzob daso ngarobingin.

Efanuri yaga ari ges imu sontag, da ngaeng fun ges emam a mpriran en yaga. Noa da Mugene da Mae ges iburi imprin bumpum. Efakani ges etep eon a dzob a noferan a dzob yatiran en a mog. Emen a gea, patea emots a dzob ari ngaeng fun, da ngaeng fun ges emam a riferanama, a ngoperan. Efanuri, dzob eregaguran. Efanuri erere, da patea, ngaeng Wampar ges etao en a ges its ngaeng Adzera, epotsoma kani taram eyar a ges. Efakani bumpum a non a Morobe kiap eama, efani ges, da dzob a tir empes, da ges irungum irif eya anutu dzob. Efakani, da ges emots a geseran burid, da ges iburi da anutu dzob epotsori ges.

Efanuri ngaeng Wampar ges irif eya en da eraf orog da erem a med. Da yaga fun a non Gabmadzung amaburi imprin a ges, asinting a ges en a med, da yaga amam a remeran yaga med a sangangin. Ngao, yaga arem idzig en ngaeng a Dzeaman rafen eya ges a med, da yaga arem. Arem efa bumpum a med. Angop, da yaga asinting ngaeng a gab en, da ngaeng ari afi ges ibi remeran, da efa yaga. Da garafu ibudzin anutu dzob ari ges, da ges irungum da rain enof. Da ges erots de: "Ram ngarobingin, patea ban aburi da rened enof dai ai marud amro. Da tir ongan ban emam potsoran da yaga ban aburi efa ram a nof." Dzob kani efanuri, ngaeng faring serok uri, Noa iri Petrus, da Mae, ges erots de: "Yaga ban amam a mogeran moadzi num, da patea kani raid enof." Efanuri ges iburi da erem a med, eon anutu en. Afi fun ges erem anutu dzob, da efa isingis en a papia. Iri ngaeng fun. Da irungum.

Dzob kani a non a garafu gom, ges deya iburi imprin a ges, derem a med, isinting a ges en anutu dzob, da isinting a ges en a med. Eyatin raun, da imu ngaeng yatiran en, da afi yatiran en. Dzob kani. Abi rotseran en a ngaeng Wampar ges a garafu edzarang aya gab a gab, fun iburi Dzifasing, da fun iburi Sab, da fun iburi Gabantsidz, da fun iburi Ngasawapum, da Munun, da Gabsongkeg, iru garafu naron, da irif tao. Da ges eyatin a papia yareran, da singiseran. Efakani, da ngaeng wasif ges emam a dararan en anutu dzob. Ges irif eya en erem anutu dzob iri sefo eyaya, ram etapen en a ges rain enof. Dzob kani its moadzi en a ges.

Da Bantser emen a gea yaga abi muran a gom ari gea, ataeg en a Gabmadzung da yaga abi buriran eya Misantung. Da yaga amu gom faring en a yoneran madzung a ngaderan eya, arem emen Boareb dago madzung aya, madzung ibi rideran Wanam. Aya dasa emen Pruk. Da amots moadzi aya asa aburi emen a Misantung. Da arem tao faring. Tao uri gea rum serok orots. Da angop haus kuk, da arem afi tao, arem yaga tao, angop, atosama daru makau, da ibi sukeran Wantsef aya asa da makau egere Pruk eya en gras emen a Pruk warug. Efakani, Bantser gea etegen a Misantung da yaga abi yaran ari gab emen Ngaropoang. Efakani, amof a Ngaropoang da arem tao eremen, da atosama. Yaga aits a sum emen a Montam renan, da kani, garafu empeat a sum, asaya dantan eya Ngaropoang. Amen a Ngaropoang, ngaeng Sab iri afi, ges irid ari gaen en, esa deya en yaga Ngaropoang, da kani yaga amu gom, antan gempo, ram wasif. Da mra Ngaropoang uri, gea mra ngarobingin. Gempo ri kapis imu nidzin faring. Efanuri, bumpum gea etao, rain imin. Yaga aburi gea yar orots, da amam faringeran en yar uri gea nain. Ema, atung en efa gea.

Efanuri, atosama, amen a Gabmadzung burid, da arem ngaeng buriran wasif, emen a Gabmadzung en a ges a ban its moadzi en. Da iru ngaeng ges irif tao. Da isingis ngaeng en a ban eon ngaeng wafu en a remeran en a muran apostel. Efanuri, emots ngaeng tsaru wasif, da ges emots a ges a ref da intu, da erem ngaeng tsaru. Efanuri, Kaisa iri a non Kote, ges eama imprin Bantser ari Ride, da edza atoaf ongan, en ngaeng a ban eon tsaru. Efanuri, ges eama difits tsaru, da eraf orog a Gabsongkeg da esa. Eon tsaru desa, ero, edz ari en tsaru, gea ban imu ngkangeran efa ngaeng tsaru ban etao, ngaeng etsef a tsaru da ges irif eya en anutu dzob. Efanuri, ngaeng a oneran tsaru munamun, efakani Noa besab da Mugene, ges eon tsaru emen a Gabsongkeg. Da emen eya Sab, kai Mamean, ges eon emen Sab. Ma Latsarus, gea eon tsaru emen a Munun. Ma Wampon esab, kai gea eon emen a Ngasawapum. Da Tomas gea eon emen a Munun. Efakani, ges imu ngaeng erereb, en a ban ego ngaeng eama ri anutu dzob burid da ges engef anutu dzob imu waro da engkang eremen gab. Efakani.

Kani dzob kani engop, da yaga amoaf a gea, atung en yar yaga montengeran, kani edza amen a gea da edza amen en afi emen a

Gabsongkeg. Efakani edza amen en afi da angop a garafu serok orots emen a Gabsongkeg, dategen daya da Opeka ibi remeran edza, atoseya darif tao emen Hopoi. Efakani angop yar imu serok a serok eya Hopoi ma atosama gab. Da ngaeng buriran wasif uru ges eya iburi kani ges eremen Watut. Efakani, Mamro da Ogean da Paulus da Mois da Mon esab da Dzanam da Ngung da Dziru ges eya erem anutu dzob iri ngaeng Watut. Eya kani engop yar serok orots a mana da kani mpo foforan epotso emen Watut munamun. Efakani mpo foforan ego ngaeng Watut burid efa ngaeng Wampar. Eama desomen ngaeng buriran burid.

Efanuri edza ataeg en a Gabmadzung, efakani da edza aya amu gom emen Hopoi, yar efa arots a mog, serok a serok, da kani iri yar a serti sri da edza atosama gab. Efakani serti naen edza aon a gom esa Watut uri da aburi aedz a ges, aru garafu naron ari arif tao. Arif tao emen Watut, Mararenan. Efakani aburi gab uri, edza yar imu foa. Efakani aburi gea, kani, tir a non bumpum epotsoma. Garafu wasif, apostel wasif etosama, da edzarad amen Watut. Efakani tir eremen, da edza abi toseran ama, erad amen a gab. Efakani amen a gab derere da ban atos eya gom uri, afi emar, da kani edzarad amen a Gabsongkeg. Efakani iri yar serti sri. Edza Omot. Arots edza dzob uri da its etse iri kani da efa.

Text 26

Ngaeng Erap a gab serok a serok uni Bangi wanti, Gain, da Ngafir, Mungkip. Ngaeng a gab serok a serok uri ges eyase Anutu mara parats, da ges etseap orog mara gogong edzari rompon a rits maran a non, defaring bingan satan, derots de: "Ngaeng uni ban eyasang yaer ngarobingin da ban amam a mareran erad ban aburi marud parats fofong." Efanuri da ges itig en aposter da etsenon eran eya gab Bangi wanti da etong garamag uri sa da ib wafen, ibama faring, ib su su, ngantam ngantam. Ib erere ta tufugig faring irid da mra ereat raun.

Da aposar Josef eama derots ari ngaeng Wampar ari misionare Opeka da eon Irias besab ari Dziru besab da ngaeng fun ges esa deya Bangi wanti detao ram uri. Ngaeng Wampar eyepotso detao da entseng a ges en da ges erots de: "Yaganim ram uni erem gaen mangke ri dzi mangke ri yaga. Da misinare ges imu anutu ngaeng ta emam a remeran gaen ari dzi mangke ri yaga." Da aposter Josef iri ngaeng Wampar erots ari ges de: "O, efanuri num warots ari num anutu ri da gea imu ram ongan da yaga atao!" Efanuri da ges eon garamag uri detong eya gaen fon, erots ram uri ban epopor gaen da ngaeng Wampar etao. Ges etong eya da geseran eya raun en gaen uri depaes en poporeran erere da ngaeng a fop etsupung raun da ngaeng Wampar efane derots ari ges de: "Num anutu ri nidzin ema num umuam faring." Da ngaeng Wampar eyantsen a ges deboareng a ram uri deroma Mungkip dib ari burid da misionare Opeka iri Jakob Ngasawapum eya detao detosama Gabmadzung da isit ngaeng Wampar wasif eya Mungkip detao.

Ngaeng Wampar entseng a ges burid da ges erots de: "Yaga ram yasangeran yaga en ram wasif." Ngaeng Wampar erots en a ges da eon anutu muam uri deraf eya gab mana, da eon anutu mara parats en dits etsetse dipu dzif en da dzif eon dempes. Ngaeng Wampar ebre en a toseran da ram uru its ngaeng bingan Puperap, its fono da ngaeng eratsets en a bup demar fono nin. Ngaeng Wampar etoseya da ngaeng Mungkip, ngaeng Bangi wanti da Gain ari Ngafir emar emar dempes da orots orots inin eremen, ram empen fun dirid eya dau demar, ngaeng da afi da ram uri watsots egaof apotser Josef ari moanton irid ta ngaeng Ngasawapum eya dintsi deya en gab da detsea detos eya Mungkip burid. Da ngaeng Ngafir emar raun da gab gungkung da orots irid eama Gabsongkeg teremen, gea bingan Magig, da serok irid eya Popof teremen, ges bingan uni Irias da Ereat, da wasif epoaf raun.

Bibliographie

Agab Medschun
1914 Agab Medschun. in: Neuendettelsauer Missions-Blatt, 4: 44-45.

Agab Medschun
1915 Agab Medschun. in: Kinderblatt, 6: 3-4.

Andexer, H.
1914 Der untere Lauf des Watut in Deutsch-Neuguinea. in: Zeitschrift der Gesellschaft für Erdkunde zu Berlin, 4: 277-280.

Aus Neuguinea
1949 Aus Neuguinea. in: Concordia, 37 (Nr.88): 399.

Bayer, Friedrich
1914-15 Tagebuch 1914-15 (handschriftlich, Privatbesitz).

Bayer, Sibylle; Erika; Hedwig; Martha
o.J. Aus dem Leben des Missionars Friedrich Bayer. Privatdruck o.O. (1987 oder später).

Berghausen, (Bezirksamtmann)
1911a Eine Strafexpedition nach dem Markhamgebiet. in: Deutsches Kolonialblatt, 22: 348f.

1911b Eine Strafexpedition in Neu-Guinea. in: Kolonie und Heimat, 4, (Nr.34): 1-2.

1912 Expedition nach dem Markham. in: Amtsblatt für das Schutzgebiet Neuguinea, 4: 5-7.

1913 Besuch der Küstendörfer in Kaiser-Wilhelmsland von der Dorfinselspitze bis zu den Herzogseen. in: Amtsblatt für das Schutzgebiet Neuguinea, 5: 79-80.

1914 Eine Expedition nach dem Südbezirk. Bericht des Bezirksamts Friedrich-Wilhelmshafen. in: Amtsblatt für das Schutzgebiet Deutsch-Neuguinea, 6: 32-34.

Bluttat in Neuguinea
1909 Bluttat in Neuguinea. in: Deutsche Kolonialzeitung, 26: 750.

Böttger, Hermann
1912a Ein Friedensschluß im Markhamtale. (Friede auf Erden! 1). Neuendettelsau, Verlag des Missionshauses.

1912b Eine Friedensreise zu den Laewomba. (Friede auf Erden! 2). Neuendettelsau, Verlag des Missionshauses.

Clune, Frank
1952 Somewhere in New Guinea. New York.

Commonwealth of Australia
1924 Report to the League of Nations on the Administration of the Territory of New Guinea. From 1st July, 1922 to 30th June, 1923.
1925 dass., 1923-1924.
1926 dass., 1924-1925.
1927 dass., 1925-1926.
1928 dass., 1926-1927.
1929 dass., 1927-1928.

Dammköhler, W. C.
1908 Im Innern von Deutsch-Neuguinea. Die erste Durchquerung vom Huongolf zur Astrolabe-Bai. Die Erforschung des Markham-Flusses. Dezember 1907 - Januar 1908. in: Kolonie und Heimat, 1(Nr. 20): 6-8.

1909 Neues aus dem Innern von Neu-Guinea. Nach den letzten Mitteilungen unsres ermordeten Mitarbeiters W. C. Dammköhler. in: Kolonie und Heimat, 3 (Nr.5): 3.

Dammköhler, (W. C.) und Oldörp, (Rudolf)
1909 Bericht der Herrn Dammköhler und Oldörp über eine Reise in Neuguinea 1908-09. in: Amtsblatt für das Schutzgebiet Deutsch-Neuguinea, 1 (17): 135-136.

Deinzer, M. (Herausgeber)
1909 Neueste Nachrichten aus Neu-Guinea. in: Kirchliche Mitteilungen, 41: 71-72.

Demaitre, Edmond
1936 New Guinea Gold. Cannibals and gold-seekers in New Guinea. London.

Detzner, Hermann
1921 Vier Jahre unter Kannibalen. Berlin.

Dinglreiter, Senta
1939 So sah ich die Südsee. Leipzig.

Dreger, Hauptmann
1887 Auszüge aus dem Bericht über eine Untersuchung des Huon-Golfes, vom 1.-9. Dezember 1886. in: Nachrichten über Kaiser Wilhelms-Land und den Bismarck-Archipel, 3: 64-178.

Drei Tschiffesin-Männer
1915 Drei Tschiffesin-Männer. in: Neuendettelsauer Missions-Blatt, 5 (1): 5.

Dunaway, David K. und Willa K. Baum (Eds.)
1987 Oral History. An Interdisciplinary Anthology. Second Printing (1.Aufl. 1984). Nashville, Tennessee.

Eine Expedition
1908 Eine Expedition gegen die Lahé-Womba. in: Deutsches Kolonialblatt, 19: 328-330.

Eine Trauernachricht
1928 Eine Trauernachricht. in: Neuendettelsauer Missionsblatt, 18 (7): 51.

Firth, Stewart
1978 Albert Hahl: Governor of German New Guinea. in: James Griffin (Ed.), Papua New Guinea Portraits. The Expatriate Experience. Canberra, London, Norwalk. pp.28-47.

1982 New Guinea under the Germans. Melbourne.

Fischer, Hans
1961 Spiele der Wotut (Ost-Neuguinea). in: Veröffentlichungen des Museums für Völkerkunde zu Leipzig, 11: 141-152.

1962a Oberflächenfunde und rezente Töpferei am unteren Watut River (Ost-Neuguinea). in: Abhandlungen und Berichte des Staatlichen Museums für Völkerkunde Dresden, 21: 23-33.

1962b Einige linguistische Indizien des Kulturwandels in Nordost-Neuguinea. in: Sociologus, 12: 18-36.

1963 Watut. Notizen zur Kultur eines Melanesier-Stammes in Nordost-Neuguinea. (Kulturgeschichtliche Forschungen, 10). Braunschweig.

1966 Cargo-Ideen. in: Anthropos, 61: 49-97.

1974 Wampar - English Dictionary (maschinenschriftlich vervielfältigt und verteilt, 241 S.).

1975a Gabsongkeg '71. Verwandtschaft, Siedlung und Landbesitz in einem Dorf in Neuguinea. (Hamburger Reihe zur Kultur- und Sprachwissenschaft, Bd.10). München.

1975b Namen als ethnographische Daten. in: Siegfried Wolf zum 65. Geburtstag. Abhandlungen und Berichte des Staatlichen Museums für Völkerkunde Dresden, 34: 629-654.

1976 Forms of Oral Traditions Among the Wampar People. in: Journal of the Morobe District Historical Society, 3 (3): 5-20.

1978 Wampar. Berichte über die alte Kultur eines Stammes in Papua New Guinea. (Veröffentlichungen aus dem Übersee-Museum Bremen, Reihe G, Bd.2). Bremen.

1987 Heilserwartung. Geister, Medien und Träumer in Neuguinea. Frankfurt, New York.

Fliehler, Paul E.
1927-29 Jahresberichte Gabmazung 1927-1929.

1928a Aller Anfang ist schwer. in: Neuendettelsauer Missionsblatt, 18: 54-55.

1928b Hinauf ins Watuttal. in: Neuendettelsauer Missionsblatt, 18: 73-75.

1929 Viel Schatten (1928). in: Neuendettelsauer Missionsblatt, 19: 82-84, 90-91.

1930 Schwere Sorgen (1929). in: Neuendettelsauer Missionsblatt, 20: 76-77, 83-84.

Flierl, John
1927a Forty Years in New Guinea. Memoirs of the Senior Missionary John Flierl. Chicago.

1927b Reise-Erlebnisse (Fortsetzung). in: Neuendettelsauer Missionsblatt 17: 34.

1931 Wunder der göttlichen Gnade. Evangelisten aus Menschenfressern. Geschichte der Gehilfenarbeit in der lutherischen Mission bei Finschhafen auf Neu Guinea. Aus dem Missions-Archiv zu Heldsbach geschöpft und mit Dokumenten belegt. Tanunda, South Australia.

Fortschritte
1908 Fortschritte in Kaiser-Wilhelm-Land. in: Kolonie und Heimat, 1 (13): 12.

Frerichs, A.C.
1957 Anutu Conquers in New Guinea. Columbus, Ohio.

Fröhlich, O.
1908 Durch das Innere von Kaiser-Wilhelmsland vom Huon-Golf bis zur Astrolabe-Bai. in: Mitteilungen aus den Deutschen Schutzgebieten, 21: 200-213.

Full, (Assessor)
1909 Reisebericht von Assessor Full. in: Amtsblatt für das Schutzgebiet Deutsch-Neuguinea, 1 (13): 99-100.

Garafu Wampar
1928 Garafu Wampar ages asingiseran apapir amog. Lutheran Mission Gabmazung.

Hahl, Albert
1937 Gouverneursjahre in Neuguinea. Berlin.

Holzknecht, Karl
1973 The exploration of the Markham Valley. First Part, up to 1910. in: Journal of the Morobe District Historical Society, 1 (3): 33-52.

1975 Die Erforschung und Geschichte des Markhamtales in Papua Neuguinea. (Sonderheft der Deutsch Melanesischen Gesellschaft, München). Wiesbaden.

In Gabsonkeg
1934 In Gabsonkeg. in: Neuendettelsauer Missionsblatt, 91 (10): 75.

Keesing, Roger
1986 The *Young Dick* Attack: Oral and Documentary History on the Colonial Frontier. in: Ethnohistory, 33: 268-292.

Kern, Helmut
1928 Heimfahrt der Missionarsfrau Maria Stürzenhofecker. in: Freimund, 74 (28): 186-188.

Keysser, Ch.
1912 Vom Sattelberg zum Markham. in: Z. f. Ethnologie, 24: 558-584.

1960 Lehret alle Völker. Beispiele aus der Mission zum Kleinen Katechismus. Freimund-Verlag. Neuendettelsau.

1966 "Das bin bloß ich". Lebenserinnerungen. Aus dem Nachlaß herausgegeben und mit einem Nachwort versehen von Wilhelm Fugmann. Freimund-Verlag. Neuendettelsau.

Kituai, August
1988 Innovation and Intrusion. Villagers and Policemen in Papua New Guinea. in: The Journal of Pacific History, 23: 156-166.

Konzession
1901 Konzession zum Bergbau im Hinterlande des Hüongolfs. in: Deutsches Kolonialblatt, 12: 475-478.

Koppenhagen, Conrad
1922 Reisen im Markham-Ramu-Gebiet, Kaiser-Wilhelms-Land, Neuguinea. in: Z. d. Ges. f. Erdkunde zu Berlin: 145-147.

Lehner, Stephan (Stefan, Stephen)
1907 Erster Bericht von Arcona. in: Kirchliche Mitteilungen aus und über Nordamerika, Australien und Neu-Guinea, 39: 81-89.

1908 Tauffest in Arcona. in: Kirchliche Mitteilungen, 40: 49-52.

1909a Bericht aus Arkona von erfahrener Gnade Gottes: im eigenen Hause und in der Missionsarbeit. in: Kirchliche Mitteilungen, 41: 33-37.

1909b Eine offene Tür. in: Kirchliche Mitteilungen, 41: 89-92.

1909 (Bericht von Stephan Lehner). in: Jünglingsfreund, Nr.2.

Mailänder, Karl
1910 Bericht über Malolo. in: Kirchliche Mitteilungen, 42: 49-51.

1952 Nachruf Georg Stürzenhofecker. in: Concordia. Mitteilungen des Neuendettelsauer Missionskreises. Hrsg. v. Adam Schuster. Freimund-Verlag, Neuendettelsau, 40 (Nr. 101): 3-5.

Matai
1926 Vom Markham. in: Kinderblatt, 17 (1): 11.

Mercer, P.M.
1979 Oral Tradition in the Pacific. in: The Journal of Pacific History, 14: 130-153.

Mihalic, F.
1971 The Jacaranda Dictionary and Grammar of Melanesian Pidgin. Milton, Queensland.

National Statistical Office
1991 1990 National Population Census. Preliminary Figures. Census Division Populations. Port Moresby.

Neues
1916 Neues von Neuguinea. in: Kinderblatt, 7 (10): 39.

Neuhauss, Richard
1909a Reisebericht. in: Amtsblatt für das Schutzgebiet Deutsch-Neuguinea, 1 (16): 120.

1909b Der Stamm der Lae Womba am Markham-Fluss. in: Deutsche Kolonialzeitung, 26: 770-771.

1909c Über seine Reise in Kaiser Wilhelm-Land. in: Z. d. Ges. f. Erdkunde zu Berlin: 689-690.

1909d Brief des Herrn R. Neuhauss aus Neu-Guinea. in: Z. f. Ethnologie, 41: 751-753.

1910 Ueber seine Reisen in Deutsch-Neu-Guinea 1908/1910. in: Verhandlungen des Deutschen Kolonialkongresses 1910. Berlin. pp. 106-109.

1911 Deutsch-Neu-Guinea. 3 Bde. (hier Bd. I) Berlin.

1914 Unsere Kolonie Deutsch-Neu-Guinea. Weimar.

Oertel, Fritz (Friedrich)
1910 Ein Besuch bei den Laewomba. in: Kirchliche Mitteilungen, 42: 51-53.

1911 (Vorarbeiten für die Laewomba-Station). in: Neuendettelsauer Missions-Blatt, 1: 11-13.

1912 Bericht von Agab-Medzung (26.April 1912). in: Neuendettelsauer Missions-Blatt, 2: 51-53.

1914 Agab Mezung. in: Neuendettelsauer Missions-Blatt, 4: 9-10.

1919 Aus der Missionsarbeit in der Markhamebene. in: Neuendettelsauer Missions-Blatt, 9: 38-39.

1930 Die Mission unter dem Azeravolke. in: Jahrbuch für Mission, 32 (2. Teil): 18-24.

Oldörp, (Rudolf)
1909a Auszug aus einem Berichte des Herrn Oldörp vom 4. Oktober 1909. in: Amtsblatt für das Schutzgebiet Deutsch-Neuguinea, 1 (20): 155-157; (21):162.

1909b Näheres über Dammköhlers Tod. in: Deutsche Kolonialzeitung, 26: 872f.

Panzer, Karl
1912 Wie steht es mit der Arbeit bei den Laewomba? in: Neuendettelsauer Missions-Blatt, 2 (2): 19-21.

1914 Agab Medschun. Zwei Erlebnisse aus der Laewombamission. in: Neuendettelsauer Missions-Blatt 4 (6): 41-43.

1923 Die Missionsstation Gab Mazung 1920. Jahresbericht von Missionar K. Panzer. in: Neuendettelsauer Missionsblatt, 13 (1/2): 2-3.

1924 Station Gabmazung 1921. in: Neuendettelsauer Missionsblatt, 14 (8): 48, 53.

1925a Aus der Laewambawelt. in: Neuendettelsauer Missionsblatt, 15 (2): 15, 17-18, 23.

1925b Missionsstation Gabmazung 1922 Jan. bis Juni. in: Neuendettelsauer Missionsblatt, 15 (4): 28.

Pilhofer, Georg
1912 Eine Reise von Finschhafen nach dem Markhamfluss (Deutsch-Neuguinea). in: Petermanns Mitteilungen, 58 (II): 143-147.

1961 Die Geschichte der Neuendettelsauer Mission in Neuguinea. Neuendettelsau. Bd. 1.

1963 dass., Bd. 2.

Redford, Robin
1987 Highlanders and Foreigners in the Upper Ramu. The Kainantu Area 1919-1942. Melbourne University Press.

Reichs-Marine-Amt
1913 Südsee-Handbuch. III. Teil: Kaiser Wilhelms-Land. Berlin.

Rowley, C. D.
1958 The Australians in German New Guinea 1914-1921. London und New York.

Ruppert, Johann
1911 Vorarbeiten für die Laewomba-Station. in: Neuendettelsauer Missions-Blatt, 1 (2): 9-11.

Sack, Peter
1976 The Bloodthirsty Laewomba? Myth and history in Papua New Guinea. Department of Law, Research School of Social Sciences. The Australian National University. The Morobe District Historical Society, Lae.

Salem
1911 Salem am Markham-Fluss. in: Neuendettelsauer Missions-Blatt, 1 (2): 21.

Poyer, Lin
1985 The Ngatik Massacre. Documentary and Oral Traditional Accounts. in: The Journal of Pacific History, 20: 4-22.

Schieffelin, E. L. und Hiroyuki Kurita
1988 The phantom patrol: reconciling native narratives and colonial documents in reconstructing the history of exploration in Papua New Guinea. in: The Journal of Pacific History, 23: 52-69.

Schleinitz, Freiherr von
1887 Auszüge aus dem Bericht des Landeshauptmanns, Freiherrn von Schleinitz über eine während der Zeit vom 7. bis 13. Oktober mit der "Samoa" ausgeführten Untersuchungsfahrt. in: Nachrichten über Kaiser Wilhelms-Land und den Bismarck-Archipel, 3: 5-22.

Schmutterer, Gottfried
1912 Erster Bericht Missionar G. Schmutterer's von der Station Lowamu. in: Neuendettelsauer Missions-Blatt, 2 (4): 28-30.

1913 Bericht über Lae. in: Neuendettelsauer Missions-Blatt, 3 (10): 73-75.

1924a Lae 1921. Jahresbericht von Missionar Schmutterer. in: Neuendettelsauer Missionsblatt, 14 (7): 40,45.

1924b Wogang, ein Haupt unter den Lae. (Lebensbilder, Nr. 8). Neuendettelsau.

1954 30 Geschichten aus der Neuendettelsauer Mission zum Vorlesen. Werden und Wachsen der Missionsstation Lae. Ms, maschinenschriftlich, in der Missionsanstalt Neuendettelsau.

1956 Erinnerungen an die Laewomba, niedergeschrieben auf Bitte des Verfassers. Neuendettelsau, September 1956. 4 S. maschinenschriftlich.

Schuster, Adam
1928 Nachruf Maria Stürzenhofecker. in: Concordia. Mitteilungen des Neuendettelsauer Missionskreises. Hrsg. v. Adam Schuster. Neuendettelsau, 15 (39): 1058-1060.

Steck, Karl
1911 Das Evangelium des Friedens bei den Laewomba in Neuguinea. in: Jahrbuch der Bayerischen Missionskonferenz. Rothenburg / Tauber. pp.76-82.

Stuckardt, (Bezirksamtmann)
1905 Rundreise im Bezirk Friedrich-Wilhelmshafen. in: Deutsches Kolonialblatt: 581-583.

Stürzenhofecker, Georg
1926 Gabmazung 1924, Juli bis Dez. in: Neuendettelsauer Missionsblatt, 16 (5): 35-36.

1927a Missionsstation Gabmazung 1925, Jan. bis Juni. in: Neuendettelsauer Missionsblatt, 17 (3): 20.

1927b Vom Markhamtal zurück in die deutsche Heimat. in: Concordia, 14 (36): 957-960.

1928a Ansprache von Missionar Stürzenhofecker, Neuguinea. in: Freimund Nr. 31: 249f.

1928b Der Wanamsee. in: Kinderblatt, 19 (9): 35.

1928c Eine Kirchweihe. in: Neuendettelsauer Missionsblatt, 18 (8): 61-63.

1929a Leben und Treiben der Laewomba in vorchristlicher Zeit. in: Jahrbuch für Mission, 31 (2. Teil): 9-14.

1929b Krankheitsnot und Krankenbehandlung der Eingebornen auf Neuguinea. in: Freimund, 75 (Nr. 43): 350-355.

1929c Taufe bei den Laewomba. in: Freimund, 75 (Nr. 37): 303-305.

1929d Die Missionsarbeit der Laewomba-Gemeinde. in: Freimund, 75 (Nr.37): 305-306.

1930a Aus der Aerztlichen Mission in Neuguinea. in: Jahrbuch für Mission, 32 (2. Teil): 73-79.

1930b Missionsarbeit der Laewomba-Gemeinde. in: Freimund, 76 (Nr. 30): 246-248.

1931 "Der Geist ist's, dessen Schöpferkraft zum zweiten Mal den Menschen schafft !". in: Freimund, 77 (Nr. 16): 118-122.

1932 Das Jahresfest der Küstengemeinden. in: Neuendettelsauer Missionsblatt, 22 (4): 26-27.

1934a Gabmazung 1933. in: Neuendettelsauer Missionsblatt, 91 (10): 76-77 (dass. in: Freimund, 80, Nr. 41: 414-415).

1934b Gabmazung. in: Neuendettelsauer Missionsblatt, 91 (4): 26. (dass. in: Freimund, 80, Nr.15: 152).

1936a Gabmazung (Jahresbericht 1934). in: Neuendettelsauer Missionsblatt, 93 (2): 10-11.

1936b Station Gabmazung 1935. in: Neuendettelsauer Missionsblatt, 93 (11): 109.

1937 Gabmazung 1936. in: Neuendettelsauer Missionsblatt, 94 (10): 74.

1938 Jahresbericht Gabmazung 1937. in: Neuendettelsauer Missionsblatt, 95 (9): 67-68.

1939 Gabmazung 1938. in: Neuendettelsauer Missionsblatt, 96 (8): 58.

Stürzenhofecker, Frau Miss. (Marie)
1928 Ein Besuch in Gabsonkek. in: Kinderblatt, 19: 17-18, 23, 25-26.

Vansina, Jan
1985 Oral Tradition as History. London und Nairobi.

Vicedom, Georg
1931a Wider den Tanz. in: Neuendettelsauer Missionsblatt, 21 (6): 45-46.

1931b Vom Aufwecken der Laewombagemeinde. in: Neuendettelsauer Missionsblatt, 21 (7): 49-50.

Wagner, Leonhard
1938 Missionar Friedrich Oertel +. in: Concordia, 25 (Nr.79): 110-115.

Wichmann, Arthur
1910 Entdeckungsgeschichte von Neu-Guinea (1828 bis 1885). Nova Guinea, Vol.II, 1re Partie. Leiden.

1912 Entdeckungsgeschichte von Neu-Guinea (1885 bis 1902). Nova Guinea, Vol. II, 2ème Partie. Leiden.

Zahn, August
1920 Zehn Jahre Arbeit in der Markhamebene. in: Jahrbuch für Mission. Rothenburg/Tauber. pp.50-56.

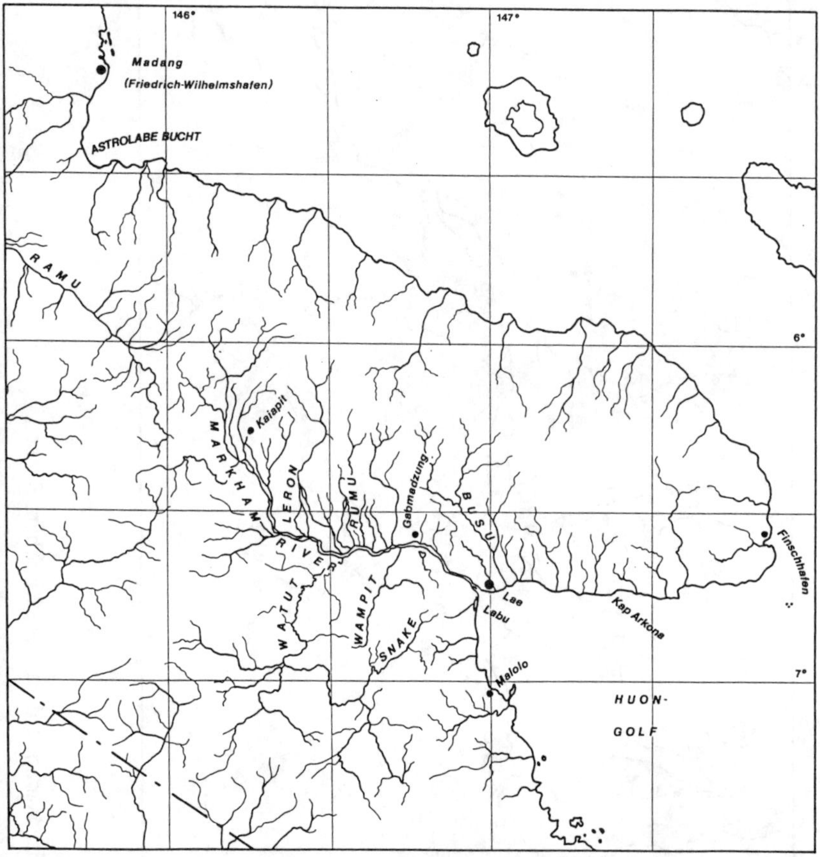

Karte 1. Nordost-Neuguinea zwischen Astrolabe-Bucht und Huon-Golf

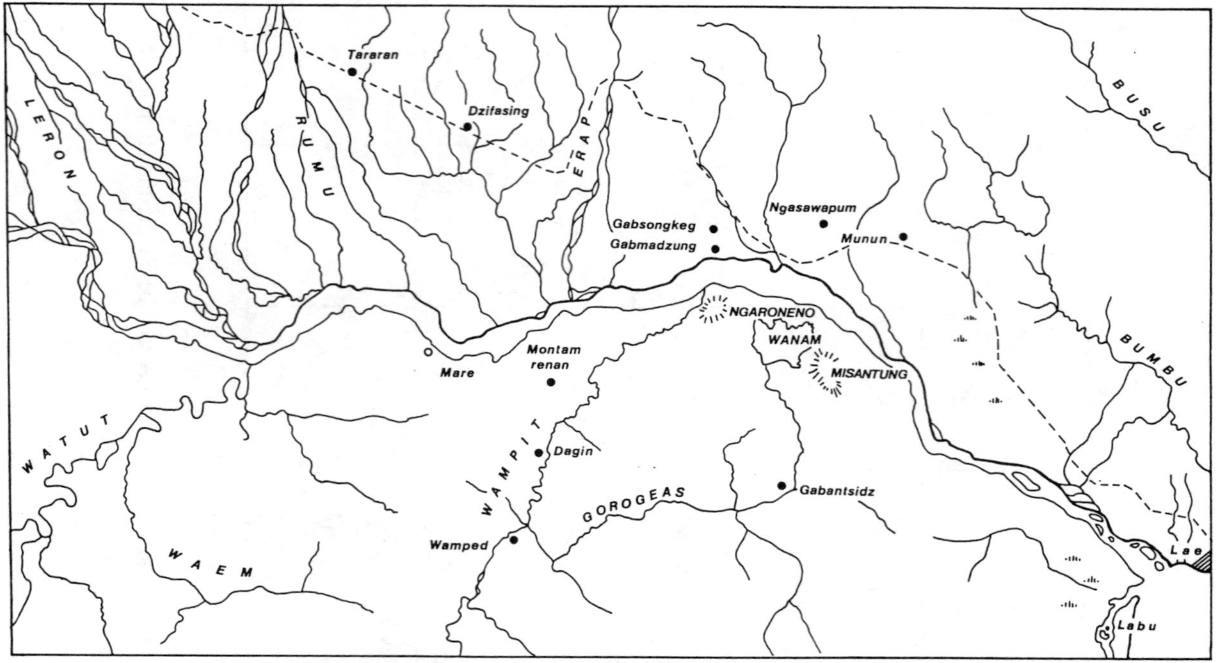

Karte 2. Das Gebiet der Wampar: der untere Markham River